高等学校教师教育创新培养模式"十三五"规划教材

丛书主编◎靖国平

教育心理学
—— 教育实践与学生发展取向的心理学研究

主编／王德强　邢斌

华中科技大学出版社
http://www.hustp.com
中国·武汉

图书在版编目(CIP)数据

教育心理学：教育实践与学生发展取向的心理学研究/王德强,邢斌主编. —武汉：华中科技大学出版社,
2017.12(2024.9重印)
 高等学校教师教育创新培养模式"十三五"规划教材
 ISBN 978-7-5680-3257-5

Ⅰ.①教… Ⅱ.①王… ②邢… Ⅲ.①教育心理学 Ⅳ.①G44

中国版本图书馆 CIP 数据核字(2017)第 187212 号

教育心理学——教育实践与学生发展取向的心理学研究　　　　　　　　　王德强　邢　斌　主编
Jiaoyu Xinlixue——Jiaoyu Shijian yu Xuesheng Fazhan Quxiang
de Xinlixue Yanjiu

策划编辑：	曾　光
责任编辑：	姚传浩
封面设计：	孢　子
责任监印：	朱　玢
出版发行：	华中科技大学出版社(中国·武汉)　　电话：(027)81321913
	武汉市东湖新技术开发区华工科技园　邮编：430223
录　　排：	华中科技大学惠友文印中心
印　　刷：	武汉邮科印务有限公司
开　　本：	787mm×1092mm　1/16
印　　张：	14
字　　数：	345 千字
版　　次：	2024 年 9 月第 1 版第 5 次印刷
定　　价：	49.00 元

本书若有印装质量问题,请向出版社营销中心调换
全国免费服务热线：400-6679-118　竭诚为您服务
版权所有　侵权必究

前　言

《教育心理学》是教师教育类专业的必修课程，是师范生和在职教师教育教学能力获得和提高的重要知识基础。它揭示了学习的本质和教学的实质，其学习有助于师范生和在职教师提升对教与学依存关系的认识，加深对教育教学的本质和内涵的理解，促进教师将传授知识与培养学生能力有机地结合起来。本书适合作为高等学校教师教育类专业本专科生和研究生的培养，各级各类教师岗前或在职进修培训的相关课程教材。

近年来，教育界面临着前所未有的压力，主要来自两个方面，一是人们对学校教育发展区域不均衡性的高度关注；二是对学校教育质量的广泛关注。这些外界的压力也引起了国内教学行业的一系列教育改革或改进行动，例如素质教育的倡导、对学生学业负担的教育行政干预、教法改革、课程标准的制定、考试制度的改进、教材改革、现代化教学手段的普及和微课、慕课、反转课堂等教学模式的推广等。然而，从根本上看，教育依然没有改变教育无效能和学习无用论者的认识，学生乐学、教师乐教的教育局面仍未形成。我们知道，上述改进大多属于教育发展的外部因素，而教育效能和质量的内在决定性因素是教育者和受教育者。教育者的教育教学素养和教育主导作用与受教育者主体性作用的发挥才是决定教育效能、教育质量的决定性因素。因此，我们在编写本部教材的时候，特别注重基于学习者知识建构、能力形成的内在心理机制来编排内容，旨在为《教育心理学》教学的效率和提高教师的教育教学素养创造一个理论坚实且卓有实效的教学框架。详细地讲，本教材的编写力求体现四大特色。

第一，在编写理念上，力求体现近年来教育改革的发展趋势和教育心理学领域的最新研究成果，为学习者提供丰富的、与时代发展紧密结合的心理学理论支持。当前教学模式改革的十大走向是：走向建构主义教学理念；注重高阶能力培养；注重知行合一的价值取向；走向双主体关系和互动对话关系；走向建构主义技术应用观；走向多样化的教学组织形式和方法；走向弹性、灵活、递归的教学设计；走向创新性学习；走向个性化培养和走向促进学习者发展的教学评价。正是在这样的教学理念下，我们以建构主义学习观为基础，以教师与学生双边互动的过程为关注点，突出"知行合一"理念下的学生能力和创新意识的培养，来进行本书内容的选择、编排和设计。我们还将知识向能力的转化、以动机为着力点的教学、学生心理发展的最新特点等教育心理学领域的最新成果，有机纳入到本书的知识体系中来。这些内容不仅是本书的重要组成部分和编纂特色，也是教师建立完整、科学的知识结构和提高教学能力的重要知识基础。

第二，在知识点的处理上，力求基于学习者的实际需要和原有知识经验。为达到这一目的，编者在本书内容的选择和行文上采用了三种处理方式：一是教材内容基于教师的教与学生的学的实际过程展开。二是摒弃了一些心理学家自创的抽象概念和晦涩难懂的术语，用学习者容易理解的语词表述出来。三是按教师教育教学的实际需要精选本书的内容，改变了过去按心理学的知识体系撰写内容的做法。这样做，既便于学习者感知和理解，满足学习者的实际需要，又减轻了学习者的负担，从教学内容上使《教育心理学》的教学和学习呈现出轻松、实用、有效的局面。

第三,在内容选择上,力求体现教育教学的现实需要。本书按照新课程标准提出课堂教学的三维教学目标安排教材内容。新课程标准对教学目标的表述是:知识与技能、过程与方法、情感态度与价值观三个层面目标的统一。与此相对应,作为本书的核心部分(学习心理)的内容就安排了以学生为中心的学习理论(第五章)、知识的学习与教学(第七章)、技能的培养与获得(第八章)、问题解决与研究性学习(第九章)、品德的形成及培养(第十章)。本书还针对以往教材对知识的获得与应用上的研究不足,创新性地提出了将知识的掌握分为知识的理解、知识的巩固和知识向能力的转化三个阶段的观点,将传授知识和培养能力有机结合起来,为教师提供了知识与能力形成的心理机制和教学策略上的参考。

第四,在内容编排上,力求促进学习者对教育心理学知识结构的建立和能力的转化。为了达到这一目的,本书内容的编写力求有利于学习者的教育心理学知识体系的建构和教学观的形成。如在当代学生心理发展特点的介绍上,我们摒弃了过去按照心理活动的种类来阐述的做法。以往的做法从注意、观察、感知觉、记忆、思维、想象等心理过程和情绪等方面分别阐述学生的心理发展特点,往往给学习者以烦琐杂乱的感觉,导致学习者一头雾水。本书整体性地对不同年龄阶段学生的心理发展特点进行描述,让学习者获得一个整体的、清晰的感知印象。再如,对学习心理的介绍,本书首先介绍了学习的概念、特点和主体性,让学习者形成一般学习的概念;接着介绍了当前学生的学习特点和主要的学习方式,让学习者明确学习和教育目标的有机统一性,为学习者建立一个学习观及相应教学观的内在思路;最后将种类繁多、角度各异的学习理论按照学习过程的四个关键性问题进行组织,使其与相应的学习形式和教学方法关联起来,并通过强调这些学习形式和教学方法所关注的出发点和目标,让学习者更为清晰地理解它们的本质和内涵。

本书的编写参考了国内外专家学者的著述和观点,也得到许多一线主讲教师的宝贵建议,并在出版社的积极推动下出版发行。在本书付梓之际,编者对上述人员致以诚挚的谢意,没有你们的帮助和支持,本书不会如此顺利地出版发行。

本书由拥有多年教育心理学教学经验与研究经历的河北师范大学的老师们编写完成。其中,第一章、第二章、第三章、第五章、第七章、第八章、第十章和第十二章由王德强编写;第四章、第六章、第九章和第十一章由邢斌编写。统稿由王德强完成,校对由王德强和邢斌共同承担。对于本书的编写,我们本着分享经验、共谋发展的初衷,突出特色、力求创新,但限于精力和水平,必有不当之处,恳请专家与同仁批评指正。

编　者
2017 年 9 月

目 录

第一篇 总 论

第一章 教育心理学概述 (3)
    第一节 教育心理学的研究对象 (3)
    第二节 教育心理学的发展历史及其发展趋势 (9)
    第三节 人的心理发展与教育 (14)

第二章 教育心理学的研究方法 (20)
    第一节 教育心理学研究的基本原则与基本程序 (20)
    第二节 教育心理学研究的具体方法 (26)

第二篇 学生与教师心理

第三章 当代学生的心理发展与心理健康教育 (39)
    第一节 当代学生的心理发展 (39)
    第二节 当代学生的心理健康教育 (46)

第四章 教师的专业发展与心理健康 (53)
    第一节 教师的职业角色 (53)
    第二节 教师的专业素质 (56)
    第三节 教师的专业发展 (61)
    第四节 教师的心理健康 (67)

第三篇 学 习 心 理

第五章 现代学习理论 (75)
    第一节 学生的学习 (75)
    第二节 现代学习理论 (80)
    第三节 学习的迁移及其教学策略 (97)

第六章 学习动机的培养与激发 (102)
    第一节 学习动机概述 (102)
    第二节 学习动机理论 (106)

第三节 以动机为着力点的教学 (110)

第七章 知识的学习与教学 (115)
　　第一节 知识的分类与表征 (115)
　　第二节 知识的理解与巩固 (120)
　　第三节 促进知识向能力转化的教学策略 (127)

第八章 技能的获得与培养 (133)
　　第一节 技能概述 (133)
　　第二节 动作技能的形成与教学 (135)
　　第三节 智慧技能的形成与教学 (138)
　　第四节 认知策略的形成及其教学 (145)

第九章 问题解决与研究性学习 (151)
　　第一节 问题解决概述 (151)
　　第二节 问题解决的心理过程 (154)
　　第三节 问题解决能力的培养 (159)
　　第四节 研究性学习 (165)

第十章 品德的形成及培养 (170)
　　第一节 品德的实质 (170)
　　第二节 品德形成的有关理论 (173)
　　第三节 品德形成的过程与条件 (180)

第四篇　教　学　心　理

第十一章 有效教学与教学设计 (187)
　　第一节 有效教学的特征 (187)
　　第二节 教学设计的含义与程序 (191)
　　第三节 教学目标与教学内容的设计技巧 (195)
　　第四节 两种取向的教学设计模式 (198)

第十二章 教学成效的评价 (205)
　　第一节 教学评价及其作用 (205)
　　第二节 发展取向的教学评价 (207)

参考文献 (213)

第一篇 总 论

第一章 教育心理学概述

第一节 教育心理学的研究对象

一、心理学与教育的关系

心理学与教育的关系极为密切。教育教学的开展是基于受教育者的心理发展水平的程度,同时,教育的终极目标也是要促进受教育者心理的发展。心理学通过建构有关人类学习、认知与发展、心理健康等领域的有关理论,为教育决策、教育实践问题的解决、教学行为的选择提供了充分的科学基础。从教育者的角度看,教师要实现教育的终极目标,不仅要了解教育教学的有关规定和要求,也要理解这些教育规定和教育要求背后的真实意图,这样才能保证教师能够有效地执行这些教育教学规定,不折不扣地实现教育要求。

例如:
- 为什么中小学上课前要喊起立?
- 为什么要求学生在做数学题、物理题时要详细地写出解题的步骤?
- 为什么小学四年级的学习任务开始加重,难度也有些加大?
- 为什么物理和几何在初中二年级开设?
- 为什么小学生学写记叙文,初中生学写说明文,高中生才学写议论文?
- 为什么学制不能轻易地改革?
- 为什么减负工作成效甚微?
- 为什么大学教学提供富有争议性的知识内容?
- 为什么到大学才允许学生自主组织形式多样的社团活动?
- ……

这些司空见惯的教育现象的背后无一例外地是以心理学有关知识和理论为基础。心理学为教育提供的帮助和支持是多方面的,概括来讲,有以下几个方面。

(一)心理学有关儿童心理发展的知识是教师进行教育教学行为选择的基础

儿童的心理发展是以个体的生物遗传素质为基础的,在内外环境因素的作用下,通过自我调节机制,不停地创造出儿童生命过程中的种种变化。教育是儿童发展过程中最为重要的外部因素,但教育对儿童心理发展的作用只是促进而不能创造。教育不能改变儿童心理发展的规律,恰恰相反,这些规律在一定程度上制约着教育可否转变为儿童的发展。教育只有顺应了儿童心理发展的规律,并与儿童自我调节机制产生相互作用,才能真正促进儿童的心理发展。这就要求教育者必须懂得儿童心理发展的规律,必须把尊重儿童心理发展的规律作为教育实践的重要原则。心理学中关于儿童心理发展的现象及其规律的研究,为我们了解、解释、预测甚至控制儿童的行为与发展提供了基础。

从教学工作来看,教师懂得了心理学中关于儿童心理发展的规律,就可以利用这些规律进行教学设计,促进教学的有效性。比如:可以利用注意发展的规律进行有效的组织教学,提高学生的学习兴趣,促使学生全身心地投入到学习中;可以利用记忆的规律,促进学生高效地掌握知识,及时复习,防止遗忘;可以利用思维活动的规律,启发学生积极思考,培养学生的想象力、创造力以及分析问题、解决问题的能力;也可以帮助学生注意心理卫生和用脑卫生,注重劳逸结合,减轻学生负担,培养学生活泼乐观的性格,使他们的身心得到健康的发展。因此,教师只有了解和掌握了心理学知识,才能使自己的教学方法更符合教育对象的心理年龄特征,也才能获得良好的教学效果。

(二)心理学有关心理发展、认知与学习的研究结论是构建科学教学观的基础

许多教育理论家和实践家,如捷克的夸美纽斯(J. A. Comenius)和瑞士的裴斯泰洛齐(J. H. Pestalozzi)等,对教育和教学中的心理学问题都非常重视。夸美纽斯在其代表作《大教学论》中就明确指出,教材必须适合儿童发展的水平,教师应使学生记那些真正有价值且能清楚理解的东西,并将其运用到对事物的综合分析中,坚持由简到繁、由具体到抽象等教学原则,以揭示事物发展的规律。裴斯泰洛齐在他的《论教学方法》一书中,首次提出了使教育心理学化的设想,后来又在《葛笃德如何教育她的孩子》一书中建立了一整套心理学化的教学思想体系。他把直观(包括感官的外在知觉和内在意识的体验、自发体察道德行为等方面)看作一切知识的出发点、一切教学的基础。德国的心理学家赫尔巴特(J. F. Herbart)在裴斯泰洛齐教学心理学化思想的影响下,提出了教学形式阶段的理论。他把教学分为四个阶段:①明了——给学生明确地讲授新知识;②联想——新知识要与旧知识联系起来;③系统——做概括并得出结论;④方法——把所学知识用于实际(习题解答、书面作业等)。他认为同这四个阶段相对应的心理状态就是注意、期待、探究和行动。实际上,赫尔巴特已把教育学与心理学结合成为一个不可分割的统一体。当代认知心理学也认为,学习的基础是学习者内部心理结构的形成和改组,教学就是基于学生的心理发展水平促进学习者内部心理结构的形成和改组。可见,现代教学观的构建是与心理学研究密不可分的。

(三)心理学有关个性差异的研究是因材施教的基础

教学必须面向全体学生,使每个学生在原有基础上都得到最大可能的发展,从而实现全体学生素质的提高。但每个儿童的先天素质和后天发展均存在着一定的差别,这种差别必然会反映在他们的学习兴趣、学习动机、学习能力、学习方法和学习习惯等方面上。因此,在教学中,教师要从大多数学生的实际出发,确定教学的进程,认真落实课程标准的基本要求。既要面向全班学生,把主要精力放在集体教学上,使教学内容和进度适合大多数学生的知识水平和接受能力。在大面积提高教学质量的同时也要重视学生的个别差异,兼顾处于群体

分布两端的学生,因材施教,使每个学生的才能都得到充分的发展。面向全体与注重个别差异是辩证统一的,教师在教育教学中只有调动每一个学生学习的积极性和自觉性,才能不断提高他们的学习能力,使不同的学生都能在原有的水平上有所进步和提高。

对儿童心理差异的测量是心理学对于教育最重要的贡献之一,也是发明心理测验的最初目的。心理测验通过具有较高信度与效度的量表,对学生的心理特质进行测量,将学生在量表上的成绩表现与学生所在的总体进行比较,能够客观地描述和反映学生心理特质的发展水平。尽管心理测验未必都非常准确,但用客观、严密的方法所制成的测验比我们凭借感性认识进行的估计要可靠得多。心理学有关人格发展的理论研究,为教师了解学生的社会发展和个性形成规律提供了有效的认知途径,同时也为教育教学目标的制订、教学内容的组织和教学行为的选择提供了参考框架。

(四)心理学关于群体的社会心理研究为学校与班级管理提供了依据

学校不仅仅是知识技能的交换所,还是一个真实的社会,它促使学生在这个特别安排的社会环境中获得德、智、体、美、劳的全面发展。教育的本质是师生双方在教育要求的制约下进行的交往和互动。从这种意义上说,教育是一个有关社会心理活动的过程。教师和学生的关系、学生与学生之间的关系均是社会关系。在学校这种特殊安排的社会环境之下,学生的知识、技能以及品性等方面的发展正是这种社会活动的结果,所以我们要了解教育的过程和选择适当的教育方法,就必须明了学校的社会性质与其所包含的社会关系,这也是教育有赖于心理学的地方。心理学有关群体、群体心理、群际关系、群体类型、群体文化、群体心理气氛、群体动力、群体发展的规律等问题的研究,为我们理解教育的社会性、加强校园文化建设、开展学校群体活动、塑造班级集体、进行班级文化建设、利用群体的影响促进学生的心理发展提供了重要的理论依据。

(五)心理健康教育是促进学生身心和谐、全面、健康发展的重要途径

学生作为一个承载社会、家长较高期望值的特殊群体,其面临的学习压力是显而易见的,特别是随着教育水平的不断提高,基础教育阶段学生的升学压力和高等教育阶段学生的就业压力也在不断提高。一项2015年开展的涉及江苏、山东、湖南、河北、四川、甘肃6个省份24个市县80所中小学,包括小学四、六年级,初中二年级,高中二年级的10 403名学生的问卷调查显示:其中15%的中小学生生活得不太愉快或不愉快,6.6%的中小学生对自己做否定评价,25.5%的中小学生交往比较被动,14.9%的中小学生坚持性差,38%的中小学生缺乏独立性。另一项有关河北有一些高校新生心理健康状况的调查资料显示,20%~30%的学生存在轻度心理障碍,0.8%~2%的学生存在严重心理障碍。近年来,大学生中因心理压力而引发的出走、休学、退学以及自杀、凶杀等恶性事件也屡见不鲜,大学生的健康成长受到了严重影响。

二十多年来,党和国家对中小学生和青少年心理健康教育工作非常重视,先后发布了大量的国家级文件,这些文件提到或专门针对各级各类学校学生的心理健康教育工作进行指导和规定。1994年,中共中央、国务院发布的《关于进一步加强和改进学校德育工作的若干意见》,明确提出:在科学技术迅速发展,社会主义市场经济体制逐步建立的情况下,如何指导学生在观念、知识、能力、心理素质方面尽快适应新的要求。要通过多种方式对不同年龄

层次的学生进行心理健康教育和指导。1995年教育部发布的《中国普通高等学校德育大纲（试行）》要求,把心理健康教育作为高等学校德育工作的重要组成部分。1999年,中共中央、国务院发布的《关于深化教育改革,全面推进素质教育的决定》指出:"针对新形势下青少年成长的特点,加强学生的心理健康教育,培养学生坚韧不拔的意志、艰苦奋斗的精神,增强青少年适应社会生活的能力";1999年,教育部第一次就心理健康教育问题专门颁发了《关于加强中小学心理健康教育的若干意见》,对中小学心理健康教育做了非常具体的要求和规定。2001年初,中共中央、国务院发布的《关于适应新形势进一步加强和改进中小学德育工作的意见》指出,中小学都要加强心理健康教育,培养学生良好的心理品质;2001年3月,第九届人大四次会议通过的《中华人民共和国国民经济和社会发展第十个五年计划纲要》明确要求,加强青少年的思想政治、道德品质、心理健康和法制教育,这是我国第一次把青少年的心理健康教育纳入国民经济和社会发展的五年规划;同月,教育部印发《关于加强普通高等学校大学生心理健康教育工作的意见》,阐明了在高校开展心理健康教育的重要性和紧迫性,对高校开展大学生心理健康教育做出了明确规定;2001年6月,国务院颁布的《关于基础教育改革和发展的决定》中又十分明确地指出"加强中小学生的心理健康教育"。2002年,教育部印发《中小学心理健康教育指导纲要》,不仅就中小学心理健康教育的指导思想、基本原则、目标和任务,教育内容和途径方法,以及组织实施,当前开展心理健康教育应注意的问题提出了明确要求,而且对有关省市和学校开展实验研究工作;2001年,《普通高等学校大学生心理健康教育工作实施纲要(试行)》发布,就进一步加强大学生心理健康教育工作做了全面部署。2003年,教育部办公厅下发了《关于进一步加强高校学生管理工作和心理健康教育工作的通知》,要求各高校党委切实把大学生心理健康教育工作纳入学校重要议事日程,采取有效措施搞好这项工作。2004年2月,国务院发布的《关于加强未成年人思想道德建设的若干意见》,再次明确提出,要加强心理健康教育,培养学生良好的心理品质。2004年8月,《中共中央国务院关于进一步加强和改进大学生思想政治教育的意见》中指出,开展深入细致的思想政治工作和心理健康教育,要根据大学生的身心发展特点和教育规律,注重培养大学生良好的心理品质和自尊、自爱、自律、自强的优良品格,增强大学生克服困难、经受考验、承受挫折的能力。2006年6月,《中华人民共和国国民经济和社会发展第十一个五年规划纲要》提出,要加强心理健康教育和保健,重视精神卫生及疾病防治。这是我国继"第十个五年计划纲要"后再次提到心理健康教育,并首次将加强心理健康教育的理念纳入到提高人民健康水平的范畴。2007年国务院批转教育部《国家教育事业发展"十一五"规划纲要》中指出,要"加强学生的心理健康教育和珍爱生命教育,切实提高学生的健康水平";2007年,《中共中央国务院关于加强青少年体育增强青少年体质的意见》指出要根据新时期青少年青春期特征和成长过程中的心理特点,有针对性地加强心理健康教育,逐步建立健全的青少年心理健康教育、指导和服务网络。2008年,卫生部、教育部等17个部委联合下发了《全国精神卫生工作体系发展指导纲要(2008年—2015年)》,对中小学心理健康教育工作提出了更为具体的中期规划和要求,其中提出"中小学建立心理健康辅导室、设置专职教师并配备合格人员的学校比例,到2010年城市达到40%、农村达到10%;2015年城市达到60%、农村达到30%。"2012年,教育部印发《中小学心理健康教育指导纲要(2012年修订)》对2002年的《中小学心理健康教育指导纲要》进行修订,提出进一步科学指导和规范中小学心理健康教育工作,促进心理健康教育工作深入发展和全面普及。2017年1月19日,国家卫生计生委、中宣部、教育部等22个部门印发《关于加强心理健康服务的指导意见》，提出到2020年，各领域各行业普遍开展心理健康教育及心理健康促进工作；到2030年，符合国情的心理健康服务体系基本健全。从上述所列举的有关文件及其内容，我们可以看出，心理健康教育不仅是提高学生心理素质、促进其身心健康和谐发展的教育，还是进一步加强和改进学校德育工作、全面推进素质教育的重要组成部分，更是全面贯彻党的教育方针，坚持教育为社会主义现代化服务的根本任务，对培养德智体美劳全面发展的社会主义建设者和接班人、办好人民满意的教育、推动教育事业科学发展等具有重要的现实意义和深远的历史影响。

心理学为教育提供理论基础，教育为心理学提供有待于研究的内容或任务，并要求心理学能够确立人类在真实环境中如何学习的理论。在近代教育史上，教育方法的演进和心理学的研究是平行发展的。可以说，没有好的心理学就自然不能有好的教育方法，好的教育方法必产生于好的心理学应用。教育心理学就是专门研究心理学在教育上的应用的学科。

二、教育心理学的研究对象

教育心理学是教育科学和心理科学的交叉学科，是研究学校教育条件下教与学的心理现象及其规律的科学。它研究受教育者在教育影响下形成道德品质、掌握知识和技能、发展智力和养成个性的心理规律；它研究教育教学过程中教师和学生心理活动的规律，研究教育和教学模式，研究学生的个性差异以及与之相应的教育，以及教育研究、教育评价、教师和学生的心理健康等心理学问题。

上述界定不仅清楚地表明了教育心理学研究的主要范畴，也表明其与教育心理学的研究实际相吻合。20世纪80年代以来，我国教育心理学的内容体系大多以学习心理为主干，同时兼顾教育、教学情境中其他重要的心理学问题，例如教学心理、教师心理、教育社会心理、个别差异、学科心理学等内容。但当前教育心理学的研究和实践主要集中于学校教育领域，其他领域的涉足很少。因此，教育心理学主要是探索学校教育情境下教育教学的心理现象及其规律性。

三、教育心理学的特点

教育心理学是为教育服务的，是研究学校教育和教学条件下教与学的心理现象及其规律的科学。但不同层次的学校教育所面对的教育对象和教育的本质特征也是不同的。例如潘懋元先生认为，基础教育是以提高民族素质为基本目标，进行不定向、非专门化的基础思想品德与基础文化知识的教育。而高等教育是高层次、专门化的教育，"高"与"专"是高等教育在人才培养方面的基本特征。高等教育的本质特征在于它是有序地培养高层次专门人才的一种社会活动。[①]

教育心理学与教育的特点相适应，教育心理学反映教育的特性，并为教育服务。因此，教育心理学研究的主要内容不仅包括学生心理发展特点的介绍、知识的理解与应用、促进知识向能力转化，还包括与其相对应的有效教学的特征与教学设计、教学测量与评价的内容。目的是帮助准教师们在形成科学的教育理念、教育观、教学观和学生观等基本认识的基础

---

① 龚放.高等教育的本质特点不容忽视[J].高等教育研究,1995(1).

上,学会运用心理学的有关知识、理论对相关教育现象进行解释,并能够选择有效的教育教学行为,对学生施加正当而高效的教育影响。从这样的目的出发,本教材特别关注从心理学的角度出发来理解教育教学的内涵和本质,解释和分析当前我国教育中一系列存在争议和误解的问题,特别重视从心理学的角度解释教育教学中存在的各种现象,也特别重视介绍对高效教育行为的分析和有效教育教学行为的塑造。

另外,考虑到本套教材编写最重要的目的是促进新教师的成长和成才,因此教材还包括教师专业成长的心理学内容,如教师发展的基本理论、教师的知识结构、教师的能力结构和教师的教育效能、熟手和专家型教师的心理特征、教师的专业发展与成长途径、教师的心理健康与维护等。

四、学习教育心理学的意义

教育心理学是研究学校教育情境中学生学习和教师教学的基本心理规律的学科,可以帮助在岗教师和即将走上教师岗位的师范生准确理解和快速适应学校的教育教学工作,促进他们全面履行教书育人的职责,提高教育教学质量和实现教育教学目标。

(一)帮助教师建构科学的教育理念

教育理念指对教育活动理性的认识以及在此基础上形成的教育信念,包括教育价值观、人才观,教育中的科学精神与人文精神,教育艺术性等,它是基础性的施教指导思想。对教育心理学中有关学习心理和教学心理内容的学习,有助于教师深入理解教学的本质和学习本质,了解学生学习中主体性因素的作用,对教师建构科学的教育观念有很大的帮助。如建构主义理论认为学生是认知的主体,是知识意义的主动建构者,因此教学应以学生为中心,对学习内容的意义建构起帮助和促进作用。了解这样的学习和教学实质,有利于培养和激发学生的学习兴趣与学习动机,充分发挥学生的主动性。并在此理论的基础上分析传统的、常规的教学方法、教学行为的利与弊,以改进教学方法,形成新的教学理念。

(二)有助于教师运用教育心理学原理提高教学质量

教学是在学习的情景下,教师通过有目的、有计划地组织学生进行有效学习的活动过程。在这一过程中,既有教师的教,又有学生的学。学生的学是在教师的影响下进行的,但教师的教必须以学生的学为基础和前提,同时也是以促进学生的学为目的的。教育心理学的研究揭示了教学过程中学与教的心理学规律,为教师的实际教学提供了一般性的原则或技术指导。教师可以根据具体的教学内容、学生的原有知识经验水平、教学媒体和教学环境的具体情况,遵循这些原则、规律或技术,将教学内容转化成有利于学生知识掌握和能力转化的适当教学程序或活动。因此,教师只有掌握好学与教的规律,才能有效地组织教学,提高教学质量。

(三)有助于教师有效的开展思想品德教育工作

学校教育不仅要促进学生掌握专业化的科学文化知识,形成各种技能,还要具备良好的道德品质,才能成为社会主义现代化建设的有用之才。培养学生道德品质,促进学生形成正确的价值观,也是我国全面发展教育的重要组成部分。这就要求高校师范生不仅要掌握高超的教学技能,而且要具有娴熟的德育技能。因此,了解学生品德的心理结构、品德形成的心理规律、影响因素,掌握学生良好品德培养的途径等,不仅有利于教师科学有效地进行品德教育工作,也有利于促进学生真正成为社会主义建设的可用之才。

(四) 有助于师范生结合教学实际进行高等教育科学研究

为了不断提高教书育人的效果,师范生还要善于了解、分析、研究自己教学实践中遇到的各种教育、教学的新情况和新问题,能够揭示这些新情况、新问题的实质,并采取有效措施进行干预和解决。在解决这些问题的同时,师范生也不断审视自己的教学理念,反思已有教育思想、教育教学规律的适合性和发展性,进而更新自己的认知结构和教学思想,提高教育、教学工作质量。为此,教育心理学也为师范生参与教育研究提供了科学的思路和研究方法、技术及可参照的例证,可以帮助师范生在理解、应用一些基本的原理和方法的基础上,结合自己工作的实际情况创造性地进行科学研究。

总之,教育心理学的学习是教学能力获得和提高的重要知识基础。有助于本书的学习者理解学习的本质和教学的实质,提升对教与学依存关系的认识,加深对教育教学本质和内涵的理解,增强教育科学研究能力,促进本书的学习者将传授知识与培养学生能力有机地结合起来。

第二节 教育心理学的发展历史及其发展趋势

一、教育心理学的发展历史

(一) 教育心理学的萌芽时期

教育心理学思想起源最早可以追溯到我国的春秋战国时期和西方的古希腊古罗马时期。

我国的思想家孔子、孟子、荀子的著作中,都包含有不少教育心理的观点。孔子在《论语·雍也》中提出了培养人才的方法,"君子博学于文,约之以礼,亦可以弗畔矣夫!"主张博约结合,塑造德才兼备的人才。对于遗传与教育对儿童成长的作用的,孔子说"性相近也,习相远也"(《论语·阳货》);对于知识的学习和掌握,孔子主张"温故而知新"(《论语·为政》),复习不只能巩固知识,还能在巩固旧知识基础上,获得一定的新知识。对于教学主张开展启发式教学法,"不愤不启,不悱不发"(《论语·述而》);孔子非常重视德育,把德育划分为知、情、意、行四个阶段,还论述了差异心理、教师心理等方面的思想。孟子在教育心理方面也有论述,比如他重视学习的主动性和积极性,"君子深造之以道,欲其自得之也。自得之,则居之安;居之安,则资之深;资之深,则取之左右逢其原,故君子欲其自得之也"(《孟子·离娄下》)等。荀子对学习目的的论述非常经典,"学至于行之而止矣"(《荀子·儒效》)。荀子的《劝学篇》和孔门弟子所著《学记》更是我国古代重要的学习心理文献。我国古代教育家和思想家们的教育心理思想十分丰富,但由于历代的统治者鄙视科学技术,因而使我国教育心理思想散见于哲学、历史、文论等著作中,却未能得到发展而成为一门独立的科学。

古希腊古罗马时期的思想家柏拉图主张学习即回忆、内省和自我分析;亚里士多德主张知识的概括是从经验中事物或物种等级的本质加以抽象出来等,这些都是非常重要的教育心理思想。早期对教育心理学贡献较大的学者是赫尔巴特(J. F. Herbart)。赫尔巴特是使教育学成为一门独立科学的先驱,是"教育性教学"的首创者和教学形式阶段的发明者,在西方近代教育史上的地位举足轻重。在他看来:"教育学作为一种科学,是以实践哲学和心理学为基础的。前者说明教育的目的;后者说明教育的途径、手段与障碍。"他在哲学的基础上建立起了教育目的论,在心理学的基础上建立起了教学理论,在伦理学的基础上建立了道德教育理论,从而奠定了科学教育学的基础。也因此,赫尔巴特被后人称为"教育科学之父"。

经验主义者洛克(J. Locke)、爱尔维修(C. A. Helvetius)和卢梭(J. J. Rousseau)等人,主张活动和经验对学生学习的重要性。19世纪末20世纪初,受达尔文(C. R. Darwin)进化论的影响,心理学家们由对意识内容的分析到关注人的机能问题,促成了机能主义心理学的产生,也出现了一大批进行教育心理学研究的著名心理学家,如詹姆斯(W. James)、霍尔(G. S. Hall)、卡特尔(J. M. Cattell)、杜威(J. Dewey)、乌申斯基(Константин Дмитриевич Ушинский)、卡列节夫、莫依曼(E. Meuman)、拉伊(W. A. Lay)等。詹姆斯的《对教师的谈话》提出通过对学生进行观察、提问和交谈,可以获得有关学生的诸如观念、兴趣、情感、价值观等方面的知识,可以提高学校的教学质量。霍尔1897年创办第一份儿童和教育心理学刊物《教育学研究》。杜威认为以经验为基础的教育有利于儿童实现更有效的学习和获得更强的生活能力,从而提出了"教育即生活"和"学校即社会"的教育思想。前俄国心理学家乌申斯基在1868年出版的《人是教育的对象》对当时心理学的发展进行总结,开创了俄罗斯教育心理学的研究。而卡列节夫出版了俄国第一本教育心理学书籍,虽然书中以普通心理学理论去解释学校生活中的实际问题,但它的开创性意义是无法替代的。

早期的教育心理学家在实验的基础上编辑出版了很有价值的著作和研究资料,如桑代克(E. L. Thorndike)在1898年发表的《动物的智慧:动物联想过程的实验研究》,1901年与武德沃斯(R. S. Woodworth)合作发表的《一种心理机能对另一种心理机能的功效的影响》等研究堪称经典,指明了形式训练说的错误,提出了学习迁移的共同要素说,使迁移理论得到进一步发展。这些理论为教育心理学从萌芽到诞生,从常识性经验到科学理论的构建,为教育学与心理学相互融合,为教育心理学从思辨到科学做出了突出的贡献。

(二)教育心理学的诞生及初创时期(20世纪到20世纪20年代)

1903年,桑代克出版的《教育心理学》阐述了教育心理学的研究对象、研究内容和学科体系,心理学家们一般将此事件称为教育心理学诞生的标志。后来,桑代克又出版了三卷本《教育心理学》(1913—1914年),其中第一卷论述了人的本性;第二卷论述学习心理;第三卷论述了人的个体差异。1905年他发表了《双生子的测量》,1906年出版了《教育原理》,1916年又出版《智力测量》一书,桑代克为教育心理学学科的创立和发展进行了大量理论构建和实证研究工作,也为行为主义统治教育心理学奠定了理论基础。

(三) 纷争阶段(20世纪20年代到50年代)

从20世纪20年代开始,行为主义心理学一直统治了教育心理学的研究,直到20世纪60年代中期,教育心理学理论才开始关注人的主体性,并深入研究人的认知学习过程。在这一时间,行为主义教育心理学思想和认知主义教育心理学思想相互碰撞,出现了百家争鸣的局势。在这一时期,对教育心理学的发展有重大影响的行为主义心理学家有桑代克、华生、巴甫洛夫(J. P. Pavlov)、斯金纳、格斯里(R. Guthrie)、赫尔(C. L. Hull)、武德沃斯等。而对教育心理学有重大影响的认知心理学家有苛勒、考夫卡、魏特海默、托尔曼(E. C. Tolman)、皮亚杰(J. Piaget)、布鲁纳(J. S. Bruner)、奥苏贝尔(D. P. Ausubel)、加涅(R. M. Gagné)、海德(F. Heider)、韦纳(B. Weiner)等。行为主义的试误说(桑代克,1898年)、经典条件反射学说(巴甫洛夫,1901年)、操作条件反射说(斯金纳,1937年)、接近性条件作用说(格斯里,1935年)、内驱力降低理论(赫尔,1943年)等,与认知学派的符号学习理论(托尔曼,20世纪20年代)、顿悟说(苛勒,1925年)、认知发展理论(皮亚杰,1932年)、发现学习理论(布鲁纳,1960年)、认知同化学习理论(奥苏贝尔,1963年)、学习条件论(加涅,1962年)、归因理论(海德,1958年)等百花齐放。认知学派的教育心理学理论推动了心理学对意识的研究,使人们开始关注环境、教育和行为三元交互作用对人的心理和发展的影响,使心理学的研究由动物实验向重现人的主体活动转变,为随后出现的建构主义学习理论做了铺垫。

从20世纪初到1949年中华人民共和国成立之前的四十余年间,我国教育心理学问题的研究也逐渐展开,我国老一辈心理学工作者对教育心理学的发展做了不少工作。其中较有代表性的是,房东岳1908年翻译的我国第一本有关教育心理学的著作《教育实用心理学》(日本学者小原又一著),廖世承编写的我国第一本本土教材《教育心理学》(1924年),陆志韦1926年翻译出版的桑代克的《教育心理学概论》,陈德荣1933年翻译出版的盖茨(A. L. Gates)的《教育心理学》,吴绍熙等1939年翻译出版的何林华(H. L. Hollingworth)的《教育心理学》,此外,还有潘菽(1935年)、陈选善(1938年)、肖孝嵘(1940年)和艾伟等人编写的教育心理学教科书。

(四) 兼容阶段(20世纪60年代到80年代)

20世纪60年代后,人本主义教育思想逐渐渗透到教育心理学中,其代表人物有马斯洛、罗杰斯等。人本主义心理学将学生视为教育的中心,学校为学生而设,教师为学生而教,把尊重人、理解人、相信人放在了教育的首位,冲破了传统教育模式和教育制度的束缚,促进了当代西方教育改革运动的发展。人本主义的研究突破了主要对动物学习进行实验研究的偏向,在突出学生学习主体的地位与作用、提倡学会适应变化和学会学习的思想、倡导内在学习与意义的理论、弘扬情感等非智力因素的动力功能、注重创造力的培养、建立民主平等的师生关系、创造最佳的教学心理氛围等诸方面做出了贡献。

中华人民共和国建立后的最初几年,教育心理学也和心理学其他学科一样,主要是根据马克思和列宁主义的原理和方法对旧教育心理学进行改造,特别是对我国影响较深的实用主义心理学和测验学进行了一定的分析和批判。在研究范围上包括了学习心理、德育心理、智育心理、学科心理、个别差异、入学年龄、学习阶段的划分以及教学方法的改革等。但不幸的是,1966年开始的"文化大革命",宣布心理学为资产阶级的"伪科学",导致心理学在学校停止讲授,相关研究机构也被解散,老一辈心理学家遭受残酷的迫害与批判,使我国方兴未艾的教育心理学处于毁灭境地。

(五)成熟阶段(20世纪80年代至今)

20世纪80年代以后,各种理论纷争趋于缓和,学者们汇集百家之长,将行为主义、认知学派、社会文化学派、人本学派几大理论学派的合理内核融为一体,提出了建构主义学习理论。这一理论,既强调"人本"主体,也重视人成长的社会文化因素,使教育心理学的研究由强调学生是知识的被动接受者转变为强调学生是知识的主动构建者,从着重对学习问题的研究转向对教学问题的研究,从注重实验室纯理论研究转化为重视教育实践的实际应用研究。

1976年粉碎"四人帮"以后,我国的教育心理学研究迅速得到恢复和发展,出现了空前繁荣的景象。教育心理学研究队伍不断扩大,研究课题逐渐开展。1980年潘菽主编出版的《教育心理学》,是我国第一本全国性的教育心理学统编教材。之后,我国教育心理学者在学习借鉴国外研究成果的同时,开展了科学构建中国教育心理学学科体系的探索,编写出版了一批具有较高学术水平的教育心理学教材,如邵瑞珍主编的《教育心理学:学与教的原理》(1983年)、《教育心理学》(1988年)、《学与教的心理学》(1990年,皮连生主编修订的第二版1997年,第三版2003年);韩进之主编的《教育心理学纲要》(1989年);陈琦等主编的《当代教育心理学》(1997年);冯忠良等编写的《教育心理学》(2000年);张大均主编的《教育心理学》(普通高等校"十五"规划国家级教材,2005年)等。这些教材是在借鉴国外研究成果的基础上,结合我国教育实际展开了一系列既有中国特色又有现实指导意义的研究。但我国教育心理学研究还存在着基本理论探讨较少,实践问题缺乏系统研究,研究成果不多,研究经费不足等问题,需要政府加大支持,壮大研究队伍,在逐步积累自己的研究资料的基础上,以辩证唯物主义为指导,及时做好理论总结工作,确立符合中国教育实际的教育心理学理论。

二、教育心理学研究的未来趋势

近20年我国教育心理学研究空前繁荣,不但学科体系日臻完善,在学科体系构建、研究领域拓展及研究取向的中国化等方面取得了较大的进展,为素质教育提供了理论依据,为课程教学改革奠定了心理科学基础,致力于服务中国当代教育实践,推动了我国教育的改革和发展。[1] 但对于教育心理学的研究对象还存在着一些争议,主要表现为三种观点:一是心理的教育学观点;二是以儿童发展研究为中心的观点;三是以学习为中心的观点。存在这些争议的主要原因是对教育的本质的认识不清。[2]

教育心理学是连接教育科学与心理科学的桥梁,这座桥梁帮助教师将心理学研究学习和教学的理论与方法迁移到实际教学情境中去,以期在学生身心成长上反映出教育目的的要求。但教育心理学的研究往往存在着研究内容脱离具体的学科教学而泛泛进行描述的情

---

[1] 张大均,晋兴春.近20年来教育心理学研究对我国教育改革的推动作用[J].心理科学,2005(6).
[2] 冯忠良.教育心理学应向何方[J].当代教育论坛,2002(11).

形,试图从心理学角度找到一种适合所有教学实践的普遍规律,但在教学实践中,往往遇到很多的瓶颈。[①]

国外教育心理学的研究主要有三种发展趋势。一是心理学与教育学的实质性整合。认为学科教学心理学体现了教育心理学研究的情境取向、整合取向,能够更为确切地反映人们在具体学科领域中的学习规律。二是认知、动机、情绪以及其他不同心理成分的整合。Pintrich等研究者构建了一个动机与认知的整合模型,其中动机成分与认知成分相互影响,而社会因素又对两者产生影响。不同成分及其相互影响最终决定着学习者对学习活动的参与程度以及学习结果。三是个体因素与情境因素、社会情境的整合。[②]

基于我国教育心理学发展的现状,张春兴提出了教育心理学研究的三化取向,即"研究目的教育化、教育对象全人化、研究方法本土化"[③];胡韬和张大均认为在新的历史条件下教育心理学的发展应表现为综合化、生态化、科学化、本土化等发展取向[④]。刘华山等人认为,当前我国教育心理学的研究由一般认知过程的研究转变为课堂里具体学科学习中的认知研究、教学心理研究、研究视角多元化等,从对个体的关注转到对社会文化情境中个体的关注,计算机与网络等技术因素对学习的影响也成为一个新的研究领域。

综上所述,教育心理学的发展趋势大体表现为以下几点。

(一)综合化

教育心理学的综合化表现在心理学与教育学科的综合、心理学与学科教学的综合、心理特质的综合、心理发展与环境的综合、研究范式和研究方法的综合等。教育心理学对于心理发展和环境的综合化,姚梅林认为学习不可能脱离具体的情境而产生,情境是整个学习中的重要而有意义的组成部分,场景或情境不同,所产生的学习也不同,学习受到具体的情境特征的影响。建构主义学习理论就是综合了个体能动性、环境和社会文化等因素的影响,关注知识的建构过程,关注个体的主体性,关注学习情境对个体知识建构的重要意义,重视社会文化因素对知识理解和建构的影响。整合取向的研究,在理论探讨上融合各家各派的心理学思想的合理内核;在对心理现象的分析上,主张从心理整体性看待局部心理变化;在理论价值取向上出现了科学主义与人文主义的整合趋势;在基础与应用整合取向上越来越注重研究方法的应用性;在具体研究方法上对传统的定量方法不断完善的同时,定性与定量方法也不再是绝对对立的,而是走向综合。

(二)本土化

教育心理学是帮助教师实施教学的工具,教学内容、教学情境、教学理念、教育文化背景的不同,必然会造成对同一教学模式、同一教学方法的心理接受程度不同。因此,"本土化"

[①] 关文军,王阳.整合取向的研究范式对我国教育心理学发展的启示[J].贵州师范学院学报,2010(4).

[②] 姚梅林.教育心理学的整合与超越[J].北京师范大学学报(社会科学版),2005(6).

[③] 张春兴.从思想演变看教育心理学发展宜采的取向[J].北京大学教育评论,2005(1).

[④] 胡韬,张人均.教育心理学研究方法体系的发展历程与新取向[J].西华师范大学学报(哲学社会科学版),2006(3).

是非走不可的,这也是心理学发展的基本问题。教育心理学的本土化,要求研究者学习和借鉴国外的先进经验和成果,充分认识我国研究对象的特征,认真了解我国学生和教师身心发展所特有的心理规律性,在此基础上面向社会和教育教学的实际情况进行研究。同时也应吸取我国教育心理思想发展史中的有益成分,结合实际开拓一定范围内具有中国特色的研究领域。

(三)情景化

20世纪90年代以来,由于学校教育脱离实际,导致学生问题的解决能力欠缺,社会化延迟等状况。教育心理学研究为适应这一变化,开始从单纯的认知转向情境性认知。学习的情境认知理论认为,学习不再是个体的单独活动,而是个体与物理情境、社会情境的交互活动;知识也不再是头脑中确定的认知表征,而是一种生活实践。学习不再是发生于学习者头脑内部的认知活动,而是一个不断地参与实践共同体的活动,并逐渐成为共同体的核心成员的动态过程。学习不可能脱离具体的情境而产生,情境是整个学习中的重要而有意义的组成部分,场景或情境的不同,所产生的学习也不同,学习受到具体的情境特征的影响。教育心理学的这种研究趋势非常鲜明,美国教育心理学界的权威杂志之一《教育心理学家》时任主编Pintrich(2000年)曾明确指出,对真实情景中的个体的学习和发展进行研究,这种个体与情境因素的整合取向是目前教育心理学研究领域的鲜明特色,也是最显著、最重要的发展趋势。

第三节 人的心理发展与教育

一、心理发展

心理发展指的是个体从出生到死亡整个一生的心理变化。教育心理学所关注的心理发展是个体从出生到心理成熟阶段所发生的积极的心理变化。随着年龄的增长,个体在相应环境的作用下,整个心理活动不断得到改造,日趋完善和复杂化,使个体产生更具适应性、组织性、更有效和更复杂的行为。

个体心理发展的总方向,是从简单到复杂、由低级到高级、通过量变达到质变的过程,而其普遍的规律性表现为以下几点。

第一,连续性和阶段性。连续性特征是指在心理发展过程中,后一阶段的发展总是以前一阶段的发展为基础的,而且又在此基础上萌发出下一阶段的心理特征,表现出心理发展的连续性。心理发展虽然是一个逐渐积累的连续量变过程,但由于一段时期内人的心理往往会具有共同的、典型的心理特点和主导活动,因此又可以根据这些心理特点和主导活动将人的心理发展划分成有着质的不同的发展阶段。我国教育和心理学工作者根据个体心理矛盾运动的特点,参照当前社会人们的主导活动和生活状态,一般将个体心理发展分为以下几个阶段:乳儿期(出生～1岁)、婴儿期(1岁～3岁)、幼儿期(3岁～6岁)、童年期(6岁～11岁)、少年期(11岁～14岁)、青年期(14岁～25岁)、成年期(25岁～55岁)、老年前期(55

岁~65岁)、老年期(65岁以后)。每个阶段都有其普遍的与典型的特点,这些特点与其前后阶段既有差别性,又有连续性,构成不同年龄阶段的心理年龄特征。心理年龄特征是在一定的社会和教育条件下,在个体发展的不同年龄中形成的具有一般的、典型的、本质的心理特征。

第二,方向性和顺序性。方向性体现的是心理发展从量变到质变、从低级到高级的发展规律。而顺序性则是指在正常条件下,尽管心理发展的速度或快或慢,但发展是不可逆的,阶段与阶段之间也是不可逾越的。从直觉行动性思维、形象思维到抽象逻辑思维的发展,从一般的喜、怒、哀、惧等基本情绪到理智感、道德感、美感等高级情感的发展,均体现了心理发展的顺序性特征。

第三,差异性。人的心理发展按照一定的规律和顺序进行着,有着统一的发展趋势,但个体的心理发展是互不相同的。在同一年龄阶段,人的心理发展可能有显著的差异。这种差异首先表现为不同人的同一心理过程和个性心理特征的发展速度与水平不同,达到成熟水平的时期也各不相同。个体心理发展的差异性,与遗传素质不同有关,但主要是后天环境、教育影响和个体在接受外界影响下所表现出的主观能动性不同造成的。正如马克思所说,搬运夫和哲学家之间的原始差别要比家犬与猎犬之间的差别小得多,他们之间的鸿沟是分工掘成的。

第四,不均衡性。个体的心理发展具有不平衡的特点,主要表现为发展速度的不均衡性,即各种心理特质达到成熟水平的时期不相同。如感知觉、机械记忆等在少年期之前就已发展到相当水平,而逻辑思维则要到青年期才有相当程度的发展。又如5岁左右是儿童形成数的概念的关键期,而关于时间和空间知觉的发展则要晚些,至于判断、推理等逻辑思维能力的发展则要更晚。

了解和掌握个体心理发展的这些特征,可以使我们更好地理解、预见学生的心理行为变化,为选择有效的教育教学行为提供决策依据。

二、心理发展的理论

关于心理发展的心理学理论主要有两种观点:一是遗传决定论,一是环境决定论。

遗传决定论认为,个体的智力和个性品质在生殖细胞的基因中就已经被决定,环境的作用仅在于引发、促进或延缓先天素质的自我展开,并不能改变其本质。高尔顿(F. Galton)是遗传决定论的创始人,他宣称,一个人的能力是由遗传得来的,它受遗传决定的程度,如同一切有机体的形态及躯体组织受遗传决定一样。美国第一任心理学会主席霍尔(G. S. Hall)更是强调"一两的遗传胜过一吨的教育"。遗传决定论的致命弱点就是过分而片面强调先天遗传的作用,而忽视了后天环境和教育在儿童心理发展当中的作用。

环境决定论恰好相反,认为儿童心理的发展完全是由环境决定的,它极端重视环境和教育在人的发展中的作用,否认人的主观能动性以及遗传素质和儿童的年龄特征的作用。英国经验决定论者洛克、行为主义创始人华生、新行为主义者斯金纳(B. F. Skinner)都是环境决定论的拥护者。洛克认为人出生时心灵像白纸或白板一样,只是通过经验的途径,心灵中才有了观念,因此,经验是观念的唯一来源。行为主义学派的创始人华生是最典型的环境决定论者。华生的儿童心理学理论就是"环境决定论",他否定遗传在儿童心理发展中作用,他曾宣称,给我12个健全的婴儿,我可用以培育他们的特殊世界,我就可以保证随机选出任何一个,不论他的才能、倾向、本领和他的父母的职业及种族如何,我都可以把他训练成为我所选定的任何类型的特殊人物,如医生、律师、艺术家、大商人甚至于乞丐、小偷。斯金纳则认为,人的任何行为都可以通过外在的强化或惩罚手段来加以塑造、改变、控制或矫正。

后来的心理发展理论将遗传、环境和教育对人心理发展的作用综合起来进行考虑,其中对于高等教育最具启发性的当属埃里克森(E. H. Erikson)的社会心理发展论和维果斯基(L. Vygotsky)的心理发展理论。

(一)埃里克森的社会心理发展理论

埃里克森认为,人的自我意识发展持续一生,他把自我意识的形成和发展过程划分为八个阶段,这八个阶段的顺序是由遗传决定的,但是每一阶段能否顺利度过却是由社会文化环境决定的,所以这个理论被称为"社会心理发展理论"。埃里克森强调自我成长在心理发展中的作用,认为个体出生后在与社会环境的互动过程中,个体自我成长的需求希望能在环境中得到满足,但又不得不受到社会的要求与限制,这就使得个体在社会适应方面产生各种各样的心理矛盾,这种心理上的矛盾就是发展危机。发展危机既可能使人遭遇心理上的困扰,也可能使人在危机感的压力推动下,学会自我调节和社会适应,推动个体心理的发展。

1. 婴儿期(0岁~1.5岁):基本信任与不信任的心理冲突

这个阶段的儿童最为孤弱,对成人依赖性最大。如果护理人能以慈爱和惯常的方式来满足儿童的需要,他们就会形成基本信任感。如果拒绝他们的需要或以非惯常的方式来满足他们的需要,儿童就会形成不信任感,某种程度的不信任是积极的和有助于生存的。但是,信任感占优势的儿童又具有敢于冒险的勇气,就不会被绝望和挫折所压垮。在这个阶段中,如果儿童具有的基本信任超过基本不信任,就形成"希望"的美德——对热烈愿望的实现怀有持久的信念。得到信任的儿童敢于希望,这是一个注重未来的过程。而缺乏足够信任的儿童不可能怀有希望,因为他们必须为是否能得到满足而担忧,所以他们常常被当前发生的事件所束缚。

2. 儿童期(1.5岁~3岁):自主与害羞、怀疑的冲突

在这个阶段中,儿童迅速形成许许多多的技能,儿童已能"随心所欲"地决定做还是不做某些事情,这时起就出现了儿童意愿与父母意愿相互冲突的矛盾。对于这种矛盾,如果父母过分溺爱或不公正地使用体罚,就会使儿童感到持久的疑虑和羞怯。在这个阶段中,如果儿童形成的自主性超过羞怯与疑虑,就形成意志的美德。没有多少希望和意志美德的个人仍能生存,但他可能不及那些充满希望和具有意志的人们那样灵活,那样乐观,那样幸福。

3. 学龄初期(3岁~5岁):主动对内疚的冲突

在这个阶段,儿童尝试了各种各样的限制,以便找到哪些是属于许可的范围,哪些又是不许可的。如果父母鼓励儿童的独创性行为和想象力,那么儿童会以一种健康的独创性意识离开这个阶段。如果父母讥笑儿童的独创性行为和想象力,那儿童就会以缺乏自信心离开这一阶段。由于缺乏自主性,因此当他们在考虑种种行为时总是易于产生内疚感,所以,他们倾向于生活在别人为他们安排好的狭隘的圈子里。如果儿童在这个阶段获得的自主性胜过内疚,就会形成"目的"美德——正视和追求有价值的事物的勇气。

4. 学龄期(6岁～12岁):勤奋对自卑的冲突

儿童在这一阶段所学的最重要的课题是"体验以稳定的注意和孜孜不倦的勤奋来完成工作的乐趣"。如果儿童没有形成这种勤奋感,他们就会形成一种自卑感,丧失他们对成为社会有用成员能力的信心。同这一阶段相联系的还有另一个危险,即儿童会过分重视他们在工作能力方面的地位。对这样的人说来,工作就是生活,因而他们看不到人类生存的其他重要方面。按照埃里克森的理论,在这个阶段里,必须鼓励儿童掌握为未来就业所必需的技能,但不能以牺牲人类某些其他重要的品质为代价。如果儿童获得的勤奋感胜过自卑感,他们就会以"能力"美德离开这个阶段——不为儿童期自卑感所损害,能在完成任务中自如地运用其聪明才智。

5. 青春期(12岁～18岁):自我同一性和角色混乱的冲突

在这个阶段中,儿童必须仔细思考全部积累起来的有关他们自己及社会的知识,最后致力于某一生活策略。一旦他们这样做,他们就获得了一种同一性,长大成人了。获得个人的同一性就标志着这个发展阶段取得了满意的结局。这个阶段自身应当看作是一个寻找同一性的时期,而不是具有同一性的时期。如果年轻人不以积极的同一性来离开这个阶段,那他们就会以角色混乱或者会以消极的同一性来离开这个阶段。如果青年人在这个阶段中获得了积极的同一性而不是角色混乱或消极的同一性时他们就会形成"忠诚"的美德。

6. 成年早期(18岁～25岁):亲密对孤独的冲突

当亲密关系的发展成为最根本、最重要的需要时,青少年就步入了发展亲密关系的阶段。年轻人开始寻求一种特殊的关系,通过这种关系来发展他的亲密感,并在情感方面得到成长,亲密感发展的结果一般是结婚,或是对另一人爱的承诺,但也可能有别的结局,例如两人一起分享亲密感而不结婚,也可能很不幸,与人结了婚却没有亲密感。在这一阶段不能形成良好的亲密感的人,就会面临孤独感。他们可能经历了很多次肤浅的关系,但从来没有在真正的密切关系中获得情感满足。有些人甚至回避需要情感承诺。独身生活方式可能有其他方面的好处,在一段时间里可能令人愉快,但假若一个人不能超越这种生活方式,就会导致情绪和个人满足感的严重滞后。只有具有牢固的自我同一性的青年人,才敢于冒与他人发生亲密关系的风险。因为与他人发生爱的关系,就是把自己的同一性与他人的同一性融合一体。这里有自我牺牲或损失,只有这样才能在恋爱中建立真正亲密无间的关系,从而获得亲密感,否则将产生孤独感。

没有形成有效工作与亲密能力的人会离群索居,回避与别人亲密交往,因而就形成了孤立感。如果个人在这个阶段形成的亲密能力胜过孤立能力,他们就会形成"爱"的美德——双方对永久抑制遗传导致的分工作用的对抗性的相互献身。

7. 成年期(25岁～65岁):生育对停滞的冲突

如果一个人能很幸运地形成积极的同一性,过上富有成效的幸福生活,那么他就会力图把产生这些东西的环境条件传递给下一代。这可以通过与儿童(不必是自己的孩子)提高直接的交往,或者通过生产或创造能提高下一代生活水平的那些东西来实现。没有产生繁殖感的人是以"停滞和人际贫乏"为特征的。一旦一个人的繁殖比率比停滞高,那么这个人会以"关心"的美德离开这个阶段。

8. 成熟期(65岁以上):自我完整与绝望期的冲突

这个阶段发生在六十五岁到死亡这段时间里,称为成年晚期。埃里克森把自我完整定义为:只有以某种方式关心事物和人们的人,才能使自己顺应形影相随的胜利和失望,顺应其他事物的创造者,或者说顺应各种产品和思想的创造者——只有在这种人身上,前七个阶段的果实方能日臻成熟。按照埃里克森的理论,只有回顾一生感到自己所度过的是丰足的、有创建的和幸福的人生的人,才具有一种圆满感和满足感,才不会惧怕死亡。而那种让自己感到人生具有挫败感的人,则会体验到失望,也不像体验到满足感的人那样敢于面对死亡。

这八个阶段不但依次相互关联,而且第八个阶段还直接与第一个阶段相联系,换句话说,这八个阶段以一种循环的形式相互联系。在每一个心理社会发展阶段中,解决了核心问题之后所产生的人格特质,都包括了积极与消极两方面的品质,如果各个阶段都保持向积极品质发展,就算完成了这阶段的任务,逐渐实现了健全的人格,否则就会产生心理社会危机,出现情绪障碍,形成不健全的人格。

(二)维果茨基的心理发展理论

维果茨基认为,人类心理与动物心理的区别主要是那些高级的心理机能(逻辑记忆、思维、有意注意等)。人类在劳动中使用工具,不再像动物那样以身体的直接方式来适应自然。人类在物质生产中使用的工具凝聚着人类的间接经验,即社会文化知识经验,这就使得人类心理的发展不再像动物那样受生物进化规律的制约,而是受社会历史发展规律的制约。

由于人类心理是在掌握间接的社会文化经验中产生和发展的,因此在儿童心理发展上,作为传递社会文化经验的教育就起着主导作用。这就是说,人类心理发展不能在社会环境以外进行,同时,儿童心理发展离开了教育也就无法实现。在社会和教育制约下,人类或儿童的心理活动首先是属于外部的、人与人之间的活动,以后就内化为人类或儿童自身的活动。并且,随着外部和内部活动相互关系的发展,就形成了人类所特有的那些不同于动物的高级心理机能。

在人类心理机能由低级向高级的发展过程中,维果茨基认为主要由三个方面来推动:第一,起源于社会文化——历史的发展,受社会规律的制约;第二,从个体发展来看,儿童在与成人交往的过程中通过掌握高级心理机能——语言、符号这一中介环节,使其在低级心理机能的基础上形成了各种新质的心理机能;第三,高级心理机能是不断内化的结果。

维果茨基在研究教学与发展的关系上提出了三个重要观念,这就是"最近发展区""教学应走在发展的前面"和"学习的最佳期限"。

1. 最近发展区

维果茨基认为,儿童心理发展有两种水平:第一种水平是现有发展水平,这是指儿童独立活动所达到的解决问题的水平;第二种水平是指在有指导的情况下借助于别人帮助所达到的解决问题的水平,也就是通过教学所获得的潜力。这两种水平的差异就是最近发展区。

2. 教学应走在发展的前面

维果茨基在最近发展区的基础上提出了"教学应走在发展的前面"的思想,也就是说教学"可以定义为人的发展",教学决定着儿童智力的发展,这种决定作用既表现在智力发展的内容、水平和智力活动的特点上,同时也表现在智力发展的速度上。

3. 学习的最佳期限

怎样才能发挥教学在儿童心理发展中的最大作用呢?维果茨基认为,如果儿童脱离了学习某一技能的最佳年龄,从心理发展的观点来看是不利的,这会造成儿童智力发展的障碍。因此,进行某一种教学必须以成熟和发展为前提,但更重要的是必须首先建立在正在开始形成心理机能的基础上,走在心理机能形成的前面。

维果茨基关于儿童心理发展的思想在心理学界产生了巨大影响,他强调心理的起源受社会文化和社会发展规律的制约,以及儿童心理的发展对教学的依赖关系等,至今对教育与教育心理学研究仍具有积极的借鉴作用。

三、教育与心理发展的关系

教育与心理发展的关系是十分密切的。教育不仅要基于学生的心理发展水平,也要促进学生的心理发展。教育是教师与学生之间的双边活动,教师要借助教育内容、教育方法、教育情境以及自身的言行,激发大多数学生的主体活动力,使其积极主动地接受教育的影响,从而促使学生心理的发生、发展形成各种能力和个性特征。教师还要考虑学生之间存在的个别差异,通过有针对性的、个性化的教育活动来快速、全面地促进每一个人的个性及其品质的发展。

教育促进心理发展是有条件的。第一,教育内容的正当性。这要求教育内容应具有教育意义和培养价值,能够促进心理的积极发展,这是教育促进心理发展的基础条件。第二,教育要求的适合性。教育要求应适应学生心理发展的水平,同时又要高于学生的心理发展水平,过高或过低的要求,都不能有效地促进心理的发展。第三,教育具有系统性、连贯性和一致性。这是学生心理发展获得持续、稳定发展的必要条件,也是发展学生智能和形成良好的行为习惯的不可缺少的条件。第四,在教育过程中激发学生的积极参与。教育工作想要促进和影响学生的心理发展,离不开学生的主动参与。当学生积极主动、独立、圆满地完成了各种教学任务时,学生的智能和个性品质也就能够获得相应的发展。

教育在人的心理发展中起主导作用。教育对个体心理发展的影响是以掌握知识、技能为中介的。但心理发展并不等同于知识、技能的掌握。从知识、技能的掌握到心理的实质性发展,是一个复杂的过程,需要个体内部心智活动不断地改造和完善才能实现。

复习与思考题

1. 什么是心理学?
2. 教育心理学的研究对象是什么?
3. 教育心理学的发展经历了一个怎样的历程?

第二章 教育心理学的研究方法

第一节 教育心理学研究的基本原则与基本程序

美国心理学家查普林(James P. Chaplin)指出:"任何科学发现或概念的有效性取决于达到该发现或概念所采取的程序的有效性"。因为研究结果的正确与否、科学与否、真实与否、有效与否、能推广与否都和研究的实施过程相关联。教育心理学研究以人和动物的心理为研究对象,也就注定了其研究过程是非常复杂的,这使得教育心理学研究对研究对象和无关变量影响的控制要比对其他学科难得多。因而,要保持心理学研究的科学性和有效性,就必须遵循一定的研究原则和严格的研究程序。

一、教育心理学研究的基本原则

(一)伦理性原则

伦理性原则是指在研究心理学问题时,不能违反社会的伦理道德准则。科学研究是为人类获取知识和造福的事业,是有一定的伦理道德规范和科学规范的。在教育心理学的研究过程中,研究者要考虑两个方面的伦理道德问题:一是公正地对待实验对象;二是研究者应具备的职业素养和科学精神。

公正地对待研究对象,要求保障科学研究中的被试(人和动物)不受到伤害,保障不能给被试的心理发展留下不利的阴影,保障心理学研究在社会道德允许的范围内开展。有些研究可能必须在欺骗被试的虚假条件下开展,或者要让被试经历失败,才可以有效地观察到研究变量的变化结果。在这种情况下,我们必须在研究结束后告知被试研究中存在欺骗以及这样做的目的和价值,并及时消除由于欺骗给被试带来的潜在影响。在1920年华生(Waston)使小罗伯特形成恐惧反应的研究、米尔格拉姆(Milgram)1963年进行的关于虚拟电击其他被试的权威服从实验和津巴多(Zimbardo)等人在1971年进行的斯坦福监狱模拟实验就违背了这一原则,给被试心理造成一定程度的伤害或负面的影响,受到人们的广泛质疑和谴责。心理研究的操作直接关系到儿童身心的健康和发展,研究者必须以高度严谨的科学态度,提出研究假设,对研究方案的效应做严密的科学论证,必须保障被试的权益不受侵犯,保障退出自由与对研究结果的保密,以避免负效应的出现。

研究者应具备的职业素养和科学精神,主要指研究者在搜集、处理、报告数据,设计、使用实验材料,论文的写作和发表过程中要遵守道德的原则。心理学的研究结论是建立在客观、可靠的数据基础之上的,研究者必须以严谨、认真、求实的工作态度严格按照实验要求和多数人可接受的方式搜集、处理数据。如剔除极端数据的做法,不能是随意的,要按照大多数研究的统计规范(以平均数加减3个标准差为有效数据范围)来进行。在使用研究材料和论文写作过程中,如果引用到他人的研究材料、量表和观点,要在文中或文章最后指明出处,必要时还需征得原作者的同意后方可使用。

针对心理学研究的道德问题,美国心理学会专门制定了《对人类被试进行研究的伦理道德原则》和《心理学家的伦理道德原则和行为规范》。我国心理学会也发表了《心理测验工作者的道德准则》,中国心理卫生协会发表了《心理评估质量控制规定及从业人员道德准则》,这些规定成为心理学工作者共同遵守的道德准则。

(二) 实事求是的原则

实事求是的原则就是以客观事实作为检验标准,努力反映心理现象的本来面貌,既不能歪曲事实,也不能臆测。坚持实事求是的原则是教育心理学研究中运用唯物论的重要标志,是教育心理学研究方法的根本指导原则。坚持实事求是的原则,一是要尊重客观事实,从客观事实中去寻找和发现规律;二是要求教育心理学研究结论要建立在逻辑规则之上,不能牵强附会,胡乱联系。

尊重客观事实,就要求心理学研究按照事物的实际表现(即客观指标)去揭示其内在的本来面目(本质、结构、联系与规律等),而不加任何主观臆断或歪曲,不在毫无依据或缺乏足够的依据之前轻率地做出武断性结论,力求使主观认识与客观事实相一致。虽然研究过程总要经过研究者的头脑展开主观活动,但研究者要保持实事求是的意识与严谨态度,运用客观的研究方法,摒除急于求成、过分自信及极度维护自尊等杂念,追求研究结果的客观性或真实性。

教育心理学研究结论要建立在逻辑规则之上,要求研究报告以研究事实为依据,研究结果和推论遵守逻辑规则,研究设计体现严谨性与科学逻辑性。教育心理学研究的结论往往与研究的材料和研究对象有着密切关系,其研究结果往往是在特定的研究条件或特定文化背景下产生的。如美国学者研究认为,一天当中,人的记忆力最佳的时期是上午11时左右。这样的研究结论对于习惯晚起的美国人(一般习惯9时起床)来说是有效的,而相对于中国人(一般习惯6~7时起床)来说就不适用了,因为中国人到上午11时,已经工作了3个小时左右,大脑会产生一定的抑制和疲劳。因此,我们不能把这一研究结论推广到美国人以外的早起习惯不同的其他人群中。教育心理学研究报告不仅要求实事求是地描述研究条件、报告研究结果,而且要求细致地公开研究操作过程和操作方法,让不同的研究者可以进行重复验证,确保假设检验的客观性,对于研究结果的验证、推广有着非常重要的意义。

(三) 系统性原则

系统性原则就是从系统、全面、整体的观点出发,对人的心理活动进行多层次、多水平、多方位的系统分析与研究。人心理的发展、成熟,受到各种因素的影响,而不是单一因素的作用,对心理现象和心理行为进行准确的解释,必须坚持系统性原则,对人的心理活动进行多层次、多水平、多方位的系统分析与研究。

2002年美国康涅狄格州的地方法院裁决了一个有争议的案件。这个案件重要的争论焦点是米威(Midway)公司设计的一款游戏中的暴力性和成瘾性是否与导致杨希(Yancy)杀死13岁的威尔森(Wilson)直接有关(杨希杀死威尔森的手段和游戏里描绘的手段非常相似)。而此前心理学的研究也曾证明,大多数儿童在观看有关暴力的影片后会产生模仿的行为。研究结果看上去似乎支持了"游戏模仿导致杨希杀死威尔森"的说法。也有很多人从心里认为,当前儿童暴力犯罪案件的增长与暴力游戏、暴力影片有着直接的关系,甚至这样的观念已成为制定某些政策和规则的依据。事实真的是这样吗?影响人的行为的因素是非常复杂的,包括遗传、环境、教育和主观能动性等方面,这些因素的影响也不是简单的相加,而是存在着极其复杂的交互作用。换句话说,我们不能简单地推论某一因素(如杨希案中的环境因素——游戏的暴力性和成瘾性)是促使人做出某种行为的直接原因,因为还有主观能动性、教育等发挥着重要影响的因素同时对人的行为产生作用。因此,我们在开展教育心理学研究时,必须慎重考虑影响研究结果的诸多无关变量的作用,严密地设计研究方案,谨慎地展开研究过程,小心地推论研究结论。

(四)发展性原则

发展性原则是指以发展变化的观点去看待和研究人的心理活动,切忌静止、固定地看待各种心理现象。辩证唯物主义认为,客观事物永远处于不断地运动和变化之中,作为人脑对客观事物的反映的心理活动,当然也不可能是固定的、静止的。个体受生长成熟、刺激、知识经验、实践活动等因素的作用与影响,其心理经常处于运动变化之中,心理结构不断进行着改组与重建。不仅如此,人脑这一心理活动的物质承担者,也是历史发展的产物。这就要求研究者必须遵循发展性原则,研究人类在历史进程中的心理活动规律。

美国心理学家格塞尔做过的一个非常著名的实验:让一对同卵双胞胎练习爬楼梯。其中一个为实验对象(代号为T)在他出生后的第46周开始练习,每天练习10分钟。另外一个(代号为C)在他出生后的第53周开始接受同样的训练。两个孩子都练习到他们满54周的时候,T练了8周,C只练了2周。这两个小孩哪个爬楼梯的水平高一些呢?大多数人会认为应该是练了8周的T比只练了2周的C好。但是,实验结果出人意料——后学的尽管用时短,但效果并不差。

这个实验的结果也提示我们,教育心理学研究不能静止、固定地看待各种心理现象的发展和变化,要尊重孩子发展的自然规律,不要违背学生发展的内在"时间表",否则我们就会徒劳无获,甚至妨碍到学生的健康发展。

二、教育心理学研究的基本程序

(一)研究前的准备工作

1. 选择研究问题

教育心理学可研究的问题是很多的,我们要选择一个适当的问题来研究。研究问题一般要求有创新性、有理论价值、有实践价值,或是急需解决的现实问题。研究问题确定后,还要确定问题的范围。一般说来,研究问题的范围要清楚明确,宜小不宜大。研究者应善于从选定的研究领域中筛选问题,并缩小问题范围,最后将注意力集中于某一个独特的问题之上。具体来讲,选择教育心理学研究问题可从以下几个方面入手。

1) 教育心理学研究可以从有关理论中演绎出研究问题

理论往往综合了已有的知识,对独特的事物和现象提供正确的解释。同时理论能指引研究的方向,提供观察与发现的指导架构。换言之,理论不但可用来解释目前的事物,而且可用来预测未来的事物。从一个良好的理论中,研究者可以推演出很多种预测,而这些新的预测,就成为研究问题的重要来源。因此,研究者可以从有关的心理理论(如教学理论、德育理论、学习理论)中,使用演绎推理的方法导出一些合乎逻辑的研究问题和假设,然后再设计实验加以验证。

2) 教育心理学研究可以从心理学实际工作中发现问题

教育心理科学研究最迫切的任务是要解决当前教育实际工作中亟待解决的问题,所以必须从当前心理工作的迫切需要出发,注意选择当前存在的实际问题,特别是关键性问题。研究实际问题决不能急功近利,除了对当前实际工作中迫切需要提出的研究问题应当优先进行研究外,某些对当前的实践并不十分迫切,但对教育心理科学本身的发展具有重大意义的研究问题也不应当忽视。

3) 教育心理学研究可以从过去研究中发现问题

有的教育心理学研究不仅探求其所要研究问题的答案,而且,也要从其研究问题中导出不少值得研究的问题,有时往往是在回答旧问题的同时,提出了新的问题。有的教育心理研究具有长期性、连续性的特点,在某一阶段只能完成研究的一部分工作,解决一部分问题,而余下的部分需要其他人去完成;有的教育心理研究具有多元性的特点,在一项研究中仅能研究若干变量或因素;有的研究对某些变量或因素未加以控制,或没有发现,因而造成许多研究的结果相互矛盾。因此,从过去的研究中,可以得到许多启发,发现新的有价值的研究问题,可以改变旧的设计,或是增加新变量,或是控制其他变量,验证存在的这些问题,促进教育心理学的发展进步。

4) 教育心理学研究还可以从与心理学教学研究者的探讨和对话中发现问题

经常向有关课程的教师或研究机构的专家请教,讨论自己兴趣领域中的问题,参加有关的学术研讨和交流活动,例如,心理健康教育座谈会、心理教育经验交流会、心理学研讨会、心理学年会、心理专题讨论会等,可以发现一些值得研究的问题。

2. 选择研究设计

研究问题选定后,要根据研究问题的性质,采用适当的研究设计。研究设计是指如何制定研究方案,以提高研究效度,缩小随机误差的影响,并使研究结果能有效地进行统计分析的理论和方法。教育心理学常用研究设计包括相关研究和实验研究。相关研究是测量两个或多个变量,然后察看他们之间是否有关。实验研究是操纵一个变量,然后察看另一个变量是否也随着发生变化。

以实验研究为例,研究设计的基本思想是减少偶然性因素的影响,以使研究自变量的影响最大化。费希尔于1926年就提出过实验设计的基本思想,并在1935年出版了他的名著《实验设计法》,提出了心理学实验研究设计应遵循三个原则。①随机化,是指研究对象或研究材料的分配,以及各次研究中的先后次序等,都是随机选择和安排的。随机化的目的是使研究结果尽量避免受到主客观系统因素的影响而出现偏倚性,它的作用是正确地估计误差。

②局部控制,是力求使得非实验的影响(无关变量的影响)尽可能减少的一种做法,即让非实验条件在多次重复的实验中具有同质性。③重复,是指每一因素的水平(或因素的水平组合)的实验次数不少于两次。

重复的主要作用在于:一是它能使实验者得到一个实验误差的估计量;二是它能使实验者获得因素效应的精确估计量。简单地说,重复的作用是为了估计实验误差和减少实验误差。重复是为了降低随机误差的影响,以保证实验结果的可重现性。

减少偶然性因素的影响,使研究自变量的影响最大化,这是研究设计的基本原则。如果实验控制不力,掺杂了其他变量的影响,就无法做出自变量和因变量的因果关系推论。如有些学校进行的教法实验,选取成绩优秀的学生参与到实验班中去,而以成绩一般的学生组成对照班。实验班甚至还安排教学能力最强的教师,这样的选取和安排使得实验的结果不能有效地说明新的教法或教材是有效的,因为试验组和对照组的因变量差异除了教法的影响外,学生原有水平、教师的教学能力也是重要的影响因素。因此,由于控制的不力或主观地有偏选择被试导致实验变量影响的混淆,从而降低了研究的效度。

3. 确定并选取研究对象

研究问题确定后,就要确定研究对象,即根据研究问题界定研究被试的总体,并选取适当的被试样本来代表总体。教育心理学研究对象往往是数以万计的,限于研究者的时间、精力、人力和物力,无法对数千万甚至上亿被试进行逐一研究,这就需要选择一定数量的样本来进行研究分析,并以样本的研究结果推论总体的状况。为了揭示研究总体的心理现象与心理过程的发展规律并尽可能保证研究结果的可靠性,选取的研究对象必须具有代表性。取样就是遵循一定的规则,从一个总体中抽取有代表性的一定数量的个体进行研究的过程。取样的目的也就在于用一个样本的结果去推论总体的信息及一般性结论。

在教育心理学研究实际工作中,为了保证取样的合理性,应遵循四个方面的基本要求。一是明确规定总体。研究者准备将研究成果推广到什么样的范围,就应在该范围内抽样。二是取样的随机性。要尽可能使每个被抽取的个体具有均等的机会,也就使被抽取的任何个体与个体之间彼此独立,在选择上没有联系。三是取样的代表性。只有样本具有代表性,那么由样本特征推断的总体特征才有一般性,对总体的研究成果才有推广价值。四是合理的样本容量。样本的大小,既要满足统计学上的要求,又要考虑收集资料的便利性,并使误差减少到最低限度。样本大小取决于以下因素:研究的不同类型、预定分析的精确程度、允许误差的大小、总体的同质性、研究者的时间、人力和物力、取样的方法等。

4. 制订研究方案

教育心理学研究问题、研究设计和研究对象确定后,在正式的研究开始前,还要制订周密的研究方案,以保证研究过程的周密性和完整性。研究方案应具有可操作性、与理论假设的内在一致性,研究过程设计也要合乎研究原则的要求。高等教育心理研究方案的内容,一般地说包括研究背景与目的、指导思想与原则、研究内容、研究材料与对象、研究方法与措施、研究步骤与时间安排、研究队伍与组织分工等。主持教育心理学研究的人员,必须受过专业训练,熟悉心理研究和心理统计的方法,能慎重选择和运用测验材料、教材、教具、仪器并记载表格,且有从事教育心理学研究的工作经验,思想精密,态度客观。

(二) 心理研究进行中的工作

1. 挑选被试和被试分组

根据研究目的和方案设计要求选择有代表性的样本并分组进行研究。在高等教育心理研究中,如果采用等组研究的形式,必须使两组研究对象的学生的初始水平相等。如有必要,分组后要检查两组成绩的"平均数"与"标准差"是否在统计检验上没有显著差异。

2. 研究变量的控制

如前面我们提到的那样,心理行为的影响因素是错综复杂的,教育心理学研究如果不能控制研究的变量(主要指自变量的呈现、无关变量的去除和平衡、因变量的测量),掺杂许多其他的影响因素,则该研究就不能得到正确的结果。所以教育心理学研究者对于研究测量的手段、主持研究的主试、参加研究的被试、实验处理时间的支配、研究的场地等,都需要加以控制,以免影响心理研究的结果。

3. 注意研究中的真实性

在考察某一项心理研究内容及方法的客观性与准确性的同时,还应考察高等教育心理研究本身的道德规范。在心理研究中,研究人员应正直,对学生、家长、社会负责,要特别注意尊重被试的合法权益和身心健康,对教育心理学研究的利弊做出客观的判断和权衡,杜绝人为的欺骗性的研究情境和报告虚假的研究结果。

4. 建立研究档案,及时记录研究资料

为了心理学研究成果的准确性、可靠性,以及研究结论解释的合理性,要及时记录各种原始心理研究资料。心理研究档案应该设专人管理,全面、详尽、细致地收集资料;并客观、公正、实事求是地对收集资料进行取舍、分类、编号管理。

(三) 教育心理学研究结束时的工作

1. 统计分析研究的结果

根据研究目的和所得数据的特点选用合适的统计工具和方法,按照统计要求进行科学、准确的统计分析和推论。不能掺杂个人的倾向,也不能言过其实地夸大研究的效果和某些结论。

有些研究的调查结果分析以成绩提高百分数的差值作为自变量有效与否的推论依据是不科学的。在遵循统计检验条件的前提下,对被试学习成绩提高值进行平均数的差异检验或单因素方差分析,做出实验组与对照组被试成绩提高的差异显著与否的推论。因为看上去百分数之间的差异较大,但在统计检验中也许差异是不显著的,这就不能做出自变量对因变量存在影响的有效结论。

2. 撰写研究报告

高等教育心理研究的结果整理完毕后,就可以根据研究结果推出研究结论,并按心理研究的常规格式撰写研究报告。研究报告要以陈述事实为主,但它并不是一些原始材料的罗列,而是在整理和陈述事实材料的基础上,运用辩证唯物主义、历史唯物主义的观点和方法进行理性加工,将感性材料上升为理性认识。同时还要遵循撰写心理学研究报告的常规要求,要以严谨、认真的态度,客观公正地分析研究结果,得出真实、可靠、经得起检验的研究结论。

总之,教育心理学研究必须做到科学有效地设计研究过程,严格有效地控制有关变量,严谨适当地统计分析,并客观公正地撰写研究报告,才能获得准确、科学的研究结论。

第二节 教育心理学研究的具体方法

作为心理学研究对象的人与动物的心理活动是最为复杂的,有着许多不同的水平、层次、方面和相互作用的关系。对于这样一个复杂的现象,我们的研究决不能简单地去处理变量之间的相互作用。我国心理学家朱智贤等人认为心理学研究方法的体系中,包括心理学研究的哲学方法论、心理学研究的一般科学方法论、心理学研究的具体方法和技术三个部分。不同层次的研究理论使心理学的研究不仅能在局部问题上对各种心理现象进行深入细致的、微观的分析与初步的描述研究,也能进行可操作的、预测力更强的因果关系的探讨,并运用整体的、系统的和动态的思想理论与研究方法,归纳和综合各种心理现象之间的相互关系和相互作用。

具体的研究方法要与具体的研究问题相联系,以研究问题为中心,以方法论为指导,有效地选择具体研究方法,以实现研究的目的。教育心理学研究几乎可以运用各种科学研究的具体方法,如观察的方法、调查的方法、实验的方法、思辨推论的方法等。每一种方法都有其特点和长处,但又同时存在着一定的局限性和片面性。下面我们介绍几种最为常用的具体研究方法。

一、观察法

观察法是进行教育心理学研究最基本、最普遍的方法,是研究者通过感官或借助于一定的科学仪器,在一定时间内有目的、有计划地考察和描述人的某种心理活动、行为表现等,以期发现心理活动及其发展的规律,并收集研究资料的一种方法。

(一)观察法的种类

观察是科学研究最基本的方法,是收集第一手资料最直接的手段。它可按不同的维度分为不同的类型。

从时间上看,分为长期观察法和定期观察法。长期观察法指研究者在一个较长的时间内连续地进行系统观察,积累资料并加以整理和分析。定期观察法指按一定的时间间隔(如每周一次)持续观察,到一定阶段予以总结。

从范围上看,分为全面观察法和重点观察法。全面观察法指在同一研究内对若干心理现象同时加以观察记录。重点观察法则是在同一研究内只观察记录某一种心理现象。

从控制上来看,分为自然观察法和控制观察法。在自然情境下对被试的观察称为自然观察法;在预先设置的情境下(如幼儿做守纪律的游戏)对被试的观察称为控制观察法。

从手段上来看,分为直接观察法和间接观察法。研究者用自己的感官进行观察的方法称为直接观察法；借助于仪器设备（如录音机、摄像机等）观察的方法称为间接观察法。

从观察者的参与来看，分为参与观察法和非参与观察法。参与观察法是观察者成为被观察者团体中的一员，观察和记录该团体或该团体某一成员的行为；非参与观察法则是研究者未介入被观察者的团体之中所进行的观察。

研究者在研究心理和行为时，可以根据工作需要采用不同的观察方式。

（二）实施观察法应注意的问题

在自然状态条件下，不加控制地对被试的行为表现进行有目的、有计划的实地观察，应注意以下问题。

（1）为了使观察结果具有代表性，反映某类事物的一般情况，应设计好抽样方案，特别是选好观察对象和时段。

（2）在进行实际观察时，最好不让被观察者察觉，否则，就无法了解被观察者的自然反应、行为和感受。

（3）在实际观察时，必须实事求是、客观公正，不得带有主观偏见，更不能歪曲事实真相。因此，要对观察者进行有效的培训，提高观察者的业务素质，要求观察者遵守科学的研究原则、有关法律和道德准则。

（4）事先对观察记录的方法和方式做出规定，以便于尽可能详细、快速地记录观察内容的有关事项。

（5）为了观察心理现象的发展变化过程，进行动态对比研究，需要做长期反复的观察。

（三）观察法的特点

观察法经常用于由于社会道德的需求、心理现象的复杂性，研究对象无法进行控制，或在控制条件下，可能影响观察对象行为反应的研究问题。这种方法能够把握观察时的全面情况，特别是一些特殊的气氛和情景。因此它具有自己不少的显著优点：首先，观察法最突出的优点是观察的直接性和结果的可靠性，观察法通过实地观察心理现象的发生，能够获得直接的、具体的、生动的材料，所得到的资料一般具有较高的可靠性；其次，观察法的适用性强，观察法是以观察者为主体的，而不像其他调查方法，要求被试具有相应的能力（如语言表达能力或文字表达能力），这就使得观察法对各种心理现象的研究具有广泛的适用性。

观察法虽简便易行，灵活性较大，但也因此带来一些局限性。一是，研究者处于被动的地位，往往难以观察到研究所需要的行为。二是，观察所获得的结果只能说明"是什么"，而不能解释"为什么"。三是，在自然环境下观察到的行为，有时带有偶然性、表面性、片断性和不精确性。由于观察者不可能对被观察者进行长期的、不间断的观察，并且只能对被观察者的外部表现进行观察，这样所得到的结果往往具有片段性、表面性，同时容易受偶然发生的行为影响，导致结果的偶然性、不精确性。四是，来自观察者的错误。由于心理学观察是一种专门的技术，必须由专业人员经过专业训练后才能从事，因此，观察者的观察技术不够熟练也会导致一些观察错误。

二、心理实验法

心理实验法对心理科学的发展具有重要的作用。研究对象心理特征的确定、学派的创立、教学方法的改革,往往都是以长期的或反复的实验为根据的。心理实验法是研究者为解决某一心理问题,根据一定的理论或设想,有计划地严格控制或创设条件以引起或改变被试的心理行为,从而进行分析研究的客观方法。

(一)心理实验法的种类

心理实验研究主要有自然实验法和实验室实验法两种。

自然实验法即在实际情境中,按照研究的目的改变和控制某些条件,以观察被试心理现象变化规律的方法。自然实验法兼有观察法和实验法之长处,既注意创设自然的条件,以较好地反映实际情况,又注意控制无关变量,力求研究结论的科学性。由于自然实验是在自然条件下进行的,有时条件的控制难以做到十分严格,如被试个体的内部动机、原有知识基础等无关变量,是难于绝对控制的。

实验室实验法是在特设的实验室内进行的。实验室实验中的变量一般容易控制,数据的记录和整理也比较精确。实验室实验大量地采用计算机控制,所得的结果更为准确。实验室实验的主要特点并不是它非在实验室做不可,而是由于对控制与精确的要求,研究者操纵若干变量,并且尽可能地控制其他额外变量,这些通常只能在实验室中才可以做到。但实验室的情境和现实情况的差别是比较大的,因而实验室实验结果的实际效用,不如自然实验法的效果好。实验室实验需要同其他心理学研究方法结合起来应用,才能符合心理现实的需要。

(二)心理实验设计的方法

实验设计的意义在于给研究者提供如何控制变量,如何分析资料,可以获得怎样的结论的一种构想、计划和策略。Fisher对实验设计的作用作如下的说明,为了表明自然现象在实验上是可以论证的,我们并不需要孤立的记录,而是需要可靠的程序方法。当我们知道怎样设计一个能为我们统计上提供显著结果的实验时,我们可以说现象在实验上是可以论证的。

为了简明地表示各种研究设计的特征,研究设计通常用符号来表示,实验设计的符号及其含义如下。

X:表示研究者所操纵的实验变量;

O:表示观察分数或测量分数;

R:表示被试是随机选择和随机分派到各组;

⋯:表示由虚线所隔开的各组研究对象之间不相等;

由左至右:表示时间次序或先后。

1. 随机实验组对照组前后测设计

这种实验设计的模式是:R_1　　O_1　　X　　O_2

　　　　　　　　　　　　R_2　　O_3　　　　O_4

这种设计的实验程序是,先对随机选择的实验组和对照组被试进行实验处理前的测验(O_1和O_3),然后给予实验组被试实验处理(X),再对两组被试进行实验后的测验(O_2和O_4)。在统计分析时,可先比较实验组与对照组的前测值(O_1和O_3),如果二者相等,就可以比较后测值（O_2 和 O_4）；如果两组的前测值不相等，就要比较实验组和对照组各自前后测的差值，即（O_2-O_1）和（O_4-O_3）的比较，一般用 t 检验，如有多个实验处理时，可用方差分析。

这种研究设计的优点是：相同的被试都接受前测和后测，被试选择性差异、被试的流失等因素可被控制，但同时会可能带来练习效应对实验效果的干扰。

2．随机实验组对照组后测设计

这种实验设计的模式是：R_1　　X　　O_1
　　　　　　　　　　　　R_2　　　　O_2

这种实验设计模式是心理研究中运用较广的一种设计，两组被试是随机选择的，只对实验组给予一次实验处理，实验后对两组被试进行测试，将两组被试测试的结果进行对比分析。中小学的教学改革实验大多采用这类设计，在实验前随机选择两个班被试作为实验组与对照组，实验组接受新的教学方法，对照组仍按传统的方式教学，一段时间后考查两组被试的成绩和心理特质的差异来推断教学改革的成效。这种设计有效地控制了选择、成熟、历史、统计回归等无关变量的干扰，由于实验组和对照组没有前测也避免了练习效应的影响。但运用时由于没有前测，随机选择也可能带来的实际有偏性、被试的流失可能会干扰实验效果。

3．不等组实验组、对照组前后测设计

这种设计的模式是：O_1　　X　　O_2
　　　　　　　　　……　　　……
　　　　　　　　　O_3　　　　O_4

这种设计不是采取随机方法分派被试，所以实验组与对照组的各方面条件未必相等。由于学校的班级是固定的，不可能在研究中进行重新对等分组，因此这种设计在心理研究中使用很普遍。在内在效度方面，这种设计可以控制历史、成熟、测量的工具、被试的流失等因素。由于有前测，"差异之选择"因素也可控制。但是，由于没有采用完全随机方式分派被试，故"选择与成熟""选择与同时事件"等的交互作用，会干扰实验效果。

例如，研究者欲探讨新编的《小学语文》教材是否优于旧教材，想在一所小学做实验，但这所学校不允许采用随机方法从各班级中抽取学生，并随机分派到实验组和对照组，而只能提供六个原来班级学生作为实验对象。这时，研究者只好将六个班级随机分派三个班为实验组，另三个班为对照组。显然，这种分派方式不能看作是随机分派，因为每一位学生并没有同等机会被分派到实验组或对照组。不过，在不能完全随机分派学生的情况下，以班级为单位随机分派也是一种可取的措施。接着，对两组被试实施一项语文能力水平测验，然后，实验组使用新教材教学，而对照组仍使用旧教材教学，一个学期后，两组再接受语文水平测验，则可比较新旧教材之优劣。

4．单组时间系列设计

实验设计的基本模式是：　　O_1　O_2　O_3　O_4　X　O_5　O_6　O_7　O_8

使用这种设计时，要对实验组做周期性的一系列测量，并在测量的这一时间系列中呈现实验变量（X），然后比较实验变量前后的一系列测量记录是否有显著差异。例如，研究者欲探索提高教师的心理技能是否会提高教学效果，于是从 3 月到 6 月，在每月末，都把准备参加心理培训教师的教学效果记录下来,然后7~8月份进行心理技能培训,从9月至12月继续记录这些教师的教学效果,看看经培训前后的教学效果是否有显著增加。

这种实验设计的统计分析可用相关样本平均数差异的显著性检验,也可采用趋向分析的统计检验。在效度方面,这一设计较好地控制了成熟因素的影响,多次测量也有效避免了单次测量可能造成的有偏性,但多次测量也会加强或降低被试对实验处理的敏感性,被试"历史"的因素也可能对实验结果产生干扰。要弥补这一缺点,最好增加对照组,成为"多组时间系列设计"。

在上述这些设计中,随机实验组对照组前后测设计和随机实验组对照组后测设计属于"真实验设计",不相等实验组对照组设计和单组时间序列设计属于"准实验设计"(quasi-experimental design)。准实验设计和真实验设计的主要区别在于真实验设计可以使用随机分派的方法将被试分派到不同的实验处理或情境,而准实验设计则无法如此分派被试。准实验设计,以原班级作为实验对象,并在可能的条件下尽可能地进行控制,所以心理研究者常常采用此法。这些实验设计各有利弊,在选择运用时,每种设计还可以根据实验情况而加以改进。

(三)心理实验法的特点

心理实验法是高等教育心理研究中常用的一种方法,它有着自己特有的长处,心理实验法最大的优点在于它可以严格控制偶然发生的因素,保持实验所需要的常量,以便于实验者精细、周密地研究自变量的变化是否引起了因变量的差异,从而做出有关心理现象的因果解释。心理实验法还是一种省时、省力地获得精确资料的方法,而且实验结果可以被实验反复验证。自然实验由于是在实际生活情境中进行的,其研究结论还可以推广到实验情境以外的其他情境中去。

心理实验法尚有其不足之处,像实验室的实验法研究结果常缺乏实用性,这是因为实验室中所设置的情境与实际的社会情境有较大的差异;自然实验法的问题在于无法预知事件(自变量)的发生,不能预先做周密的准备,导致对自变量的影响程度不能做精确的判定。另外,一些因为涉及伦理、道德或难以控制的因素的研究,也不宜采用实验法进行研究。

三、调查法

调查法是研究者通过访谈、问卷等特定的调查手段,有目的、有计划地搜集有关研究对象的可靠资料,以掌握心理实情、分析研究心理问题的方法。

调查法是教育与心理研究运用较为普遍的研究方法,它以提问的方式对搜集的事实资料进行分析、推理,以确定各种事实间的联系和来龙去脉,甚至预测其发展变化,以筹划将来的发展。调查法适用于个体,也适用于团体,一般用于大量数据的收集,主要包括问卷法和访谈法等具体方法。

(一)问卷法

问卷法是采用预先拟定好的问答表,通过被试回答问题的情况,分析其心理特点及状态的方法。

1. 问卷法的特点

采用问卷法收集资料简便易行，取样大，代表性强，能够在较短的时间内，获得较多的资料，收效大；由于可以不署名，所得出的结论比较客观。所以，这种方法被广泛采用。但问卷法也有突出的缺点：一是被调查者的合作不易控制，如果被调查者回答问题的态度不认真，或者对问题的理解不一致，就会影响调查资料的真实性；二是问卷的回收率常常较低，影响取样效果。问卷法不是一种严密的科学方法，通过问卷法得来的资料往往是表面的，只能作为对问题的初步了解，为进一步的研究提供线索。

问卷法的运用，关键在于编制问卷、选择被试和分析结果。

2. 问卷的编制

1）问卷的构成

一份完整的问卷，一般包括标题、前言、指导语、问题、选择答案、结束语等部分。

(1) 标题。

标题是高度概括和反映调查内容的，它既要与研究内容一致，又要注意对被调查者的影响，一般使用价值中立的语言，不带有价值判断，以避免引起被试对调查内容的过度敏感情绪。如对中小学生早恋行为的调查研究，这一题目采用的"早恋"一词，很容易引起学生的反感和抵触情绪，从而影响调查的结果。

(2) 前言。

前言是对调查目的和调查内容的简明扼要的说明和描述，以引起被调查对象回答问题的热情和合作，也有消除其顾虑的作用。

(3) 指导语。

指导语主要用来指导被调查者如何填写问卷、注意事项，有时还附有例题，以帮助被试理解填写问卷的方法。指导语要简洁、明了，用词恰当，便于理解。

(4) 问题与选择答案。

问题与选择答案是问卷的主要部分。问题是表达问卷的核心内容，问题的设计要具体、清楚、客观、可操作、通俗易懂，而且应是被调查对象熟悉的。问题有非结构式和结构式两种。

非结构式问题是只提供问题不提供答案，由被调查对象根据题意自由作答的一种问题。就题型来讲，可以是填空型的，也可以是问答型的。非结构式问题常用于探索性研究，还常常用作定性分析资料。但非结构式问题的答案是由答题人自由填写的，故其内容常常非标准化，甚至有些答案内容与主题无关，难以进行量化和比较。一般说来，非结构式问题比较适合于小样本。

例如，问答型非结构式问题有以下几点：

① 请列举你特别喜欢和特别不喜欢的教师的原因。
② 请你提出促使教师改进教学方法的有效措施。
③ 请列举你特别喜欢和特别讨厌某门课程的原因。

结构式问题不仅要提出问题，还要提供答案。所提供的答案要准确，符合实际，便于被调查者进行选择，即把问题的答案事先加以限制，只允许在问题所限制的范围内进行挑选。由于问题答案是标准化的，因此，既便于答卷人回答问题，又便于调查资料的统计分析。其问题设计主要有是否型、选择型、评判型(也叫排列型)、划记型等。结构式问题可以对众多被试同时进行调查,样本取样大,具有典型性和代表性。但结构式问题限定了答卷人的自然表达,不利于研究者发现新问题。

例如:是否型结构式问题。

①我自己决定的事,别人很难让我改变主意。(　　)　　　　A 是　　B 否
②我的行为不受班里舆论的影响。(　　)　　　　　　　　A 是　　B 否

另外,问卷调查一般不署名,被试可以较为真实地反映自己的内心世界。问卷设计时要把结构式问题与非结构式问题结合起来,有利于更全面地收集资料。

(5) 结束语。

这是问卷的最后一部分。一般包括两个方面的内容:一是提出几个开放式问题由被调查者自由回答,或者由被调查者提出意见,以取得除问题之外的需要被试补充的重要信息资料;二是表示谢意。

2) 问卷设计的基本要求

问题的设计关系到问卷的科学水平,是问卷编制中关键的一项。一般说来,在设计问卷的问题时,必须遵循一些基本的要求。

首先,题目设计与研究目的要一致。一项研究有一个总的研究目的,而问卷中题目的设计过程就是研究目的逐步具体化的过程。在进行问卷设计时,调查者的头脑中必须有一个"目标体系",问卷中的所有问题都必须纳入"目标体系",使研究课题所需要探讨的每一个具体问题,在问卷中都有所反映,对于"目标体系"之外的问题,即与研究课题无关的问题,就不应在问卷中出现。

其次,问题的数量及难度要适度。所谓适度是指通过控制时间以保持被调查者对应答问卷的兴趣和认真态度。根据调查对象的特点确定问卷的篇幅及答卷时间,一份答卷作答时间一般以 30 至 40 分钟为宜。问题太多,作答者易产生厌倦情绪,导致敷衍塞责或不予回答;问题太少,又不能得到有关研究的基本事实材料以致影响研究结论。而问卷中问题的语言描述要适合被试知识和能力所及范围,应尽量避免调查对象因知识水平的差异对问卷调查结果造成的影响。

再次,文字表达要简明、扼要。问题的文字表达要通俗易懂、容易回答。避免使用双向问题、假定性问题、否定句、贬义词等,避免冷僻和专业性太强的术语,必要时应加以注释说明。例如"在中小学英语教学中,应增加听力训练课而减少阅读训练课",这是一个双向问题,被试回答"是",问题还不大,但对于"否"的回答,就会造成含义不清,是减少听力课而增加阅读课呢,是两个都不增不减呢,还是一个保持不变另一个减少或增加呢,这就出现了六种导致"否"回答的情况。如果有人选了"否"答案,那么调查者知道应答者不同意此说法,但不能获得不同意的原因。

还有,不要涉及社会道德等问题。调查问卷常常不可避免地涉及一些道德问题或敏感问题。因此,问题的设计要格外谨慎,因为人在回答问题时,总是希望自己的回答能够得到社会的认可,而不愿选择明显地违反社会规范和道德、易受他人指责的答案。对这类敏感问题,可以采用"两难问题"或投射性问题来解决。例如,你如何评判小张在找工作中的行贿行为? 显而易见,行贿是违法的。如果直接发问会迫使被试鉴于社会的道德压力而做出选择,不能如实反映他对这一行为的真实看法。而当让他评判别人的行为时,则减少了自己的被

评压力,更容易按其真实的想法作答。

3. 问卷法的实施

根据问卷调查的步骤,当一份合理、适量、又有信度和效度的问卷编制好以后,就进入问卷的发放调查阶段。问卷的发放有不同的形式,且各有利弊。

一是邮寄。邮寄的方式较为简便易行,省时省力,但由于被试对所研究的问题或不关心、不感兴趣,或问卷的问题设计不太合理,不便于回答,或其他技术问题影响被试作答,而邮寄本身又缺乏和被试的直接交互影响,被试往往放弃作答和回复,因此常影响问卷调查结果的真实性和回收率。

二是有组织的分配。有组织地迅速发放完成,回收率高,便于汇集和整理。

三是当面填答。当面填答的回收率高,不明白问题也可当面提问。由于有情感交流,易取得被试的合作,但取样范围和数量有限。

对回收的问卷,在剔除无效问卷的同时要统计有效问卷的回收率。另外,为保证结论的可靠性,如果有可能,可以做小范围的跟踪调查,了解被试对未回答问题那部分的基本看法,以防止问卷结果分析的片面性。

(二) 访谈法

访谈法是和被访者有目的、有计划的面对面谈话,从而了解情况、收集资料的方法。调查者和被访者作为访谈的双方,可以聊天、可以插话、可以质疑、可以追问,这种互相影响,互相作用的方式,使调查者得以在广阔、深入的范围内探讨其关心的问题。

1. 访谈法的特点

与问卷法相比,访谈法有着更大的灵活性。访谈者可以根据具体情况随时调整问题的次序,灵活决定是否需进一步追问与调查主题有关的问题。访谈调查还具有适用范围广的特点,除有语言表达障碍的人,任何人都可以作为访谈对象,尤其适宜对儿童、文盲进行调查。

访谈法可以更详细、更准确、更真实地了解有关心理对象的细节,深入探讨心理现象的本质,其缺点是样本小,需要较多的人力、物力和时间,而且访谈法也易受主观、客观因素影响,访谈者的态度、表情、语调,甚至性别、服装、外貌都可能使访谈对象产生知觉偏差,而影响材料的真实性。因此只凭访谈法所取得的材料,对其心理对象的心理状态下结论是不够可靠的。所以访谈法一般在调查对象较少的情况下应用,且常与观察法、问卷法等结合使用。

2. 访谈法的一般步骤

(1) 访谈的准备。访谈要遵循共同的标准程序,避免只凭主观印象,或访谈者和调查对象之间毫无目的、漫无边际的交谈。因此,要做好访谈准备,包括明确访谈目的,选择访谈方法;选择有代表性的被访者;确定访谈项目,按项目拟好问题;考虑提问的措辞及其说明,并准备必要时的备用方案;规定对调查对象所做回答的记录和分类方法;规定访谈流程,按照程序进行等。

(2) 访谈的实施。访谈对访问者的要求较严,因为访问者的态度、口气、问话方式等都会影响被访者的回答。因此,访谈要求访问者具有一定的水平,并掌握一定的访谈技巧。

3. 访谈的技巧

访谈是言语的直接交际,是访谈双方互相支持的言语。调查者是访谈的主动一方,有责任在访谈一开始就营造一个良好的访谈氛围。

(1) 亲切善意的访问态度。访谈双方见面,应亲切称呼被访者,并作自我介绍,向被访者说明访问的目的、意义,取得对方的协助和支持。

(2) 把握主题,善于引导。在访谈时,要努力营造一个亲切友好的访谈气氛,打破陌生的隔阂。访谈时,应从题外到题内,等到访谈投机,再转入正题。访问者必须认真倾听,倘若对方离题,要善于随机应变,引导对方把话题转到主题上来,并使被调查者觉得他提供的情况很有价值,乐意继续说下去。

(3) 明确提问,避免误会。关于访谈所提问题,要简单明了,言简意赅,通俗易懂;提问的方式、用词的选择、问题的范围要适合被访问者的知识水平和习惯。

(4) 准确记录访谈内容。访谈记录对事后的分类、对比分析至关重要。记录应围绕访谈内容进行,尽可能详细,记录中不要试图去总结、分析和改正记录中的语句毛病,应尽可能详细记下被访者的言行。在访谈过程中不能详记的,可记下关键词或用符号记录,目的是帮助事后回忆。还要及时记录被访者的行为及情绪反应,记录的方式有表格记录、选择答案记录、笔记记录,在征得被访者同意后也可用录音或录像。访谈结束后,应抓紧整理笔记,防止有效信息的遗漏。

(5) 不要妨碍对方的谈话,以免干扰被访者的注意力和真实感受。在访谈的进行中,我们要做良好的倾听者,在不干扰谈话主题内容方向的情况下,给被访者提供言语支持和进一步询问,让被访者自由地、充分地发表自己的看法,以免干扰被访者的注意力和真实感受。

此外,要使访谈成为有效的调查研究手段,调查者还应注意言行举止、穿着打扮要得体,并在事先约定访谈的时间和地点进行访谈,不影响被访者的正常工作或学习;同时在访谈前尽可能收集有关被访者的材料,对其经历、个性、职业、兴趣等有所了解,考虑对方能否提供有价值的事实材料,是否乐于回答所提出的问题,防止被访问者在心理上产生不悦,影响访谈的效果。

(三) 调查法的特点

调查法作为一种常用的心理研究方法,其主要优点有三点。一是具有时空因素的非限制性。它不受时间、空间因素的制约,运用范围比较广,不仅可以考察研究对象发展的现状,而且可以了解它的历史,借以推测它的未来。二是调查对象的自然性。这种方法不干涉研究对象的正常活动,在自然状态下进行,能获得较为翔实的资料。三是调查手段的多样性。它既可选择访谈法、座谈法、问卷法、测验法、评价法等常用的方法,也可借助现代科学技术手段,如录音机、摄影机、遥测装备、计算机等,搜集、整理各种信息资料。

调查法的局限是调查所得的结果不一定能证明某种心理现象中存在的因果关系。如果调查者对材料进行的分析是主观的、简单的、草率的,就很可能导致错误的结论。因此,在使用这种方法时,必须保持严肃认真和负责的态度,必须特别注意事实材料的来源,必须正确地分析和阐释调查的结果,尤其是在试图推导出某种因果关系时,更应谨慎从事。

综上所述,谈话法和问卷法应与其他有关的方法结合进行,对所得材料相互补充和验证,才能做出较准确的结论。在从事研究时,应根据研究的课题和研究者的资源和能力,选择某种方法,或综合运用几种方法。

四、测验法

心理测验法是采用标准化的心理测验量表或精密的测验仪器,来测量被试有关的心理品质,以期发现被试的心理品质之间关系的一种研究方法。

心理测验,又叫心理量表,是根据一定的心理学理论与统计学原理使用一定的操作程序对人的心理行为进行标准化测定的技术。心理测验是心理学各个领域理论研究和实际应用的重要手段,它广泛应用于教育、临床、咨询、人事管理、人员选拔等社会实践领域。

（一）心理测验的种类

心理测验的种类很多,教育与研究中常用的测验主要有智力测验、人格测验、心理健康诊断测验等。

目前世界上应用最广泛的智力测量是美国学者韦克斯勒(D. Wechsler)于 1939 年开始主持编制的系列智力测验,包括儿童量表(WISC)、幼儿智力量表(WPPSI)、成人量表(WAIS)。另外,英国学者瑞文(J. C. Raven)1938 年设计的非文字智力测验也是常用的一种心理测验。

用来测量人格的有:英国学者艾森克编制的人格问卷(EPQ)、卡特尔(Cattell)及其同事编制的十六种人格因素测验(16PF)、爱德华的个性偏好测验(EPPS)、美国学者郝兹威(S. R. Hawthway)与莫金利(J. C. Mckinley)于 40 年代编制的明尼苏达多相人格测验(MMPI)、罗夏克编制的人格投射测验——墨迹测验(RIT)等。

用于鉴定心理健康状况的有 SCL——90 问卷、康乃尔健康问卷(CML)、加州心理量表(CPI)等等。

（二）使用心理测验法研究人的心理现象应注意的问题

1. 正确选择测验量表

任何一种测验都有一定的适用人群,超过这一范围,测验的信度和效度就不可靠了。

2. 慎重对待测验的结果

心理测验的文化公平性是心理测验的重要影响因素,不仅不同国家的心理测验文化内涵不同,即使同一国家不同民族或不同地区的文化内涵也存在着较大的差异,因而研究者要慎重看待测验的结果,并且对于测验结果的解释要结合测验过程和观察访谈的结果。心理测验只能为研究者提供分析和判断某种心理现象的参考,因为同样的测验分数结果可能有不同的原因。

3. 施测人员应经过专门的训练,保证施测过程标准化

使用心理测验探讨各种心理品质之间的关系时,还要注意结合前人的研究结论,从心理产生、发展的规律性出发,分析各种心理品质之间的因果关系和相互影响,以避免得出片面甚至错误的结论。

复习与思考题：

1. 什么是教育心理学？
2. 教育心理学的发展经历了哪几个阶段？
3. 教育心理学未来的研究取向是什么？
4. 学习教育心理学的意义有哪些？
5. 教育心理学研究应遵循的原则有哪些？
6. 心理实验的设计原则有哪些？
7. 说明问卷法的优点和缺点。
8. 举例说明运用访谈法时应注意的问题。
9. 举例说明使用测验法研究心理学问题时应注意的事项。

第二篇
学生与教师心理

第三章　当代学生的心理发展与心理健康教育

第一节　当代学生的心理发展

一、当代学生成长的社会背景

当前学生的主体是出生在20世纪90年代及之后的"90后""00后""10后"。采用这样的词汇来描述当代学生,并没有批评和歧视的意思表达,这里主要表达的是这些学生出生的社会背景与以往的学生发生了很大的变化,他们出生后社会正经历着社会的转型和文化的变迁。

20世纪90年代以来,我国社会和经济发展进入转型期,经济发展和国民收入开始快速、稳步发展,人们生活水平是中华人民共和国成立以来提升速度最快的一段时期。这个时期对当代学生成长影响较大的几个因素都带有以往社会时期所不具备的独特特点。

(一)社会快速转型,现实问题复杂多变

这一时期是我国社会由计划经济向市场经济转型的重要时期,由此带来利益关系的调整、社会价值观的多元化,使整个社会体系发生了急剧而深刻的变化。互联网普及,资讯媒介日益发展,经济全球化,对外开放程度空前,经济高速增长,物质丰富,生活水平大幅提高,社会保障体系日益完善。另一方面,人们的思想空间日益宽松,思想内容渐趋活跃,社会发展愈发明显地呈现出文化多元、价值多元的特点,导致了一些负面影响的出现,如传统的社会道德解体、社会主流价值观丧失、解构主义文化侵袭、不同价值观与信念的融合和冲突等,都是这个时代不可忽视的社会现象。这些独特的社会大环境,使得当代学生知识丰富、视野开阔,对新事物的判断能力与接受能力较强,审美观追求标新立异,价值观更趋于务实,较早地考虑个人的生存发展,但也面临着选择多、价值判断多元、诱惑多等带来的困惑和心理冲突。

(二)高校扩招,就业压力增大

在学校环境方面,20世纪90年代以来中小学的应试教育愈演愈烈,考试压力逐渐提高,学校也开始出现24小时程序化管理的模式,限制了学生必要的交流与分享。经历过竞争激烈的中考和高考"洗礼"的大学生,进入大学后依然面临着巨大的挑战。再有,中国传统优势行业的竞争力逐渐减弱,遭受到了高科技生产型企业的巨大冲击,使经济增长放缓。中国产业结构的调整,引发了较为普遍的失业问题,高校扩招在一定程度上促进了高等教育的发展,但同时大学生就业竞争加大,就业压力加大,甚至面临"毕业即失业"的严酷现实。随着科教兴国战略的实施,我国教育由精英教育走向大众教育,各级学校的招生规模急剧扩大,万人学校比比皆是。大众化时代的学生不能再自诩为社会的精英,要怀着一个普通劳动者的心态和定位去参与就业选择和就业竞争。① 这使得当代学生对学习、就业、自我认识都发生了巨大的变化。

(三) 家庭结构和生活方式的变化,使学生在成长中获得的关注减少

社会转型也带来了家庭结构的变化,大部分家庭成为核心家庭,而当代学生则是核心家庭的核心。从年龄上看,当代学生的父母们,在中国快速发展的各行各业建设中努力工作,生活压力、职业压力使他们将绝大部分时间、精力都放在了工作和事业上,追求事业的成功与高质量的生活。他们在物质和金钱方面尽可能给孩子提供相对富足的物质条件,客观上也为孩子营造较为宽松的成长空间。但托管儿童、单亲儿童、留守儿童或流动儿童也日益增多,父母们专心工作或外出打工,使得当代学生在成长过程中一方面享受着丰富的物质条件,另一方面又缺乏父母的积极关注。缺乏成年人的细心照顾和及时的指导,孩子们在充满游戏娱乐、美食华服,甚至色情、毒品诱惑的社会中,极易失去正确的判断,形成不适当的价值观念、生活观念,养成不能自拔的消极行为习惯。

(四) 互联网的普及,虽然开阔了视野,但也带来一些负面的影响

当代学生是伴随着互联网的普及和快速发展成长起来的,是我国第一代网络原住民,同时也是我国信息时代降临的首批完全受益者。网络的普及使他们可以随时跨越时间、地域的限制主动获取各种信息。网络交际、网络游戏、网络影视、网络学习成为这一代人生活中的重要组成部分。但网络中也充斥着大量虚假、欺骗,甚至反动、淫秽的信息。网络交际的匿名性和隐蔽性强,监督性差,可能会导致当代学生自我约束力的降低,道德意识的弱化和社会责任感的下降。

当代学生从出生到现在,在这样的社会环境下成长,必然会带有时代的特点。因此,他们的心理发展与以往的学生存在着很大的区别,需要教育者深入探讨和了解。

二、当代学生在教育教学中的主体性表现

环境和教育是心理发展的外在条件,是诱因;是个体的心理发展在主体性与客观事物相互作用的结果。学生的主体性是学生在学习活动中表现出来的主观能动性,如自觉性、坚持性、自信心、责任感、主动性等,对其心理发展和成长成才有重要的影响,或者说学生的主体性在其心理发展与成熟的过程中有着不可替代的重要作用。下面就从学习、教学过程以及师生关系三个方面来看当代学生在教育教学中的主体性表现。

(一) 当代学生在学习过程中的主体性

学习是对知识的理解、内化、体验,并通过知识的获取来满足身心发展的需要,最终促进

---

① 原春琳.大学生应定位为普通劳动者[N].中国青年报,2006(5).

人的全面发展。但当代学生重视知识的外在价值,却忽视了知识的内在价值,没有养成将知识内化成自己能力和素质的学习方式,造成了学生学习过程中的片面发展和主体性发展的缺失。2005年李炳煌的调查研究发现,中小学生的认知内驱力、附属内驱力和自我提高的内驱力三种学习动机的水平随着年级的升高而降低。① 另一项调查显示,67.9%的大学生认为他们学习的目的就是考研和谋取一个好职业。在对大学生学习动机的调查中发现,51.7%的大学生认为,在交费上大学后,大学生应该努力学习,多掌握一些社会需要的专业知识、技能和才干,大学生是为知识而上大学的。这表明大学生学习主动性和自觉性来自于知识的实用性价值,带有明显的功利性特征。② 他们以分数来衡量学习的效果和价值,忽略知识对个人发展的影响。这种学习方式是一种外在学习,是单纯依赖强化和条件作用的学习;这种学习方式是注重知识的记忆、累积和实用等表层功能,不重理解和内化,是一种被动的、机械的学习方式。这样的学习方式不能激活自己的思维以产生新的问题和想法,不能将知识内化成自己的一部分,使自己变成与之前不同的人。当然,学生的这种功利性学习观既受社会功利意识的影响,也与较高的学位获得资格要求、教师教学方式、课程考核方式等因素有关。

(二) 当代学生在教学过程中的主体性

"教"与"学"是辩证统一的,学生只有在教师的指导下主动地参与学习,才能在知识、能力、情感、态度、价值观、创新精神等方面得到主动的发展。一方面,我国大学课堂教学中,讲授是课堂上的高频行为,课件是板书的替代品。大部分教师认为,学生来上课,主要是听老师讲。③ 另一方面,注重知识记忆的考试使教法成为教材的附庸,教法远没有发挥出它的潜力和张力来,学校里充斥着对教材内容的追求,或重复着教材内容的拓展,不能超越培养知识仓库型人才的基本理念。④ 学生学习主动性的缺失,使其思维被教材的逻辑性所统治,思维的综合性、创造性、自主性被消解,学生"占有"知识的多少,取决于教师"给予"的多少,而不是取决于学生自主探索和对知识内化的程度。⑤ 从理论上看,学生主体性发展既是教学的起点,也是确定教育内容、方法与进程的依据,同时又是教学的归宿。因此,当代学生的主体性参与程度的提高,既是促进学生的全面发展的需要,也是当前教学改革和发展的必然方向。⑥

(三) 当代学生在师生关系中的主体性

教学本质上是在教学要求制约下,师生之间的相互关联的活动,因此师生关系也就成为教学过程中的基本关系。在讲解传授式的教学模式中,教师是教学过程中的主导人物,是知识和技能的占有者和传授者,在与学生的关系中,教师拥有绝对的权威地位。师生关系是支

---

① 李炳煌. 中小学生学习动机影响因素及发展趋势研究[J]. 湖南师范大学教育科学学报,2005(3).
② 姚利民. 当代中国大学生学习状况的调查[J]. 清华大学教育研究,2002(2).
③ 周作宇,熊春文. 大学教学:传统与变革[J]. 现代大学教育,2002(1).
④ 杨启亮. 论教法在素质教育实践中的张力[J]. 课程·教材·教法,2001(6).
⑤ 李小平. 我国大学教与学活动的片面现象反思[J]. 高等教育研究,2005(4).
⑥ 许建领. 大学参与性教学的内涵及其基本特征[J]. 江苏高教,2006(1).

配与服从、管理与被管理、主动与被动的关系。在这一模式下,学生被培养成具有统一知识体系,而缺乏个性和创造性的"标准产品"。学生的主体性、能动性和创造性被忽视和束缚,教育变成了一种"单边"的教育。在学习过程中学生主体性的缺失往往和这一教学模式有着密切的关联。

在信息化社会,知识资源丰富而易得,教师已经越来越少地传递知识,而越来越多地担负起学习的促进者、推动者的角色,教师更像是一位顾问、一位交换意见的参与者,一位帮助发现矛盾论点而不是拿出真理的讨论者。教师和学生的关系更像是学习共同体,教师在教学过程中与学生积极互动、共同探究、共同发展,在处理好传授知识和培养能力的关系的同时,发挥学生的独立性和自主性,引导学生开展探究式学习,通过理解、质疑、调查、实践、分析,促进学生主动地、富有个性地进行知识学习、知识内化乃至知识创新。这种学习共同体的师生关系蕴含着下面几层意思。

第一,师生组成学习共同体的目标是促进学生掌握知识、发展能力。换句话说,师生结成学习共同体,就意味着教学的过程是围绕着学生的学习来展开的,是以学生的学为中心的。在引导学生进行探究式学习的过程中,教师一方面需要注意学生对系统的学科知识的掌握,一方面还要注意学生对知识的理解和内化,促进学生能力的内在生成。

第二,师生之间是一种民主、平等的关系。这就意味着教师与学生在教学过程中是互为主体的关系,而不是主客体对立的关系。教师与学生之间通过平等的交流与对话,共同分享主观知识感受、经验,展示思维方式,促进双方的认知发展和经验积累。教师只有在课堂上与学生真正地进行了思想和情感的交流,才能给予学生宽广博大的文化浸染,教学才能切入学生的经验系统,课堂生活才成为师生共同的生活。[①]

第三,师生之间要相互理解和相互尊重。理解是尊重的前提,只有相互理解,才能懂得相互尊重。"理解"是教与学存在的一种基本方式和状态,只有通过理解,社会历史文化的意义才能展现在我们面前,认知者才能自我发现,才能将文字和语言所传递的知识经验转化为自己的认知结构。相互理解也是师生之间的精神交往和情感交流的良性互动基础。在理解中,教师与学生实现两个主体之间的"精神融合",获得思想的交流和意义的分享。相互尊重是建立良好社交关系的基石。人的内心里都渴望得到他人的尊重,也只有先尊重他人才能赢得他人的尊重。教学中的相互尊重是无条件的尊重,是对双方价值观、尊严、人格等方面的敬重和重视,是关心内心体验、关心现状、接纳价值观,旨在创造一个真诚、安全、温暖的氛围,可以使双方最大程度地表达自己。

三、当代学生的心理发展特点

(一)当代学前儿童心理发展特点

1. 注意的发展特点

1~2岁儿童注意集中的时间只有几秒钟。3~4岁儿童能专注的从头到尾看完他们能理解的电视节目。5~6岁儿童的注意稳定地集中于一个单独活动的平均时间大约是7分

[①] 肖川.以新的视野审视教学的有效目标[J].教育发展目标,1999(5).

钟。但注意自己感兴趣的活动时,往往也可以坚持更长的时间,甚至是1～2小时。

2. 认知的发展特点

有研究表明,一个孩子在4个月大时就已经能够将成年人的行为与行为的结果联系起来。但儿童要认识到一个人的行动是由他内心的观点和愿望支配的,就需要到3岁时,才能逐渐认识到自己或别人的观点和愿望的关系,以及观点与行动、行动结果之间的关系,也开始学会区分自己和别人的观点和愿望。尽管如此,此时的儿童依然还没有形成心理理论,不能将不同的主体在不同时间接受的信息区分开来,仍将自己知道的东西误认为别人也知道。

3. 自控能力的发展特点

1.5～3岁儿童的行为是受成人的言语调节,并逐渐学会遵从成人的吩咐、要求行动。3岁后的儿童已开始能用自己的言语对行为发出各种"指令",监督和调节自己的行为,但在性质上这种语言仍属于外部言语。4岁以上的儿童可以借助内部言语进行思考,做出决定,并调节自己的行为。5～6岁儿童已具有一定的动机作用,并初步具有抵制外界诱惑的能力。

4. 自我意识的发展特点

学前期是儿童个性初步形成的时期,其心理活动的完整性、独特性和稳定性都得到了明显的发展。一方面,儿童心理独特性形成,儿童之间的个别差异日益明显,并渐趋稳定。另一方面,儿童心理活动的积极能动性开始形成。自我意识是个性系统中最重要的组成部分,制约着个性的发展。自我意识的发展水平直接影响着个性的发展水平。儿童自我意识的发展,表现在能够意识到自己的外部行为和内心活动,并且能够恰当地评价和支配自己的认识活动、情感态度和动作行为,由此逐渐形成自我满足、自尊心、自信心等性格特征。

(二) 当代小学生的心理发展特点

按照埃里克森的人格社会发展阶段理论,小学阶段是儿童形成"勤奋"品质的关键时期,也是儿童能力发展的重要阶段。

1. 认知的发展特点

小学儿童的记忆、感知都带有鲜明的感性色彩,与其获得的感知经验密切相关。例如小学生入学时能掌握他们经验范围内的时间概念,但对与他们生活关系不太密切的时间单位不能理解,只能记住一些具体的、直观的材料,而对抽象的词、公式和概念却难以记住。低年级的小学生,想象力具有模仿、简单再现的特点;随着年龄的增长,到中高年级,他们对具体形象的依赖性会越来越小,创造想象力开始发展起来;高年级小学生也开始能够依靠表现一定数量关系的词语来进行概括,掌握的概念中直观的外部特征逐渐减少,抽象的本质特征不断增多。

2. 情感、意志的发展特点

低年级小学生虽已能初步控制自己的情感,但常有不稳定的现象。随着年龄的增长,到了高年级,他们的情感更为稳定,自我尊重、希望获得他人尊重的需要日益强烈,道德情感也初步发展起来。小学生的自制力还不强,意志力较差,所以遇事很容易冲动,意志活动的自觉性和持久性都比较差。在学习活动中,虽然开始时劲头很足,但却往往虎头蛇尾,不能持久。随着年龄的增长,小学生意志活动的自觉性和持久性会渐渐增强,他们能够自觉地完成作业。

3. 自我概念的发展特点

小学生的自我评价几乎完全依赖老师。容易看到自己的优点，不容易看到自己的缺点；较多地评价他人，不善于客观地评价自己。虽然小学生性格的可塑性很大，但随着年龄的增长，他们的行为会渐渐形成习惯，性格也就越来越稳定。

（三）当代中学生的心理发展特点

1. 学习的主体性发展较快

中学生学习的主体性主要表现在学习的独立性和自觉性上。中学阶段，学生的智力逐渐定型，意义记忆的运用能力越来越强，知觉更具目的性和系统性，也更加细致和深刻，能发现事物的细节、本质和因果关系，能更多地用理解识记的方法记忆教材，注重知识的内在联系。他们能够主动完成繁重、困难的学习任务，处理好学习与娱乐的关系，自觉安排复习时间，学习的独立性和自觉性发展较快。

2. 社会责任感和世界观开始形成

中学阶段是世界观形成的重要时期。由于身心发展已接近成人，中学生表现出更广泛、更强烈的社会积极性和责任感。中学生已经掌握了比较全面、系统的科学知识，积累了一定的社会生活经验，使得他们能对许多问题进行一些理性思考，但这类思考往往带有片面性和肤浅性。中学生对个人的理想及人类的共同命运都表现出美好的憧憬和极大的关怀，但他们的理想中还缺乏现实主义的内容，对一些价值观念的认识也不够全面。

3. 情感丰富但不稳定，自控能力弱

中学生情绪的不稳定主要是各种内在矛盾所导致的。如生理上接近于成人，而心理上离成人标准还很远；自己认为自己有了独立性，但这种独立性却又不被社会承认；对过去的依恋和对将来的迷茫等。他们时而处在情绪的巅峰，时而处于低谷。这时孩子的苦恼、困惑必须通过一定的渠道发泄，那就是找人倾诉。他们对父母采取封闭式，但对朋友是开放的，他们的很多问题更愿意与同龄朋友诉说。孩子渴望朋友，希望通过他人的评价来更深入地了解自己，家长要理解这种特点。

4. 自我意识增强、成人感出现

自我意识是自己对自己的认识。自我意识的发展，是中学生个性趋向成熟稳定的一个重要表现。他们能对自己、对他人做出比较深刻的评价，开始学会从各种角度比较全面地评价他人和自己。中学生的自我意识增强主要表现在三个方面：关心自己的外在形象、关心自己的内心世界和自尊心强。随着生理发育逐渐趋向成熟，孩子在心理上也觉得自己是个大人，同时也希望别人把他当成大人，这时的孩子不喜欢家长把自己当小孩一样训斥，不喜欢大人重复的唠叨，特别不喜欢不平等的交流。

（四）当代大学生的心理发展特点

当代大学生从中小学阶段到大学阶段，其自我同一性得到逐步建立和巩固，但大学生的开放性、丰富性、个人职业能力培养的专业性等也使得当代大学生具有不同于中小学生的一

般心理特征。根据张小平和邵雅利对6所高校800名1990年后出生的大学生的问卷调查发现[①]，当代大学生的心理发展总体上具有以下特点。

1. 从认知特征看，认知和思维敏锐，追求效率化

网络空间的广阔，为大学生打开了一个未知而新鲜的世界。总体而言，网络对大学生的认知能力、智力素质具有积极的促进作用，有利于大学生丰富知识结构和自主学习，吸收和运用新知识。正是在这样的网络"浸润"中成长起来的当代大学生，认知能力逐渐趋于成熟，对新事物的感知觉比以往时代的大学生显得更加敏锐，思维更活跃敏捷，处事行为也更加追求效率化，他们喜欢用批判的眼光看待周围的一切，喜欢怀疑和争论，同时拥有丰富的想象力和创造力。在讨论问题时观点深刻，逻辑严密，善于表达，但受到负面效应的影响，他们看似复杂圆滑，却又表现得极端又易于冲动，单纯而又脆弱。

2. 从情绪特征看，当代大学生情感强烈，积极乐观

大多数当代大学生朝气蓬勃、乐观活泼、直率热情、精力旺盛、积极向上，他们比以前的大学生更善于表达和宣泄自己的情绪。在遇到不顺心的事情时，网络为大学生之间的情感互助、宣泄消极情绪提供了更为方便的渠道。在遭遇挫折和困惑，或在承受压力时，86.7%的大学生向网友倾诉，能够获得网友的心理支持、关心和安慰；但也有74.4%的大学生会选择哭泣、发怒或是独自承受；只有16.5%的大学生当面向人倾诉。

3. 从人格特征看，当代大学生个性张扬，渴望关注

当代大学生驰骋在网络营造的虚拟世界过程中，凸显自我个性，不盲从潮流，喜欢标新立异，同时具有强烈的表现欲望，渴望得到关注和认同。但有时也表现出以自我为中心的倾向，不顾及他人的感受，缺乏团队的归属感和责任感。

4. 从信仰追求看，当代大学生崇尚平等自由，思想活跃

网络时代的资讯更新及时，评论多元化，不仅培养了当代大学生的政治敏感度，也促使他们不再迷信权威，喜欢独立思考，形成强烈的权利意识、平等意识和主体意识。他们有强烈的"成人意识"，崇尚自由，不喜欢受拘束；思想活跃，喜欢直接批判和自由表达对某些社会现象或问题的不满甚至愤怒情绪，对社会热点、时事新闻活动都能积极参与，并且敢于提出自己的想法。但也需注意，当代大学生的社会意识和责任意识相对淡漠，因而做事可能片面化，看问题容易过激。

5. 从人际交往看，当代大学生现实人际关系良好，网络关系拓展

在网络环境下，大学生之间的交往形式更加多样，除舍友、同学、师生等关系外，还增加了网络朋友关系。大学生拥有良好的人际关系，与同学和家人交流沟通比较顺畅，并且借助网络这一时空上不受限制的途径，与家人、同学的联系更加活跃。网络让大学生可以根据个人的兴趣、爱好和需要来选择自己的交往群体，在一定程度上减少了他们在现实人际交往中存在身份距离、不被认可等负面影响的担心。

[①] 张小平,邵雅利.网络时代下的"90后"大学生心理特征及教育创新[J].重庆邮电大学学报(社会科学版),2014(2).

6. 从恋爱与性的观念看,当代大学生渴望和正视爱情,性态度呈现出开放性特征

大学生的性发育已经成熟,他们憧憬美好的爱情,渴望与异性交往。大多数大学生将恋爱当作大学生活的一个重要内容。当代大学生更加敢于追求和表白爱情,重视与异性彼此之间的关注和欣赏。但同时,他们把恋爱当成比较严肃的事情来对待,以比较认真的态度来思考恋爱问题。对于性问题,48.5%的大学生认同婚前性行为,认为"只要双方愿意就可以";但也有46.4%的大学生认为"是对自己/他人的不负责任"。可见,当代大学生对待恋爱中的性行为也呈现出开放性的特征。

第二节　当代学生的心理健康教育

一、心理健康的标准

国内外关于心理健康的概念还没有一个统一的看法,但这些心理健康的概念都强调了三点:一是,都承认心理健康是一种积极的心理状态;二是,都视心理健康为一种内外协调统一的状态;三是,都把适应,特别是社会适应,看作衡量心理是否健康的重要标准。基于这样的认识,我们可以把心理健康定义为:心理的各个方面及心理活动过程协调统一,适应良好或正常的状态。

心理健康标准是心理健康概念的具体化。在划分标准上,关于心理健康的标准常见的分类是:①以统计学上的常态分布作为标准;②以是否合乎社会规范为标准;③以社会生活适应状况为标准;④以医学上的症状存在与否为标准;⑤以个人主观经验为标准;⑥以心理成熟与发展水平为标准;⑦以心理机能的充分发挥为标准。

在具体内容上,学者们根据自己所研究的群体特征不同、对于心理健康的理解不同,提出了多种心理健康标准理论。比较典型的有以下几种。

(1) 1946年,第三届国际心理卫生大会拟定的心理健康标准是:①身体、智力、情绪十分调和;②适应环境,人际关系中彼此能谦让;③有幸福感;④在工作和职业中,能充分发挥自己的能力,过有效生活。

(2) 美国著名心理学家马斯洛等人提出的正常人健康心理的10条标准是:①有足够的自我安全感;②能充分了解自己,并能对自己的能力做出适当的估价;③生活理想切合实际;④不脱离周围现实环境;⑤能保持人格的完整与和谐;⑥善于从经验中学习;⑦能保持良好的人际关系;⑧能适当地发泄情绪和控制情绪;⑨在符合集体要求的前提下,能有限度地发挥个性;⑩在不违背社会规范的前提下,能适当地满足个人的基本需求。

(3) 美国心理学家奥尔波特(Gordon W. Allport)提出的六条标准是:①力争自我的成长;②能客观地善待自己;③人生观的统一;④有与他人建立亲密关系的能力;⑤不断追求进步和完善,获得人生所需的能力、知识和技能;⑥具有同情心,对生命充满爱。

(4) 王效道(1990年)提出,正常心理应具备的8项标准是:①智力水平在正常范围以内,并能正确反映事物;②心理行为特点与生理年龄基本相符;③情绪稳定,积极与情境适应;④心理与行为协调一致;⑤社会适应,主要是人际关系的心理适应协调;⑥行为反应适度,不过敏,不迟钝,与刺激情景相应;⑦不背离社会规范,在一定程度上能实现个人动机,并结合生理要求得到满足;⑧自我要求与自我实际基本相符。

(5)刘华山(2001年)则认为一个心理健康的人应该具备以下的标准:①对现实正确的认识;②自知、自尊与自我接纳;③自我调控能力;④与人建立亲密关系的能力;⑤人格结构的稳定与协调;⑥生活热情和工作效率高。

近年来,国内学者对于心理健康标准的理解,出现了三个较为明显的倾向。

一是,强调多学派心理健康观在心理健康标准研究中的体现和整合。刘华山提出的心理健康标准就体现出受认知主义、行为主义、精神分析、人本主义等学派心理健康观的影响。

二是,开始注意生存标准(众数标准)与发展标准(精英标准)的统一和协调。长期以来,人们较为注重心理健康的生存标准,强调个人对社会的适应,强调与社会上大多数人的行为表现一致,顺应主流文化。但现阶段,学者们在注意生存标准和发展标准协调的同时,也给予后者以更多的关注。

三是,兼顾影响心理健康各因素的静态分析和动态评估。有研究者认为,心理健康本身是多种因素综合作用下的一种状态和过程,仅用几个方面分别描述再简单相加定义的方法是不适当的,心理健康本是一个具有动态性特征的概念,它是一种不断完善的状态,而不是指十全十美的绝对状态。[①] 也有研究者感到把系统论的观点运用于心理健康标准的研究中是很必要的,个体的心理是个统一的整体,由于整体并不等于部分的机械和,某个部分的损坏也并不意味着整体功能的破坏,一些心智方面存在缺陷的个体,如果得到成熟平稳的情感意志过程的控制,也是完全可能保持心理健康状态和适应生活的。[②] 心理健康在本质上可以被认为是一种状态,个体心理经历着平衡—不平衡—平衡的循环过程,是一个由低级的适应水平向高级的适应水平不断推进的过程,是一个动态的发展过程。

综合以上观点,国内大多数学者较为认可的是王登峰、张伯源(1992年)提出的有关心理健康的标准:①了解自我,悦纳自我;②接受他人,善与人处;③正视现实,接受现实;④热爱生活,乐于工作;⑤能协调与控制情绪,心境良好;⑥人格完善和谐;⑦智力正常;⑧心理行为符合年龄特征。

二、当代学生常见的心理问题

人际关系问题、情绪问题、学业问题、危机心理问题、恋爱与性的问题,是当代学生心理健康教育中尤其值得重视的几个问题。

(一)人际关系方面的问题

良好的人际关系是学生成长与社会化过程中的重要组成部分,也是保持良好心理状态的必备条件。然而,一部分学生缺乏人际交往经验,缺乏在公众场合表达自己、与他人交往的能力和勇气,面对各种各样的活动,既充满了兴趣又担心失败,久而久之,形成回避参与的

[①] 刘艳.关于"心理健康"的概念辨析[J].教育研究与实验,1996(3).
[②] 许亚,朱正国.心理矛盾与心理健康[J].赣南师范学院学报,1999(1).

反应模式,甚至出现社交焦虑和社交恐怖,妨碍了良好人际交往圈的形成。调查显示,70%的学生存在人际交往的问题;45%的学生更希望自己成为交流的对象而不是交流的直接发起者;36%的新生认为没有朋友;27%的学生感到孤独、寂寞。一些学生转向虚拟网络世界寻求交际的满足,进一步降低了他们的人际交往的现实性。由于个体间的正常交往不够,影响了学生的认知、情感和心理定位,又易引发猜疑、嫉妒等,极不利于学生的健康成长。

（二）学习方面的问题

学生的主要任务是学习,而环境与地位的变化,给学生们带来了不小的心理负担。首先,从课程内容上看,学生对课程内容的学习兴趣较低。主要表现是教学的内容过于重视理论知识的传授,而与实际结合不强;不重视学生实际运用能力的培养,忽视了学生的实际需求和实际能力的提高。其次,对于学习的价值,学生主要是从自身的实际出发,从自己的现实需求出发来考虑并占据了主要部分,当然从书面、理想的角度来考虑也占了相当一部分。从学习目的上看,学生的学习目的大都是指向自我,为了他人和社会的学习目的占的比例很少。50.7%的学生认为学习是为了提高自身素质,46.8%的大学生认为是为了将来美好的生活,20%的学生认为是为了实现自己的理想抱负,只有7.8%的学生认为是为了报效祖国、服务社会。在"你为什么要上学"的调查问卷中,48.5%、41.3%和22.2%的大学生分别选择了"自食其力,有理想的工作"、"学知识,提高自身素质"和"获得文凭";而"报答父母师长"和"报效祖国、社会"却很少有人选;41.3%的学生当前的学习目的是为了掌握专业知识;37.4%的学生是为了争取奖学金。从以上调查可以看出,他们的学习大都是从自身的角度出发,学习是为了提高自身素质、掌握专业知识,为以后能找到好工作打好基础等,为他人和社会的只占很少一部分。学生的学习带有很强的现实性,这直接影响着他们学习知识、实践活动等的积极性和主动性。第三,从学习投入上看,学生们喜欢用较多的时间来学习自己喜欢的课程,或是看自己感兴趣的课外书籍。大部分学生认为学校开设的人文课程,如思想道德修养、法律基础、马克思主义基本原理等课程枯燥、假大空、没有用、浪费时间,他们认为没有必要开设这些课,上课能认真听讲的学生少之又少。第四,在学生的自主学习方面,有57.7%的学生只是有时会写读书笔记,6.6%的学生能做到既课前预习又有课后复习,6.9%的学生能够制订计划并按照计划去做,18%的学生是完全没有计划的。对于学习中遇到的问题,44.5%学生会偶尔向老师请教问题,但也有近三分之一的学生是从来不提问的,只有不到8%的学生会经常讨论、交流。从这些调查数据中可以看出,学生自主学习的能力不足。第五,在学习方法方面,63.1%的学生选择突击复习,25.4%的学生注重平时积累,并会做相关的笔记,但是主要还是靠考试前的集中复习。虽然学生学习方面的心理问题的主要原因是学生的主观方面,但是考试制度和教学评价体系也担负着不容推卸的责任。

（三）当代学生的危机心理问题

当代学生生活在经济高速增长、物质丰富的社会环境中,这就造成了他们缺少挫折及应对挫折的经验。在文化环境方面,他们是全球化和价值多元化的体验者,不同价值观与信念的融合和冲突也可能会带来内心的焦虑与困扰。另一方面,互联网已经成为当代学生的一种生活方式,负面信息的传播可能导致当代学生无所适从,网络的匿名性和虚拟性使当代学生人际交往的现实性减弱。在家庭方面,当代学生独生子女所占的比例较高。他们是核心家庭的绝对核心,从小是全家关注的中心,因此极易形成以自我为中心的认知方式和行为特点,并更加注重自我感受和自我体验。另一方面是家庭结构的变化,如离异家庭、留守或流动家庭等的孩子,缺乏和父母的沟通与交流。学校教育在应试要求下,也大大削减了学生自由交流的时间和机会。身经百考的当代学生在应试教育的压力下,还形成了一种心态就是关注结果、看重外在比较。因此,他们形成一种习惯,就是在遇到心理困扰和生活问题时,往往不愿向外界寻求帮助,而是自己一个人默默承受。

(四)恋爱与性的问题

由于激素和添加剂在餐饮和工业食品中的滥用,当代学生性生理的成熟大大提前,相对于20世纪男孩女孩普遍进入青春期的年龄10~13岁来讲,如今的孩子9岁左右出现性成熟特征的例子不再是个例。但家庭的过分保护或溺爱导致学生们心理成熟的时间延后,这种心理和生理发展之间的不平衡,在他们遭遇到青春期时,因缺乏成熟的心理加以调控,所以极易产生对异性的情感萌动。早恋问题是中小学生最让教师和家长担心,也是最棘手的问题。大学生的婚前性行为问题,甚至性心理障碍等问题,则是大学教育中非常棘手的问题。有资料表明,高校每年受处分的学生中因性罪错受处分者占20%,性心理障碍比例也正在逐年递增。还有的学生因理想的恋爱观与现实的具体问题发生矛盾和冲突,便陷入痛苦、迷惘、消沉中不能自拔,甚至出现轻生的念头。大学生自杀是仅次于事故的第二大死亡原因,其中为情所困而轻生的比例高达53.2%。[①]

此外,竞争压力过大、家庭经济困难、生理缺陷等原因造成的心理问题也很多,有的带有突发性,有的则是长期困扰学生。焦虑、抑郁、强迫和社交恐怖是当代学生常见的心理疾病。

三、当代学生的心理健康教育

心理健康教育是一项科学性、实践性很强的教育工作,是指学校教育工作者运用心理学和教育学等相关理论,根据学校教育的特点及受教育者身心发展的规律,通过课堂教学、游戏、心理活动、心理辅导等各种途径,帮助学生获取心理健康的初步认知,形成自我认识、自我保健的意识,以促进学生身心正常发展,提高心理健康水平的教育活动。

(一)学校心理健康教育的基本原则

1. 学校心理健康教育的全体性原则

心理健康教育应面向全体受教育者,要能够关注所有学生的发展,考虑全部学生在心理发展过程中的需求和普遍存在的心理问题,而不是仅仅考虑存在心理问题的少数学生。心理健康教育的全体性要求教师应能够客观、全面地看待每一个学生,了解每一个学生的心理状态和特点,做到有针对性地发现问题和解决问题;要求心理健康教育要落足于学生的思想品德、学业成绩、身体健康、心理素质等各个方面,与学生的德育、智育、体育、美育、劳动技术教育相结合,注重学生整体素质的提高。还应注意的是,开展面向全体学生的心理健康教育并不是要消除学生个体间的差异,相反,是使学生的差异性、独特性以适当的方式表现出来,

---

① 杨汝奎,滕青,吴华富.外界因素与大学生心理健康的关系[J].卫生职业教育,2008(4).

彰显个性的魅力。

2. 学校心理健康教育的主体性原则

离开了学生的主体参与,任何形式的心理健康教育都没有实际意义。学校开展心理健康教育应把科学教育与学生的主动参与真正结合在一起,以学生能够接受、乐于接受为原则,充分调动学生的积极性和主动性,使他们体会到心理健康的重要性,积极参与到学校的心理健康教育活动中去,接受教育影响,锻炼自己的意志,全面提升自己的素质,形成良好的心理品质。

3. 学校心理健康教育的差异性原则

开展学校心理健康教育应关注和重视学生的个别差异,即根据不同学生的不同需要和特点,采用不同形式进行有针对性的个体心理辅导。当代学生的心理问题既有共同性的问题,同时也有由于个体所处的家庭环境、社会背景不同而引发的个别性问题。强调心理健康教育的个体差异性,就是要求因材施教,根据学生心理发展特点和身心发展规律,有针对性地实施教育,使每个学生的心理健康水平得以提高,最终实现全体学生心理素质的提高。

4. 预防、调治和发展相结合的原则

当代学生心理健康教育应将发展学生心理素质与预防、调治心理问题结合起来,使学生的心理获得稳定、持续的发展。学生的心理健康教育一方面应当着眼于及时发觉学生存在情绪不稳定、人际交往困难、学习压力过大而导致的焦虑、恐惧等的心理问题,并给予针对性的疏导与帮助,让学生积极地面对自己的学习和生活;另一方面,学生的心理健康教育应起到促进学生积极的人生观、价值观的形成,培养良好的心理品质,最大限度地开发其心理潜能的作用。因此,心理健康教育工作的重点应放在深入了解学生的发展状况上,才有可能对学生发展过程中出现的心理问题早发现、早预防,防患于未然,尽量减少或避免心理问题的发生。

(二)学生心理健康教育的基本内容及途径

从教育的目的和功能上看,当代学生的心理健康教育包括良好的心理素质的培养与心理疾病的防治两个方面的内容,两方面相辅相成。[①] 优化学生心理素质的教育内容主要包括智能发展教育、非智力因素的培养、人际关系和谐教育、环境适应教育、健康人格教育;预防和治疗方面的教育内容主要包括心理卫生知识教育、挫折教育、心理疾病防治教育。

早期学校心理健康教育的内容主要包括心理健康、自我意识、学习心理、个性心理、人际交往心理、恋爱与性心理、择业心理等,后来随着社会的发展,又增加了网络心理、心理咨询与心理治疗方面的内容。随着时代的发展,心理健康教育还会遇到许多新的问题,出现具有明显时代特征的新情况。这就需要我国学者在学校心理健康教育的内容方面的研究还要继续探索和发展,争取好的研究成果,以促进学校心理健康教育工作的顺利开展。当代学生心理健康教育的途径主要有以下几种。

(1) 开设心理健康课和心理讲座,普及心理健康知识。

(2) 建立咨询机构,开展普及心理知识,加强心理健康教育的宣传、心理素质培养计划

[①] 樊富珉,李卓宝.重视和加强大学生心理健康教育[J].教育研究,1996(7).

的实施和学生心理健康的诊断和咨询。

（3）组织学生参加社会实践活动，让学生多接触社会、了解社会，从而来调整自己的行为、态度和自我意识，提高适应社会的能力。

（4）营造良好的校园气氛，净化学生的心灵，塑造积极向上的学风，使人与人之间保持着和谐的人际关系，有利于同学之间的良好沟通和共同成长进步。

（5）将心理健康教育渗透到各科的课程教学中去，注重学生的心理需求，激发学生学习的兴趣，并深入挖掘学科知识内在的教育意义，促进学生把知识、经验、技能转化为自己的精神财富，即内化为自己的思想观点，促进学生人生观、价值观和良好的心理素质的形成。

（6）建立学生心理档案，便于全面、及时地掌握大学生的心理特点与思想倾向，有助于教师的因材施教，也有利于学生的自我认识和自我了解，在生活学习中采取积极的应对。

（7）培养学生自我教育的能力。自我教育包含正确认识自我、积极自我悦纳和主动调控自我三个部分，这是学生心理主动发展的源泉和动力。

四、当代学生的心理健康教育应该注意的一些问题

虽然在过去将近三十年的发展过程中，我国心理健康教育取得了巨大的成绩，但依然还存在着一些问题。

（一）在教育理念上，以"发展"为重，避免以"矫治"为主

在学校心理健康教育的实践中，不少学校还存在着以少数"问题学生"为中心，理念上以"矫治"为主的工作方式。这种"头痛医头，脚痛医脚"的心理健康教育方式，让心理健康教育教师成为反应性的危机干预者，而不是心理危机主动预防者。随着社会转型，当代学生所面临的新问题、新情况会层出不穷，学生心理健康的新问题也会逐渐增多，如果我们不能针对学生可能出现的心理问题进行及时的预防，就会让我们的工作陷入被动的局面，甚至出现我们不想看见的消极事件。因此，当代学生心理健康教育的中心工作应是学生心理的良性发展和自我教育能力的提高，这样才能为社会主义建设事业培养具备综合素质的发展型人才。

（二）在教育目标上，以开发潜能为目的，避免以"治疗、解压、预防"为目标

当前学生心理健康教育通常围绕着学生出现的困惑、压力等问题开展工作，以排除学生的各种困扰和缓解学生面对的压力，而对潜能的开发不够。如果"心育"仅停留在"不出问题即可"的水平，那么培养出来的人才将难以面对复杂的社会竞争。只有潜能得以开发，个人才能在社会生活中体现出更大的适应性，才能提高对环境变化的适应性，也才能具有更高的执行力和创造力。

（三）在教育途径上，需渗透到各学科教学中，并加强体验性互动活动的开展，打破以课堂教学和谈话为主的传统教育模式

当前学校心理健康教育表现出教育途径和手段相对单一的特点。面向全体学生的心理健康教育主要采取课堂教学形式，虽可在最大范围内向全体学生进行心理健康知识的普及，但对心理健康仅仅依靠感性认知是无法实现其行为矫治、潜能开发的目的的，只有将知、情、意、行有机地统一起来，才可能取得预期的效果。因此，对于学生的心理健康教育应以各种

课外活动为主阵地,营造积极向上的良性文化氛围,让学生在无意识的行为实践中逐渐调整自己的心态,塑造自己的性格,激发自己的潜能,最终实现心理全面发展与成长的目的。

此外,还应注意加强心理健康教育的研究工作,批判吸收国外的心理健康教育研究成果为我国所用,同时开发适合我们国家、民族及民众心理特征的心理健康教育模式,形成适合我国国情且注重实际教育效果的、具有中国特色的学校心理健康教育体系和方法。

复习与思考题

1. 当代学生在教学中的主体性表现有哪些?
2. 当代学生心理发展的特点是什么?
3. 学生常见的心理问题有哪些?
4. 学生心理健康教育的原则有哪些?
5. 你是如何理解心理健康标准的?
6. 影响中学生心理健康的因素有什么?这些因素是如何相互作用的?
7. 学生心理健康教育的方法有哪些?

第四章 教师的专业发展与心理健康

第一节 教师的职业角色

一、角色及教师角色

角色,亦称社会角色,是指个人在特定的社会环境中相应的身份和社会地位,并按照一定的社会期望,运用一定的权力来履行相应的社会职责。每个人在不同的条件下,分别扮演着不同的角色。社会按照各类社会角色所规定的行为模式来要求每个社会成员,这就是角色期望。符合角色期望的个体行为,会得到社会的认可和赞许。每个社会成员必须了解与自己相关的社会角色期望,当一个人认识到自己在某一条件下所担负的社会角色和社会对自己相应的角色期望时,便产生了角色意识。角色意识能够调控个人的行为,使之表现出符合某种社会角色的行为。良好的角色意识是有效角色行为的前提。

教师是一种社会角色。教师作为人类文化的传播者,在人类文化的传承和发展中起着桥梁和纽带作用。"师者,所以传道授业解惑也",这是我国古代对教师角色行为的概括。在传统教学中,教师的角色是比较单一的。教师在教学中处于中心地位,直接以文化权威的身份出现,在知识、技能和道德等方面具有不可动摇的权威性。教师的基本职责主要限于阐明事理、监督学生,师生之间是直接的传递和接受关系,师生关系的单一性与教师角色的单一性之间是一致的。然而在当代,随着科技的飞速发展和社会的急剧变革,特别是以计算机为核心的信息技术在教育中的应用,教育从教育目标到教育内容、教育方法等都在发生巨大变化,教师的角色也相应地发生了重大变化。师生之间已不再是单一的授受关系,同时可能是同伴关系、组织者与参与者的关系以及帮助者与被帮助者的关系,教师这一角色被赋予了更新更多的内涵。具体说来,教师要在教学中扮演以下重要角色。

(一)设计者

教师作为教学的设计者,他要回答这样三个问题:教学目标是什么?选择什么样的教学策略和教学方法能够达到教学目标?选择什么样的测验手段来衡量是否已经达到了教学目标?教师要针对这些问题分析教学情境,进行教学设计。这一角色是传统的教师就具有的。但现在,教师还要更多地考虑学生因素,在理解和灵活运用各种教学策略和原则的基础上,针对学生的特点和特定的教学内容创设一定的学习环境。教师在教学中还要关注各种社会性因素的相互作用,包括师生间的相互作用和学生之间的相互作用等。最后教师还要设计出一定的测验手段来检查教学和学习的效果,针对其中的不足做出相应的调整和补救。整个教学设计的过程渗透了教师的创造性活动。

(二)信息源

教师作为信息源有两层含义:一是,教师按自己设计的方案主动向学生提供一定的信息,这一过程更多的受教师控制,以往的教师与现在的教师在这种职能上没有多大差别;二是,学生在对一定的问题情境进行探索时,可能会在已知条件与目标之间进行探索的过程中感到缺乏必要的信息,从而主动向教师寻求一定的信息。教师的这种作用在现在的教学中相对来说越来越突出。现今社会信息传播的途径日益丰富,特别是随着计算机的发展,大容量的百科全书、数据库、信息网络等开始在教学中应用,学生可以从更广泛的途径获得信息。在这种背景下,教师不再是学生的唯一的信息源,甚至也不再是最主要的信息源。这时教师作为信息源的角色,最主要的作用不是将所有的信息都装在头脑中,而是掌握获得信息的线索,知道该以何种方式以及到哪里去寻找信息,如何分析、判断和评价信息,从而可以为学生提供支持和帮助。

(三)指导者和促进者

教师应该是学生学习的指导者和促进者,而不仅仅是知识的传授者。所谓促进者是指教师要从过去作为单纯灌输者的角色中解放出来,促进以学生学习为中心的教学设计、教学指导和教学评价,以促进学生完整个性的和谐、健康发展。教师不能简单地把知识传授作为自己的主要任务和目的,而应成为学生学习的激发者、辅导者、各种能力和积极个性的培养者,把教学的重心放在如何育人和促进学生学习上,帮助学生构建自己的知识体系。

(四)组织者和管理者

尽管不同教师对课堂控制的程度不同,但维持一定的教学秩序是进行教学的前提。教师要激发学生的学习动机,进行班级管理,组织课堂教学,处理教学中的偶发事件等;要组织学生参加体育锻炼,准备考试;要记录学生的表现,并与家长和其他教师进行交流。特别是随着人们对合作学习和交互性学习的重视,教师作为组织者和管理者的角色更为突出。教师要组织学习小组,引导和指挥学生进行讨论与合作活动,使学习得以深入,通过组织好的群体互动来促进个体的发展。

(五)反思者与研究者

教学反思被认为是教师专业发展和自我成长的核心因素。教师对教学的自觉反思过程,就是教师以一定的认知知识为基础,对自己的教学活动进行认知监控的过程。教师要不断对自己的教学进行反思和评价,提高对自己教学活动的自我觉察,发现和分析其中存在的问题,提出改进的方案。另外教师之间可以相互进行观察分析,并讨论交流,帮助对方发现问题,共同提高教学的水平。此外,教师还可以寻求专家小组的支持,通过专家的专业引领提高专业素质。

教师要成为教育教学的研究者,要从研究者的视角关注随社会发展而变化的学生的发展特点,并以研究者的素养探讨并解决具体的教学问题。在教学中,教师总是不断地做出各种决策。例如:我该如何导入这堂课?如何把这些深奥的道理讲得明白易懂?该怎样激发学生的兴趣?教学与学习的基本原理是对一般规律的概括,没有哪一种理论能告诉我们在某一特定条件下该怎样做,而教学中的决策又要考虑到这些特定的背景条件。教师必须对自己的教学进行研究,成为一个科学研究者,从而能够以一定的理论为基础,灵活地解决教学中的各种实际问题。

(六)终身学习者

在科学技术飞速发展的社会,人们必须不断学习,才能适应社会的变革。终身学习、终身教育、学习型社会等理念的提出,对人类的教育思想、教育观念形成了巨大的冲击,传统的教师固守本领域、本学科知识的观念已经不适应社会的需要。教师是学生学习能力的培养者,以往的教师教、学生学将逐渐让位于师生互教互学。这对教学而言意味着人人参与、平等对话、合作建构;对教师而言,意味着上课不仅是传授知识,而且是与学生相互理解、相互启发、教学相长,上课不是单向的付出,而是专业成长和自我实现。随着学生获取知识、信息渠道的多样化,教师作为学生唯一知识源的地位已彻底动摇。教师需要重新定位,以学习来促发展,改变自己的生存发展状态。

二、教师职业角色的形成

职业角色期待反映了社会对从事某一职业人员的行为要求。从事这一职业的人员逐步认识到自己的职业角色,开始产生相应的职业角色意识,并形成从事这种职业的能力,从而更好地履行职业职责。

(一)教师职业角色意识的形成过程

1. 角色认知阶段

角色认知是指角色扮演者对某一角色行为规范的认识和了解,知道哪些行为是正确的、哪些行为是不恰当的。角色认知是角色扮演的先决条件,个人能否成功地扮演某种角色,首先取决于他对这一角色的认知程度。教师主要通过学习、观察、职业训练、社会交往等了解教师角色所承担的社会职责,能够将教师所充当的角色与社会上其他职业角色区别开来。

2. 角色认同阶段

教师角色的认同是指个体亲身体验、接受教师角色所承担的社会职责,并用来控制和衡量自己的行为。对教师角色的认同不仅表现为在认识上了解到教师角色的行为规范、社会价值和评价,并经常用优秀教师的标准来衡量自己的心理和言行,自觉地评价与调节自己的行为,同时在情感上表现出较强的职业情感,如热爱教育事业、热爱学生等。对教师角色的认同,是一个人正式担当了这一角色,有了实践经验和积极的职业情感体验后才真正开始具有的。

3. 角色信念阶段

教师角色信念是指教师角色中的社会期望与要求转化为个体的内在心理需要。这时教师坚信自己对教师职业的认识是正确的,并视其为自己教育教学行动的指南,形成了教师职业特有的自尊心、效能感和荣誉感。

（二）促进教师职业角色形成的主要条件

1. 全面而正确地认识教师职业

要促进教师角色的形成，首先要使从事教师职业的人在正式成为教师前就对教师职业及相应的角色有一个较为全面而正确的认识。对于未来的教师，可以通过向其讲授有关知识，请优秀教师做报告等方法，有意识地传授有关教师角色的知识。

2. 树立学习榜样

树立榜样有助于新教师形成职业角色，通过榜样的行为示范，人们能够掌握社会对教师的角色期待，学会在不同情境中从事角色活动，处理角色冲突。树立榜样时要注意：首先，榜样的示范要特点突出、生动鲜明，要引起学习者的关注；其次，榜样的示范行为是可学习、可模仿的，不宜标准太高而难以学习；再次，榜样的行为要感人，使学习者产生心理上的共鸣等。

3. 积极参与教育实践

要促进教师角色意识的形成，新教师还要通过自己的教育实践，使自身的心理需要发生变化。在将角色的认识转化为信念的过程中，实践活动非常重要。长期的教育实践会使大部分教师认识到教师职业的社会价值，从而将社会角色期待转化为自己的心理需要。

第二节 教师的专业素质

专业素质是专门职业对从业人员的整体要求，教师专业素质是指教师所拥有的并体现在教学情境中的知识、能力和信念的综合。一名合格的教师应该具备多方面的专业素质，概括来说包括三个方面：专业知识、专业技能和专业情意。这三个方面决定着教师专业发展水平的高低。

一、教师的专业知识

教师的专业知识构成是教师研究中开始较早的领域。国内外学者提出了不同的教师知识结构。概括来说，作为一名专业教师，应该具备通识性知识、本体性知识、条件性知识和实践性知识。

（一）通识性知识

处于教师知识结构最基础层面的是有关当代科学、人文及艺术几方面的通识性知识，即通常意义上的一般科学文化知识。这是作为人类社会中知识分子的教师所必需的，也是要与充满好奇心、随时会提出各种问题的学生共处，并能进一步激发他们求知欲和胜任教育者角色的教师所必需的，同时也是随着时代、科学发展而不断学习、不断自我完善和发展的教师所必需的。教师的阅读既要广泛，又要有意识地进行选择，特别是注意各学科知识的搭配与多学科内容的融合。

（二）本体性知识

本体性知识是指教师所具有的特定的学科知识，如历史知识、数学知识等。本体性知识是教师知识的"主干"和"核心"部分，也是教师职业身份的标志。一位教师首先要精通自己所教的学科，掌握本体性知识，能准确无误地把本学科的知识传授给学生。扎实的本体性知识是教师的教育教学工作取得成功的基本保证。

（三）条件性知识

教师的教育学与心理学知识被称为教师成功进行教育教学的条件性知识。教师的条件性知识主要由帮助教师认识教育对象、开展教育教学活动和教育研究的专门知识构成。在教学中，条件性知识涉及教师对"如何学""如何教"的问题的理解。在教与学的领域中，教学过程被看作是教师将其具有的通识性知识和本体性知识转化为学生可以理解的知识的过程。在这个过程中，教师使用教育学和心理学的规律来思考通识性知识和本体性知识，即对通识性知识和具体的本体性知识做出教育学和心理学的解释。例如，如何处理教材，如何激发学生的学习动机，在课堂中如何组织教学、设计活动和实施评价等。

（四）实践性知识

以上三种专业知识的简单叠加并不能形成未来教师完整的知识结构，也不能带来教师专业素质的提高和发展，它们还必须由实践性知识来进行整合，使其内化为教师自己的专业素质。实践性知识是指教师真正信奉的，并在其教育教学实践中实际使用和表现出来的对教育教学的认识。实践性知识是教师在具体的日常教育教学实践情境中，通过体验、沉思、感悟等方式来发现和洞察自身实践和经验中的意蕴，并融合自身的生活经验，逐渐积累而成的，运用于教育实践中的知识，包括情境知识、有关学习者的知识、有关自我的知识、案例知识（学科教学中的特殊案例、个别经验）、策略知识等。简略地说，实践性知识是教师教学经验的积累与升华。例如，教师在教学中运用教育机智，灵活有效地激发学生的学习兴趣，培养学习动机，妥善地处理突发事件，巧妙地化解矛盾，保证教学的顺利进行。

以上四个方面的知识是相互结合和交融的。在教学过程中，教师把他们已具有的学科知识与具体的课堂情境结合起来，形成一种与行为有关的知识。也就是说，教学的中心任务是对学科做出教育学的解释，同时把学科知识"心理学化"，即考虑学生已有的认知结构等，以便学生能理解、掌握、内化到自己的观念体系中去。

上述分类是从知识领域的类型上划分的，从教师的工作特性上划分，舒尔曼（Lee S. Shulman,1987 年）提出，优秀教师应具备七个类别的知识：①熟知他们所教的科目——学科内容知识深厚并且知识之间相互联系；②了解常规的教学策略，例如课堂管理规则、有效的教学方式和评价方式等；③了解本学科适合各年级使用的学习材料和教学项目；④掌握学科内特殊的教学策略——教授某种类型学生的特殊方法，教授一些特殊概念的教学方式；⑤了解不同学生的特征和各自特殊的文化背景；⑥灵活运用不同情境进行教学——课堂教学、小组学习、社区学习等。⑦了解有关教育宗旨、目的、价值和它们的哲学与历史背景的知识。

二、教师的专业技能

专业化的教师需要拥有从事教育教学工作的专业技能。教师的专业技能是指教师在教学过程中运用一定的专业知识和经验顺利完成某种教学任务的活动方式。它可以分为教学认知能力、教学操作能力和教学监控能力三个方面。

教学认知能力指教师对所教学科的定理法则和概念等，以及对所教学生的心理特点和自己所使用的教学策略的理解水平。教学操作能力是指教师在教学中使用策略的水平。其水平高低主要看他们是如何引导学生掌握知识、积极思考、运用多种策略解决问题的，它所要解决的不是做什么，而是如何做的问题。教学操作能力具体包括制定教学目标的策略、编制教学计划的策略、选择和运用教学方法、选择设计教学材料和教学技术、课堂管理策略、教学效果评价策略等。教学综合运用各种策略解决各种问题和冲突的能力常常表现为教育机智，这是教师面临复杂的教育情境时所表现出来的机敏、迅速并且准确地进行判断和反应的能力。它源于教师敏锐的观察、灵活的决策和果断的意志，也源于他们的教育经验和知识积累以及对学生的了解和关爱。教学监控能力是指教师为了保证教学达到预期的目的而在教学的全过程中，将教学活动本身作为意识对象，不断地对其进行积极主动的计划、检查、评价、反馈、调节和控制的能力。在这个教学能力结构中，教学认知能力是基础，教学操作能力是教学能力的集中体现，而教学监控能力是关键。

我们会在以后的章节中对学生的学习心理、教学心理、知识与技能的获得等方面进行详细的介绍，以提高教师的教学认知能力。教学操作能力是在教育教学知识学习的基础上，通过自觉的反思和实践将知识转化而成的。关于能力的转化，我们在后面的章节中也会提到。下面，着重介绍教师教学监控能力的构成、作用及发展。

（一）教学监控能力的构成

教师的教学监控能力主要分为三个方面：一是，教师对自己的教学活动的预先计划和安排；二是，对自己实际教学活动进行有意识的监察、评价和反馈；三是，对自己的教学活动进行调节、校正和有意识的自我控制。

根据教学监控的对象，可以把教学监控能力分为自我指向的教学监控能力和任务指向的教学监控能力两类。自我指向的教学监控能力是指教师对自己的教学观念、教学兴趣、动机水平、情绪状态等心理操作因素进行调控的能力。任务指向的教学监控能力是指教师对教学目标、教学任务、教学材料、教学方法等任务操作因素进行调控的能力。

根据作用范围，教师的教学监控能力可分为一般教学监控能力和特殊教学监控能力两类。前者指教师对自己作为教育者这种特定角色的一般性的知觉、体验和调控的能力，是一种超越具体教学活动的、具有广泛概括性的整体性的能力；后者指教师对自己教学过程中的各具体环节进行反馈和调控的能力，它决定着教师在具体教学活动中的具体的自我调节和控制的行为。

（二）教学监控能力的作用

教学活动是一个极其复杂的系统，在这一系统中，存在着许多相互联系、相互影响、相互作用的因素，其中包含教师自身的因素，如教师的智力、教学能力、教学风格、自我概念等，也包括教学环境方面的诸多因素,如学生状况、班级环境、学校风气、社会环境等,还包括教学过程方面的因素,如教学任务、教学内容、教学手段等。教学监控扮演着一个"领导者""督察官"的角色,教学过程中的其他因素都要在它的监视、领导下展开。因此,在实际教学中,教学监控是否合理有效地发挥作用,是否达到理想的教学效果,关键在于是否拥有教学监控能力。只有拥有了一定的教学监控能力,教师才能根据教学大纲和教学目标的要求,制订合理科学的教学计划,选择适宜而有效的教学方法,并能在教学过程中不断地进行自我反馈,及时发现问题,做出相应的修正,从而减少教学活动的盲目性和错误,提高教学活动的效率和效果。

教学水平相对较高的教师,其教学监控能力往往也高。他们具有较多的关于教育、教学、教学方法等方面的知识,并且善于计划、评价、调节自己的教学过程,灵活地运用各种策略,以达到既定的目标。教学水平相对较低的教师则正好相反,他们的学科知识也许与高水平教师没有明显差别,但是他们关于教学和教学策略方面的知识却比较贫乏,不善于根据教材和教学目标以及学生的特点和当时的具体情况,灵活地采用适当的教学方法或补救措施。可见,教学监控能力是影响教师教学效果的关键性因素。从一定程度上可以说,教师的教学行为是其教学监控能力的外化形式,教师教学行为对学生发展的促进作用实际上是其教学监控能力以教学行为为中介对学生发展的影响。

决定教师教学监控水平的直接因素有三个方面:一是,教师能否正确、全面地发现和觉察自己正在进行的教学活动的状况和存在的问题;二是,教师是否具备了解决教学活动中所存在问题的知识经验;三是,已有的知识是否能和现存的问题联系起来,进行合理的、有效的知识重组。决定教师教学监控水平的因素,除上述直接因素外,还有间接因素,即教师的心理状态,如教育动机、教学效能感、自我知觉等因素。这些间接因素虽然不直接决定教师的教学监控水平,但对教师的教学监控过程有明显的影响,是教师从事教育、教学活动的广泛心理背景。

(三)教师教学监控能力的发展

1. 从他控到自控

他控指教学活动为外界所左右,自控指教学活动是由教师自主地调节管理。在教学监控能力获得发展之前,教师的教学活动通常受制于外界环境。随着各方面知识的不断丰富,教学监控经验的日益增多,教师教学监控能力由低级到高级发展起来,书本、专家的指导和监督由主导作用变为辅助作用,教师的教学监控能力逐渐发挥起主要作用。

2. 从不自觉经过自觉,达到自动化

在教学监控能力开始形成时,教师的监控行为往往表现出很大的随意性。随着教学经验的积累和有意识的自我培养,教师可以开始主动地在教学过程中进行监控活动,能够注意到自己教学的进程,能根据学生的反应调整自己的教学。这时我们可以说他的教学监控能力已经初步形成。随着教师自身的努力和外界专家的指导,教师的教学监控能力最终会达到自动化的程度。

3. 敏感性逐渐增强

教学监控的敏感性指教师根据教学情况和学生反应,对自己的教学活动做出最佳调节和修正的灵敏程度。它一般包括对教学情境中各种线索变化的敏感性,和对在不同情境下最适合的教学策略的灵活选择的敏感性两个方面。前者直接决定教师进行教学监控的信息反馈水平,后者则与教学监控能力中的调节水平密切相关。教师在教学中不仅要具有所教学科的知识、教学策略、教学方法方面的知识,而且还要具有为何、何时、何地使用何种教学方法和策略的知识。这与教学监控中的敏感性是密切相连的。

4. 迁移性逐渐提高

教学监控能力的迁移性指教师教学监控的过程和方式可以从一种具体的教学情境迁移到与其相同或类似的其他教学情境中去。随着教师教学监控迁移性的提高,他们将以往教学监控的过程和方式恰当地运用到提高与其相同或类似的环境中的能力也会逐渐增强。迁移性的增强是教师教学监控能力真正提高的一个重要标志。

三、教师的专业情意

教师的专业情意日益受到人们的重视。它涉及专业信念、专业情感、专业性向和专业自我等方面的内容。

(一) 专业信念

教师的专业信念是教师对成为一个成熟的教育专业工作者的向往与追求,它为教师提供了奋斗目标,是推动教师专业发展的巨大动力。具有专业信念的教师对教学工作会产生强烈的专业认同感和投入感,抱有强烈的专业承诺,致力于提高专业才能及专业服务水平,努力维护专业的荣誉和形象等。

教师在专业信念的驱动下,提高了自己的业务水平,就会产生强烈的教学效能感。教学效能感是指教师对于自己影响学生的学习活动和学习结果的能力的一种主观判断。这种判断是教师对自身专业能力的一种较稳定的看法,影响着教师对教育事业的追求,是解释教师工作动机的关键因素。高水平的教学效能感,反过来也会加强教师的专业信念,并表现为教师的专业信念。阿什顿(Ashton,1982年)在班杜拉的自我效能感理论的基础上,把教师的教学效能感划分为两个成分:一般教育效能感和个人教学效能感。前者指教师对教与学的关系,对教育在学生发展中的作用等问题的一般看法与判断;后者指教师对自己的教学效果的认识与评价。阿什顿等人的研究表明,教学效能感高的教师对学生寄予较高的期望,认为自己对学生的成长负有责任并且相信自己有能力把学生教好。在课堂教学中,教学效能感高的教师不断探索新的教学方法,在对学生进行指导时,更多地鼓励学生自己探索解决问题的方法。当学生遇到学习上的失败时,教学效能感高的教师表现得有耐心,他们通过重复提问、给予必要的提示等方法促进学生对问题的理解。

(二) 专业情感

专业情感是教师专业发展的关键。一个好的教师必然挚爱自己的职业、对教学抱以极大的热情,只有这样才可能积极地投入到教学工作中去。教师在课堂教学中的情感投入主要有以下三个方面:①对学生的责任感;②为人师表,不断自我提高;③与学生建立良好的信赖关系。

(三) 专业性向

教师的专业性向是指教师成功进行教学工作所具有的人格特征,或者说适合教学工作的个性倾向。霍兰德(John Henry Holland)的职业生涯理论把劳动者和职业划分为六种类型：实际型、学者型、艺术型、社会型、事业型、常规型。他认为，社会型劳动者喜欢从事为他人服务和教育他人的工作，其个性比较适合做教师。

关于优秀教师的职业性格的研究已经积累了大量的资料。盖兹达(George M. Gazda, 1987年)等人将这些方面的众多研究加以综合，认为优秀教师职业性格的基本内核是"促进"。所谓"促进"指的是，一个人对别人的行为有所帮助。对教师来说，包括提高学生的学习能力，增强学生的自尊心和自信心，缓解学生的焦虑感，帮助学生形成并巩固待人处世的积极态度等。

教师在与学生交往的过程中，需要注重培养自己三个方面的人格特质。①宽容。宽容包含三层含义：灵活、体察、无偏见。对教师来说，宽容能够摆脱个人的习惯与理解，不受个人经验的局限，能够接纳学生的各种不同的观念，对不同的学生都给予关注，与学生和睦相处。教师的宽容可以在很大程度上鼓励学生的独立性与自主性的发展，形成健全的人格。②敏感性与移情理解。敏感性是指个体对其人际关系中出现的变化能够及时做出情绪反应的特质。在学生产生某种需要、冲突或困难时，具有敏感性的教师能够做出深入和自发的反应，与学生积极互动。移情理解使教师能在教学情境中站在学生的角度，充分体会学生的看法和情感，从而给予学生更有效的建议和指导。③情绪安全感与自信。情绪上有安全感的教师能够在讲台上从容面对众多学生的注视，当课堂上出现意外情况或问题行为时，能够镇静、客观地解决遇到的问题。自信有助于教师有效处理日常教学中的各种问题，使教师能够承担并超越失败与挫折，不因工作中的失败而过于自责乃至放弃。自信的教师能时时刻刻地引导学生，传递积极的教师期望，所表现出情绪上的成熟感与安全感常常会感染学生，促进学生的健康成长。

（四）专业自我

自我是个体关于自己的各种信息的复杂集合，是个体心理与行为的核心图式。自我是一个复杂、多维、动态的系统，是人和环境之间长期相互作用的结果，它不仅影响着人们感受具体情境的方式，也影响着人们日常行为的方式。教师的专业自我(professional self)是教师个体对自我从事教学工作的感受、接纳和肯定并显著影响其教学行为和教学效果的心理倾向。教师的专业自我包括自我意象、自我尊重、工作动机、工作满意度、对任务的知觉、个人未来前景等。教师的专业自我是保证教师不断地促进自我专业成长不可或缺的因素，是教师专业发展的内在动力。从这个意义上说，教师的专业发展过程也就是教师专业自我的形成过程。

第三节　教师的专业发展

一、教师的专业发展

1966年，联合国教科文组织和世界劳工组织发表了一份划时代的文献《关于教师地位的建议》，这份文件写道："教育工作应被视为一种专业，这种专业要求教师经过严格且持续不断的研究，才能获得并维持专业知识和专业技能，从而提供公共服务；教育工作还要求教师对其教导之学生的教育和福祉具有个人的和共同的责任感。"自这份文件确认和鼓励教师为一种专业以来，有关教师专业化的概念虽然界定的标准不一，但是视教师为专业已渐成共识。

教师专业化是指教师在整个专业生涯中，通过终身专业训练，习得教育专业知识技能，实施专业自主，表现专业道德，并逐步提高自身素质，成为一个良好的教育专业工作者的成长过程。教师专业发展是教师个体专业不断发展的历程，是教师不断接受新知识，增长专业能力的过程，具有非常明确的三个特征。

第一，教师专业发展是一个有意识的过程。教师专业发展的目的是使教师成为一个成熟的专业人员。教师的专业发展离不开自身的自觉性，这需要教师自觉地更新自己的知识结构，自觉地反思和监控自己的教学过程，自觉地促进将自身的知识向能力转化。在这些自觉中，教师才会深化自己的专业认识，包括对专业自我、专业角色的认识，对教育、学校的理解以及对所教学科在对学生成长与发展过程中的价值认识等，使自己的专业能力提高。

第二，教师专业发展是一个持续的过程。教育是一个动态的专业领域，其知识基础在不断地扩展。同时，课堂教学中应有的知识和技能、教育教学理念也在不断地变化，社会、学校、学生对教师专业素质的要求越来越高。为了与这些新知识、新技能、新理念、新要求保持同步，各个层次的教育者在其整个专业生涯中都必须成为终身学习者，需要不断地提高和更新知识结构，不断学习、不断实践、不断创新，需要不断地利用外部资源和条件进行优势积累，更需要不断地实施自我监控、自我调节和自我超越。

第三，教师专业发展是一个复杂的过程。教育本身的复杂性决定着教师专业发展也是一个复杂的过程，与其相对应，一个教师从走上讲台到成为一名成熟的专家型、学者型教师，需要一个漫长而复杂的成长过程。这一过程的复杂性不仅在于实践性知识形成本身的复杂性、教学知识向教学能力转化本身的复杂性，还在于教师的教育对象和教育环境不断变化呈现出的复杂性。这一复杂的发展过程中，需要教师持续不断地努力和精神投入，不断的探索和研究。因此，敬业精神在教师的专业发展中发挥着重要的作用。

二、教师的成长——从新手到专家型教师

专业人员的显著特征是具有专长。斯腾伯格（Robert J. Sternberg）认为，专家型教师就是具有某种教学专长的人。教师作为履行教育教学职责的专业人员，其专业发展的核心是教学专长的形成与发展问题。教师成长的过程实质上是教师从新手成长为专家型教师的过程。自20世纪80年代以来，从专长的角度探讨从新手发展为专家型教师的规律，揭示教师教学专长的形成发展过程，已经成为一种教师专业发展观。

连榕等人（2007年）在系列研究的基础上提出，提出了"新手—熟手—专家"的教师成长观。他们认为教学领域的教学专长是在长期的教学实践中获得的。

（一）专家型教师的基本特征

专家型教师即有教学专长的教师，是指那些在教学领域中具有丰富的和组织化的专门知识，能高效率地解决教学中的各种问题，富有职业洞察力和创造力的教师。斯腾伯格（Robert J. Sternberg）总结了专家型教师的三个基本特征。

1. 拥有丰富而组织化的专门知识，并能够有效运用

专家与新手之间最基本的差异表现在，专家拥有更丰富的专业知识并能更有效地将这些知识组织起来运用到教学中。专家型教师所具有的知识包括：所教授的学科内容知识；各种教学法知识，例如怎样激发学生的学习动机等；与具体学科内容有关的教学法知识，例如怎样阐明某一个概念；与教学相联系的社会背景知识等。与新手教师相比，专家型教师对知识进行了更充分的整合，将各个知识点更紧密地联系在一起，灵活地运用在教学中。

2. 能够高效率地解决教学领域内的问题

在擅长的领域里，专家型教师解决学科和教学问题的效率要比新手高。首先，专家型教师善于利用认知资源。他们的知识经验丰富并且高度类化，某些教学技能已经程序化、自动化，他们依靠类化了的广泛知识经验能够迅速且只需很少或无须认知努力即可完成多项活动，可以比新手在单位时间里处理更多的信息。其次，专家型教师善于监控自己的认知执行过程。比如在处理课堂纪律问题时，他们比新手更有计划性，且善于自我觉察。此外，专家型教师的自动化和程序化的技能，使他们能够在教学过程中更好地将注意力分配和集中于更高难度的推理和问题解决上。

3. 有很强的洞察力，善于创造性地解决问题

专家型教师在应用知识分析和解决问题时，往往能够突破常规思维，产生新颖和独特的解决方法，并且富有敏锐的洞察力，能够鉴别出有用的信息，使问题得到更恰当、更合理的解决。研究发现有三个方面的表现使专家型教师在问题解决上优于新手。首先，专家型教师会将与解决问题有关的信息和无关的信息区分开来；其次，专家型教师按照有利于解决问题的方式对信息进行结合，他们能够发现与解决问题无关的两个信息之间的可利用的潜在关系。再次，专家型教师在解决问题时善于观察和类比，善于将其他情境中获得的知识应用于教学领域。

（二）熟手型教师的特点

在教师专业发展历程中，从新手到专家型教师的转变过程中，有一个重要的发展阶段，即熟手型教师。熟手型教师是指能按照常规，熟练地处理教学问题但教学创新水平不高的教师。熟手肯定是昨天的新手，但不一定是明天的专家。许多教师的发展往往停滞在这一阶段，习惯于熟手角色，直至职业生涯结束也未能成为专家型教师。新手教师经过了三到五年的教学实践，获得了必需的教学经验后，一般都可以顺利成长为熟手型教师。熟手型教师再经过十年左右的教学实践后，有可能成长为专家型教师。熟手转型教师成为专家型教师的关键在于教师的教学专长能否在熟练水平上得到进一步的提升和成长。与新手教师和专家型教师相比较，熟手型教师具有以下几个特点。

（1）在教学认知方面，熟手型教师的课堂教学策略应用水平较高，已经熟练掌握基本的教学程序，对课堂教学的调节和控制水平比新手高，能够胜任常规的教学。但与专家型教师相比，熟手型教师的教学监控能力不足，教学创新水平不高。

（2）在教师人格特征方面，熟手型教师具有随和、乐群、宽容的特点，但情绪的稳定性和自我调节能力与专家型教师有差距。

（3）在工作动机与成就目标方面，与专家型教师强烈而稳定的内部动机相比，熟手型教师的内部动机还不强,教师的角色信念有可能发生动摇,从教学工作中获得的乐趣与满足感有待提升。

(4) 在职业心理方面,熟手型教师在职业承诺上低于专家型教师,教学情感投入程度不够,教师职业的责任感、荣誉感和成就感不如专家型教师。

(5) 在学校情境心理方面,熟手型教师较少感受到学校及同事群体的支持,主观幸福感较低,容易出现疲倦、无助、焦虑等消极情绪。

研究表明,高水平的课后评估和反思能力的获得是熟手型教师转化为专家型教师的关键。熟手型教师应积极加深对教师职业的认同感,形成教师职业的自尊和自信,不断积累教育教学的成功体验,重视教师职业角色的自我完善,尽快走出专业发展的停滞期。

(三) 教师的成长历程

富勒(Fuller,1975 年)等人根据教师所关注的焦点问题,提出著名的教师成长三阶段论。

1. 关注生存阶段

新教师非常关注自己的生存适应性问题,例如,"学生喜欢我吗?"、"同事们怎么看我?"、"领导是否觉得我干得不错?"等。由于这种生存忧虑,有些教师可能会把大量的时间都花在如何与学生搞好个人关系上,想方设法控制学生,而不是教导他们知识和技能并让他们获得学习上的进步。在这个阶段,教师努力成为一个好的课堂管理者。这种情况通常是由于新教师过分看重学校领导的认可和评价造成的。

2. 关注情境阶段

当教师感到自己完全能够生存时,他们越来越关注学生的成绩,从而把精力放在如何教好每一堂课上,考虑一些与教学情境本身有关的问题。例如,"材料是否充分得当?"、"如何呈现教学信息?"以及"如何掌握教学时间?"等。

3. 关注学生阶段

当教师顺利适应了前两个阶段后,教师将考虑学生的个别差异和个体需要问题,并认识到学生们的先前知识与学习能力是不同的,同样一种材料可能适于某些学生,但不适于另外一些学生,同样一种教学方法对好学生有效,但对差生则行不通,从而对不同的学生确定不同的学习目标、选择不同学习内容、采用不同的教学方法。事实上,有些教师从来没有进入到这一阶段。

由此可见,新教师在成长过程中的每一个阶段都有自己的需要,这些需要将影响他们的课堂行为和教学活动。富勒等人把教师所关注的内容作为衡量发展水平的标志,教师发展的顺序,即从关注内容到教学任务,再到学生的顺序是比较固定的。如果早期关注的问题没有解决,那么其后的关注就不会出现。

三、教师专业成长的途径

怎样成长为一名专家型教师?英国课程论专家斯腾豪斯(L. Stenhouse)从教师自我培训角度,提出教师专业发展的三条途径:系统的理论学习、研究其他教师的经验、在教室里检验已有的理论。当前,教师的专业发展已经得到普遍的重视,取得了丰富的研究成果。每一位教师应根据自己的需要和条件综合选用有效的专业发展方式与途径。

（一）观摩和分析

对优秀教师的课堂教学活动进行观摩和分析，是一种有效的教师训练的方法。这种观摩可以有两种方式：结构化的观摩和非结构化的观摩。结构化观摩是指在观摩之前制定较详细的观察计划，确定观察的主要行为对象、角度以及观察的大致程序，也可以进行有组织的讨论分析。非结构化观摩则没有以上特征。一般说来，结构化的观摩要比非结构化的观摩效果好。这种观摩可以是现场观摩，也可以是观看优秀教师的教学录像。在观摩之前，先思考和预测：本节课如果由自己讲，会使用什么样的教学模式、教学策略？为什么要使用这样的教学模式或者教学策略？在观摩的过程中，要仔细观察他人运用了什么样的教学模式、教学策略，他人是如何运用的？观摩之后，对比预测和实际情况的不同，思索自己能够从中学到什么，并且想一想，自己是否可以在此基础上有所创新？

（二）微格教学

通过自己实际进行教学而获得丰富的经验，是提高教学水平的另一种重要途径。但是，一开始就以众多学生为对象，进行正规的一个课时的课堂教学，对于经验较少的新任职教师来说，是一件困难的事。在这种情况下，一般进行微格教学，即以少数的学生为对象，在较短的时间内（5~20分钟），尝试做小型的课堂教学，然后把这种教学过程摄制成录像，在课后再进行分析。

在微格教学中，教学录像的分析基本采用这样的程序。①明确选定的教学行为作为要点着重分析的问题（如解释的方法、提问的方法等）。②观看有关的教学录像。这时，需要明确所分析的教学行为具有的特征，并能理解其要点。③制定微格教学的计划，以一定数量的学生为对象，实际进行微型教学，并摄制录像。④和指导者一起观看录像，分析自己的教学行为。指导者帮助教师分析一定的行为是否合适，考虑改进行为的方法。⑤在以上分析和评论的基础上，再次进行微格教学。这时要考虑改进教学的方案。⑥进行以另外的学生为对象的微型教学，并录像。⑦和指导者一起分析第二次微格教学。微格教学使得教师可以对自己的教学行为进行更为深入的分析，并增强和改进了教学的针对性，因而往往比正规课堂教学的经验更有效。

（三）教学决策训练

教师的教学过程中包含着一系列的决策，判断自己的教学行为所引起的学生的反应是否符合期望，如果符合，就继续维持自己的行为，如果不满意，就要采取一定的预防和矫正措施等。通过让教师进行教学决策的训练可以提高教师的教学能力。教学决策训练一般事先向接受训练的教师提供有关所教班级的各种信息，包括学业水平、学习风格、班级气氛等，可以是印刷资料，也可以是录像等。然后让他们观看教学实况录像，从中吸取自己认为重要的成分。在此过程中，指导者一面呈现出更恰当的行为，一面给予说明。通过这种方法，教师可以获得近乎实际上课的经验，而且可以获得指导者的及时解释说明。这种方法不仅可以改善他们的教学行为，而且可以使他们对决策的有效线索更加敏感，这正是专家型教师的重要特征。

（四）教学反思训练

通过反思训练来提高教师的教学水平,这是近年来教师心理研究的一个重要领域。波斯纳(Posner,1989 年)曾提出教师成长公式为经验＋反思＝成长。也有研究认为"从新手型教师到熟手型教师主要是一个教学程序熟练化的过程,而从熟手型教师到专家型教师则主要是一个不断反思的过程"[①]。

教学反思是教师着眼于自己的教学活动过程来分析自己做出某种行为、决策以及所产生的结果的过程。教师的教学反思包括三种。①对于活动的反思(reflection on action),这是个体在行为完成之后对自己的活动、想法和做法进行的反思。②活动中的反思(reflection in action),这是个体在做出行为的过程中对自己的活动中的表现、自己的想法、做法进行反思。③为活动的反思(reflection for action),这种反思是以上两种反思的结果,以前面两种反思为基础来指导以后的活动。

教师反思要经历以下四个环节:具体经验—观察分析—抽象的重新概括—积极的验证。

1) 具体经验阶段

这一阶段的任务是使教师意识到问题的存在,并明确问题情境。一旦教师意识到问题,就会感到一种不适,并试图改变这种状况,于是进入到反思环节。事实上,让教师明确意识到自己教学中的问题往往并不容易,因为这是对个人能力自信心的一种威胁。作为教师反思活动的促进者,在此时要创设轻松、信任、合作的气氛,帮助教师看到自己的问题所在。

2) 观察与分析阶段

教师开始广泛收集并分析有关的经验,特别是关于自己活动的信息,以批判的眼光反观自身,包括自己的思想和行为,也包括自己的信念、价值观、目的、态度和情感。获得观察数据的方式可以有多种,如写反思日记、对他人的观察与模拟、角色扮演,也可以借助于录音、录像、档案等。在获得一定的信息之后,要对它们进行分析,看驱动自己的教学活动的各种思想观点到底是什么,它与自己所倡导的理论是否一致,自己的行为与预期结果是否一致等,从而明确问题的根源所在。

3) 重新概括阶段

在观察分析的基础上,教师重新审视旧有的观念,并积极寻找新思想与新策略来解决所面临的问题,并形成概括化的行动计划和假设。

4) 积极的验证阶段

这时要检验前一阶段所形成的概括化的行动和假设。它可能是实际尝试,也可能是角色扮演。在检验的过程中,教师会获得新的具体经验,从而又进入第一阶段,开始新的循环。

（五）教师行动研究

行动研究的特点是为了行动而研究,对行动进行研究,在行动中研究。教师行动研究的本质在于对"研究"之内在精神的尊重,更多的是一种研究的态度,是发现问题、分析问题和解决问题的过程。20 世纪 60 年代,斯腾豪斯把行动研究引入课程研究领域,主张让教师参

---

① 孟迎芳,连榕,郭春彦.专家—熟手—新手型教师教学策略的比较研究[J].心理发展与教育,2004(4).

与课程研究,使教师成为研究者,通过促进教师专业自主能力的发展,进而达到提高专业水平的目的。由于行动研究强调从经验中学习,强调实践者就是研究者,注重研究与实践效果的有机结合,因而它不仅能在较短时间内促进教学效果的提高,而且也有助于教师的专业成长。

在行动研究中,教师研究问题可以是来自于自己的日常教学经验中的任何问题,而不一定是大的课题。研究途径可以是任何非正式的探索方法,包括做笔记、写日志、谈话记录以及保留学生的作品等。而不一定像专家们那样恪守研究套路。教师可以形成研究者的团体,其中包括教师与其他成员之间的非正式的网络联系,而更重要的是在课堂教学中与学生的联合。

教师开展行动研究的基本程序为以下几项。

1）确定问题

从教学疑难中寻找问题,从具体教学情境中寻找问题,从阅读交流中发现问题,从学校发展或学科发展中确定研究的问题。

2）制定行动计划

一份完整的计划包括计划实施后预期达到的效果,教育教学因素的改变,行动的步骤和时间的安排,研究涉及的人员,收集资料的方法。

3）实施行动、记录行动、收集资料

实施计划与采取行动都是与教师的日常教育教学实践结合在一起的,即在教育实践中展开,根据实际需要对计划进行调整。在实施计划过程中,需要对行动的情况进行观察和记录,收集有关资料以便清楚地了解行动的实施情况,对行动的结果进行客观的分析和评价。

4）反思和评价

反思和评价的内容要全面。反思要以教育理论为指导,结合研究假设进行深入反思,反思和评价要以实际问题的解决程度为依据,而不追求解释是否完善。在反思后拟定下一步的行动计划。

5）撰写行动研究报告

行动研究报告可以有多种形式,例如研究日志、教育叙事、教育案例、教学课例、教学反思等。根据研究的问题、行动的实施过程、收集和处理资料的方法、研究的成果、研究者的个人特点等因素的不同,采用适宜的报告形式。

第四节　教师的心理健康

一、教师心理健康的标准

教师职业的特殊性决定了心理健康对于教师比从事其他职业的人更为重要。因为教师的心理健康是促进学生心理健康成长的保障,对学生的个性发展起着极其重要的作用,同时还影响着学生的学习效果以及师生之间的关系。另外,教师的心理健康还直接关系到教师自身的幸福,直接影响教师的人际交往态度与行为,影响其家庭关系与生活质量。因此,教师不仅要符合一般的心理健康标准,还要符合教师职业的特殊要求。

俞国良认为,教师心理健康的标准,主要应包括以下几个方面。

(1) 对教师角色的认同,热爱教育工作。能够积极投身到教育工作中,并在工作中获得成就感和满足感;能够认识到教师这一职业的优点与劣势,预见到在教育过程中可能出现的问题并做好心理上的准备。

(2) 具有良好和谐的人际关系。了解交往双方彼此的权利和义务,将相互的关系建立在互惠的基础上,个人的思想、目标、行为与社会要求相协调。教师良好的人际关系在师生互动中表现为师生关系融洽,教师能够建立自己的威信,善于领导学生,能够理解并乐于帮助学生。

(3) 对现实环境有正确的感知,能够平衡自我与环境、理想与现实的关系。在教育活动中主要表现为:能够根据自身的实际情况确定工作目标和个人抱负;具有较高的教学效能感;能够在教学活动中进行自我监控,完善知识结构、调整教育观念,做出更适当的教学行为;能通过他人认识自己,学生和同事的评价与自我评价较为一致;具有自我控制、自我调适的能力。

(4) 具有教育独创性。在教学活动中不断学习、不断进步、不断创新。能够根据学生的心理发展特点富有创造性地理解教材、选择教学方法、设计教学环节等。

(5) 在教育教学活动和日常生活中能真实地感受内心情绪体验,并恰当地控制和表达情绪。具体表现为:在工作中保持积极乐观的心态;不将生活中的不愉快情绪带入课堂;能冷静处理课堂情境中的偶发事件;能够克服偏爱情绪,对待学生一视同仁;不将工作中的不良情绪带入家庭。

二、教师心理健康的问题

影响教师心理健康的因素主要涉及工作压力、个体行为因素、生活条件和心理因素等四个方面。教师不仅面临着教学、科研、知识更新和家庭负担等多重压力,而且工作任务普遍较重。信息技术的普及和大众传媒的发展,使教师权威意识日渐失落;社会政治经济环境的急剧变化,各种社会转型给教师心理生活带来了巨大的冲击和震荡,使教师产生了较多的心理困扰和迷惑;而社会文化和价值冲突加剧、文化思想的急剧变迁使教师心理产生了极大的冲击和震动;社会对教师的过高期望,也加重了教师的心理负担;教育教学体制改革给教师带来强大的精神和心理压力,各种竞争又使教师长期处于高压之下。教师劳动的特殊性造成角色冲突,角色负荷过多,使教师感到紧张和无所适从。教师群体的相对封闭性又使教师的社会支持少,再加上教师群体在人格上具有理想主义倾向,自我实现的需要和自尊需要都较强,有过分追求完美的倾向。所有这些主客观因素汇集到一起,导致一部分教师角色冲突大,心理压力大,工作倦怠感强,主观幸福感低,心理健康状况差。这些教师在行为上会表现出对周围事物缺乏兴趣、睡眠质量差、记忆力明显减退、焦虑以及注意力难以集中、心烦意乱、感到孤独、甚至自卑等。

(一) 教师角色冲突

教师的职业特点和工作内容决定了教师在教育教学过程中扮演多种角色,这是教师的职责和价值所在。教师角色的多重性和高要求也就必然伴随着压力。教师角色冲突是指当教师不能同时满足对其多方面的角色期待,或者与来自社会不同方面的要求不一致时,教师所产生的紧张心理或矛盾心理。教师的角色冲突主要来自于两个方面:一是社会期望要求教师为学生提供高质量的教育,而教师又缺乏选择自己认为最为有效的教学方法、教学组织形式、教学评价等方面的自主权;二是教师有维护纪律的责任,但教师又没有足够的权威等。

时代的进步,社会对教师提出了更高的要求。作为社会所倡导的价值楷模,教师必须以标准化、典范化的形象影响学生,时时做到自律自控,维护良好的职业形象。在社会生活中,教师又只是一个普通的个体,教师需要不断地在普通社会成员和社会价值楷模之间进行角色转换。教师作为普通社会成员,又承担着家庭等方面的社会角色。教师所承担的职业角色与其他社会角色之间也会由于难以同时满足不同的要求而产生冲突,例如教师对教育教学全身心的投入,势必影响教师照顾家庭的时间和精力。教师这些多方面的角色冲突,往往造成教师心理负荷过大,影响教师的心理健康。

(二)教师的职业倦怠

职业倦怠是20世纪70年代美国临床心理学家弗登伯格(H. J. Freudenberger)研究职业压力时提出的一个概念,主要用来描述个体在长期的工作压力下,由于得不到有效缓解而产生的心理、生理上的疲惫。具体表现为:工作能力下降,工作热情衰退,对他人逐渐冷漠,自我成就感降低等。职业倦怠容易发生在行政、医疗护理、教育等与人打交道的行业中,并且教师是职业倦怠感的高发人群。教师的职业倦怠是教师不能顺利应对工作压力时的一种消极反应,是教师在长期压力体验下所产生的生理、情绪、认知和行为等方面的耗竭状态。

教师的职业倦怠主要表现有:①情绪衰竭,即由于压力过大而导致教师的情绪情感处于极度的疲劳状态,工作热情消失,不能适应社会的快速变革和知识的急剧更新,学习能力薄弱,难以应付学生所提出的各种问题等;②去个性化,即以一种消极的、否定的态度对待自己身边的人,对他人缺乏同情心;③个人成就感降低,即对自己工作的意义和价值的评价下降,自我效能感降低,时常感觉无法胜任工作,在工作中体会不到成就感,不愿付出努力。

(三)人际适应不良

良好的人际关系是个体心理健康的标准和外在表现,也是个体维护心理健康的重要条件之一。与其他职业相比,教师的工作比较封闭,与他人交往的时间比较少,一些教师出现人际交往适应不良,表现为:缺乏交往意识和欲望,很少主动与他人沟通;沟通能力差,缺乏必要的沟通技巧,容易产生挫折感;甚至出现自卑、自负、偏执等不良的个性特征。存在人际交往障碍的教师不能充分与学生沟通以达到相互理解,不能建立积极融洽的师生关系,影响教学效果。部分教师与领导、同事、家人等方面也存在着人际适应不良,不能得到周围人们的支持与理解,容易导致心理压力的积累,心理健康受损加重等情况。

三、教师心理健康的维护

(一)社会层面

全社会要树立尊师重教的良好风气,为教师营造一个维护教师职业威望的社会氛围,创造一个融洽、温馨、积极进取的工作环境。政府应加大执法力度,维护教师的合法权益,增加教育投入,改善教师的经济待遇,不断提高教师的社会地位。教育行政部门要理解教师的苦衷,多办实事,切实解决教师工作与生活中的各种困难,特别要减轻他们的工作负担与心理负荷。成立教师心理健康指导中心,建立教师心理健康档案,了解教师心理健康动态,发现问题及时指导,帮助教师排解压力,并对教师进行心理卫生知识的相关培训。全社会成员都应关心、理解、支持、配合教师,尊重教师的劳动,从而提高教师工作的积极性。

(二) 学校层面

1. 建立一个民主、平等、和谐的学校环境

学校领导转变管理观念,坚持以人为本,进行人性化管理,树立民主平等的观念。学校要关心教师的心理状况,及时帮助教师解决心理困惑,减轻他们的工作压力。学校要改革教育评估体系,深入教育实际,针对教师的不同需求,采用不同的激励方式。帮助教师改善工作环境,让教师心情舒畅地工作,使教师身心健康得到维护和发展。

2. 为教师提供学习进修的机会,提高教师的业务能力

学校要创造条件为教师提供学习进修的机会,鼓励支持教师提高学历层次,通过各种途径帮助教师"充电""加油",提高适应形势的能力,使他们赶上时代发展的步伐。重视对教师的心理辅导,提高教师的心理健康水平。学校要配备心理保健工作者,在教师中普及心理健康知识,为教师推荐心理健康和心理辅导方面的书籍和文章,定期、不定期地为教师进行心理健康测试,并为教师提供外界心理服务帮助的有关资讯。学校应通过聘请专家定期为教师进行心理健康讲座,并有针对性地采取集体心理辅导、个体心理咨询等方式,指导教师掌握心理健康的理论知识和帮助解决教师的心理问题,以提高教师的心理承受力和心理健康水平。

(三) 个人层面

1. 树立正确的人生价值观

教师要树立科学的人生价值观,充分认识教育工作的社会意义,以积极乐观的态度面对生活和工作,能够根据社会要求,随时调整自己的意识和行为,修正自己不合理的教育信念和认知观念,使之科学,符合实际。教师要摆正个人与集体、社会的关系,正确对待个人得失,淡泊名利,时刻保持良好的心态。教师要热爱教育事业,自觉履行教师职责,做到爱岗敬业、教书育人,能够自觉按教师的标准去要求自己,对教师工作充满信心和热诚,把自己的全部身心都投入本职工作中,最大限度地发挥自己的智慧和能力。

2. 了解并接纳自己

教师要充分地了解自己和认识自己,确认自我价值,坦然面对自己的一切,接受自己,从而提高自己的心理成熟度,并体现自身的价值。教师要清醒地看待自己,剖析自己的优点和缺点,客观评价自己,合理要求自己,对自己形成一个合理的期待,并为其努力。能平衡自我、现实和理想的关系,并尝试完善自我,实现理想与现实的统一。

3. 悦纳、善待学生

教师要对当今的学生有充分的认识,能帮助学生树立正确的人才观、学生观。教师要用

发展的、全面的观点看待学生,了解学生的时代特点,要热爱学生,相信学生是可教育的,对他们充满信心和期望。教师要平等地对待学生,关心和尊重学生,让每一个学生都抬起头来走路。教师若能以愉快的心态看待各种不同类型的学生,就能在爱与被爱的教育中、尊重与被尊重的交往中获得自我实现。

4. 建立良好的人际关系

首先,教师要乐于并善于与学生交往,成为学生的良师益友,建立良好的师生关系。其次,教师要与领导、同事、家长进行沟通与合作,采取宽容的态度对待他人,相互理解,缩短彼此间的心理距离,形成良好的人际关系。最后,教师还应了解社会,参与社会活动,建立与运用社会支持系统。

5. 提高情绪的调控力,保持平和的心态

教师要善于自我调节,控制情绪,保持愉悦的心境与乐观的情绪。教师在工作中要正确看待竞争,宽容地对待竞争对象,就会心地开阔、心情开朗。教师要正确地对待成功与失败,受挫折能沉着自控,不急躁、不消沉,主动转移注意,转换环境,学会用自我安慰、自我暗示、自我禁止、自我激励等方法来改变不良心境。教师要设法使消极的情绪得到合理的释放和宣泄,如在适当的环境下放声大哭或大笑;对亲近和信任的朋友或亲人倾诉衷肠;给自己写信或写日记,以减轻精神压力和积郁的不良情绪。

6. 学会休闲和放松

教师要妥善安排自己的生活,注意劳逸结合,适度放松,注重休闲生活。教师可进行各种身体锻炼和户外活动,养成健康的生活习惯。教师可积极参加文体与社会活动,扩大生活圈子,培养多方面的兴趣爱好。广泛的兴趣爱好能帮助教师舒缓紧张的神经,缓解心理疲劳,形成良好的心境和积极的工作态度,使身心得到调节。

复习与思考题:

1. 怎样理解教师在教学中所承担的角色?
2. 教师的专业知识主要包括哪些方面?
3. 专家型教师具有哪些特征?
4. 教师专业发展的途径有哪些?
5. 怎样维护教师的心理健康?

第三篇
学习心理

第五章 现代学习理论

第一节 学生的学习

一、什么是学习

汉语词典中的"学习",指的是通过教授或体验而获得知识、技术、态度或价值的过程,从而导致可量度的稳定行为变化,更准确一点来说是建立新的精神结构或审视过去的精神结构。这一学习概念侧重的是学习的结果。心理学意义上的"学习"指的是个体在特别情境下,由于练习或反复经验而产生的行为、能力或倾向上的比较持久的变化及其过程。心理学意义上的学习概念更加强调学习的发生过程。

学习的概念有广义和狭义之分。广义的学习指人和动物在生活过程中,凭借经验而产生的行为或行为潜能的变化。但人类的学习与动物的学习有着本质的区别。首先,人类的学习除了要获得个体的行为经验外,还要掌握人类世世代代积累起来的社会历史经验和科学文化知识;其次,人类的学习是在改造客观世界的生活实践中,在个体与他人的交往过程中,通过语言的中介作用而进行的;此外,人类的学习是一种有目的的、自觉的、积极主动的过程。狭义的学习就是指人类的学习,是在社会生活实践中,以语言为中介,自觉地、积极主动地掌握社会和个体经验的过程。

从心理学意义上的学习概念来看,"学习"包含着以下几层含义。

(一)学习的对象是知识和经验

在长期的文明演化过程中,人类积累了大量的知识和经验,为了人类自身的生存与社会发展,这些知识和经验需要传递并保存下去。个体从出生以来,就需要通过与成人的交往进行学习,掌握前人所积累的间接经验,通过与同代人的交往获得间接的社会经验,更重要的是人类在自身的社会实践过程中还会不断地创新技术、发展科学,进行学习和创造直接经验。这种直接和间接经验的学习,无论从内容上,还是从形式上,都是动物的学习所不可比拟的。

(二)学习的过程是经历、体验和感悟

动物的学习是为了适应环境,因此是被动的。人类的学习不仅仅是为了适应环境、认识世界,还要提高征服自然与环境的素质,进一步改造世界。为了达到这一目的,人类主动地探索各种有效的认识世界的方法、学习的方法,并通过认识、经历、体验、获得感悟,进行自我改变,从而转化为人类自身征服自然、改造世界的能力。因此,人类的学习不是单纯的记忆和背诵,而是在自己头脑中建构属于自己的知识、方法和技能体系的过程。

(三)学习的结果是行为的改变

加涅在《学习的条件》中的论述,学习的结果是言语信息、智力技能、认知策略、动作技能和态度。语言信息是关于事物的名称、符号、地点、时间、定义、对事物的描述等具体的事实。语言信息的学习主要涉及的心理过程是记忆,是内在的行为变化,它是其类型的学习结果习得的基础。学习者通过学习还会获得使用符号与环境相互作用的智力技能,发展用以自我调控其内部学习过程的认知策略,完成某些任务所需要的连贯的、准确的、合规则的动作技能,建立作为个体行为选择的有组织的内部准备状态的态度。智力技能、认知策略和动作技能的获得毋庸置疑都是行为的习得。同智力技能、认知策略、动作技能相比,态度与个人行为的关系不那么直接,并不决定特定的行为,但它以行为的倾向或准备状态对行为产生间接影响。因此,可以说,人类的学习最终要通过内隐与外显的行为表现出来。

(四)学习结果实现的条件是反复练习和经验

行为的获得不仅仅通过学习来获得和改变,也通过生理成熟、生理适应、创伤、疲劳、药物等非学习因素引起行为变化。由学习引起的行为变化和非学习引起的行为变化具有不同的特点。生理成熟、生理适应等因素导致的行为变化过程是非常缓慢的,而学习导致的行为变化速度则相对较快;疲劳、创伤等因素会致使行为水平降低,而学习通过大量的练习可提高个体的行为水平,使之熟练、合理;药物(如兴奋剂、镇静剂等)引起的行为变化持续时间较短,学习引起的行为变化相对可以保持较长的时间,具有稳定性。比如,熟练骑自行车的人,即使多年不骑自行车,只要稍加练习,即可恢复如初。因此,以行为变化作为推断学习以及心理结构形成的依据时,必须强调行为的变化是由练习和经验引起的。

(五)学习的质量是追求行为的持久改变

这一点也是区分由学习因素和非学习因素引起的行为变化的依据。同时,学习的这一内涵在当前的教育现实下还有其特殊的意义。一是强调了经学习获得行为变化时相对持久的;二是从学习的结果上看,学习的质量应由稳定性更高的行为特征来体现。在学习结果中语言信息的遗忘速度最快,而智慧技能、认知策略、动作技能和态度的稳定性要高于语言信息。因此,评估由语言信息所附带的知识是否经内化、认同转化为学习者的智慧技能、认知策略、动作技能,形成学习者的态度是检验学习质量的标准。

二、学习需要学习者的主体性参与

从人类学习的本质来看,学习需要主体的参与,也离不开主体的参与。知识,经验,技巧,态度、情感与价值观需要通过学习者主动地将语言信息内化才能获得;学习过程需要学习者主体的经历、体验和感悟;学习结果是学习者主体行为的持久改变;学习结果的实现需要学习者主体反复练习和经验。因此,可以说,人类的学习,离不开学习者的主体性参与。

人的主体性是指人的自主、主动、能动、有目的地行动(活动)在解决问题(改造自然)过程中的价值、作用、地位。

人的主体性存在的条件有三个。一是，自为的自律性。如果人不依靠自身，而处在对外在力量的依赖关系之中，人就永远不会是主体。正因如此，作为主体的人需要独立自主，需要自我决定，也必须自律、负责。第二，自觉的能动性。能动性是主体的根本性质，也是人活动的根本特征。从人与世界的关系来看，世界可分为自然世界和属人世界。在自然世界的意义上，人是自然的存在物，人与自然是本原和派生的关系，但在属人世界的意义上，人与自然则是改造与被改造的关系，人通过创造价值的活动而使自然归属于人，成为人的无机身体。正是在这种主客分化和主客统一的创造性活动中，人才成为主体。第三，自由的超越性。自为和自觉其本质都意味着自由，自为是行为上的意志自由的体现，自觉是意识自由的体现。所以，自由是对人本质的终极界定，是人主体性的最高表现形式。自由是自为和自觉的统一，真、善、美的统一，主客体的统一。只有在自由的状态下，人才是目的而不是手段，而超越就是针对人的自身而言的。

学习的主体性参与表现为学习者自主、主动、能动、有目的地参与学习，在学习过程中体现价值、作用和地位。良好学习效果的获得也需要学习者在学习过程中体现着三个主体性特征。

1. 外部行为的自律

自律，指在没有人现场监督的情况下，通过自己要求自己，变被动为主动，自觉地按约定约束自己的行为。这里要明确的是，自律并不是让规章制度来层层束缚自己，而是用自律的行动创造一种井然的秩序来为我们的学习争取更大的自由。毕达哥拉斯说，不能约束自己的人不能称他为自由的人。学习需要行为自律，一是要求独立，独立思考、独立完成作业；二是要做好自己该做的事情，包括预习、复习、专心听讲和按时完成作业等。这些外部行为的自律保证了学习者对一个完整的学习过程的参与。

2. 内部意识的自觉

外部行为的自律只能保证学习者对一个完整的学习过程的参与，但不能保证学习者参与的质量；不能保证学习者对学习内容的认知、练习、思考、分析、总结概括等应用是有效的；不能保证学习者应用了恰当的认知策略；不能保证学习者最大程度上发挥智慧技能的作用，并提高了智慧技能；也不能保证学习者将动作技能掌握并熟练化，也不能保证学习者建立起正当的态度。语言信息的获得，智慧技能的应用和提高，认知策略的使用，动作技能的掌握和熟练以及态度的建立，需要学习者内部意识的自觉。学习中的内部意识自觉，是指学习者在学习过程中主动调取自己的相关观念解释和理解当前的学习内容，主动将新学习的内容与自己的已有观念建立联系，主动选取认知策略，对学习过程进行调节和监控，主动更新和调整已有的认知结构过程。内部意识的自觉保证了学习者主动地将学习内容转化为自己的知识、技能，并形成相应的情感、态度和价值观。

3. 在自律和自觉基础上的自我超越

学习者在行为的自律和内部意识自觉的基础上，以自己的知识获得、技能提高、情感、态度和价值观的形成为目的，进行积极主动的学习。这一学习过程中，学习的目的不再是成绩和分数、试卷和答案，而是学习者自身的素质提高。学习者的目标是不断地提高自己，实现自我超越,而不是超越分数和成绩。在此理念下,学校教育的目的是促进人类的生存与发展,而不只是知识与经验的传递,人的发展才真正成为学习的目的,学习的自我超越也成为对自由的超越。

三、学生的学习

学校环境下的学习也叫学生的学习,是指是在教师的指导下,有目的、有计划、有组织、有系统地进行,在较短时间内接受前人所积累的科学文化知识,并以此来充实自己的过程。作为人类学习的一种概念,学生的学习也具有人类学习的一般特点,但由于学生在社会系统中的特殊地位,其学习又具有一些独有的特征。按照冯忠良的观点,学生学习的特殊性主要表现在以下几个方面。

(一)学生学习的接受本性

学生通过占有传授者所提供的经验,来掌握前人所创造的经验,把别人的经验变成自己的经验,其学习必然是一种接受学习。这是由学生所处的教育系统的整体特性决定的。狭义的教育即教学,是一种经验传递系统,也是一种人际交往系统,它是由经验的传授者及其传授活动(即教师及其教学活动)、经验的接受者及其接受活动(即学生及其学习活动)、作为传递对象的经验(即知识、技能和社会规范)这三个基本要素构成的。学生及其学习活动是该系统的构成要素之一,学生的学习本性是由经验传递系统本身的整体特性以及学生在这种人际交往系统中的地位与职能决定的。

(二)学生学习的构建本性

从经验的传递过程来看,经验的所有者必须赋予其主观经验以某种客观形式,如能够被接受者感知到的声、光、具体形象与文字符号等,使它们成为要传递的物质载体。经验的接受方所接受的并不是经验本身,而是传授者所发送的媒体和信号。若要获得媒体或信号所负载的经验、信息,接受者必须进行一系列的加工处理,将接收到的信号刺激进行各种形式、各种水平的生理与心理的转换,要在头脑中进行一系列的编码、译码等活动。只有通过这一系列的构建活动,接受者才能获取信号所表示的意义,即形成经验结构。因此,学生学习的根本特点就是通过一系列的主动构建活动来接受信息,形成经验结构或心理结构。

(三)学生学习的间接特性

学校的产生始于人类知识及其传播的专门化要求,是有计划、有组织、有系统地进行教育教学活动的重要场所。从根本上说,学校教育是一种培养人的社会活动,通过对个体传递社会生产和生活经验,促进个体身心发展,使个体社会化。在学校环境中,学生主要是接受前人的经验,而不是亲身去发现经验,因此,所获得的经验具有间接性,是一种间接经验。这种间接性将体现在学习过程的终始,使学生的学习表现出一定的特殊性。

(四)学生学习的连续特性

学校教育是按照各阶段学生的心理发展水平和一定学科的知识体系的逻辑顺序,有目的、有组织、有系统地对学生进行教育的活动场所。这种教育鲜明的特征就是连续性,是从教育过程的连续性和生长过程的连续性的假设出发,对年轻一代进行系统连贯性的教育。相应地,学生的学习也是一个连续的过程,这表现在前后学习的相互关联,当前的学习与过去的学习有关,同时也将影响着以后的学习。前面的学习为后来的学习作准备,而后面的学习又是前面学习的补充和发展。充分利用这种连续性特点来对教学进行整体设计,可以使学生的学习循序渐进,有助于学生合理的认知结构的建立。

四、现代学生主要的学习方式

现代学生的学习方式是一种适应知识经济要求,与信息时代相联系的新型的学习方式,是学习现代社会的必然要求,自主性、合作性和探究性是当代学生学习方式的基本理念。当代学生学习方式的主要形式有自主学习、合作学习和研究性学习三种。

(一) 自主学习

自主学习也叫自我调节学习(self-regulated learning),是指学习者在一定程度上从元认知、动机和行为方面积极主动地参与自己学习活动的过程。自我调节学习者依靠自己主动地去获得知识和技能,而不依赖教师、家长或其他教育机构。学习者在学习过程中是一个积极的参与者,能够自己确立成就目标,能够意识到自己拥有的学习策略并确信它们对学习的有效性,确信自己能够成功地进行自我调节学习行为,即具有适当的学习自我效能。自我调节学习策略包括对知识的组织转换,自己预期学习结果,获取知识、练习和运用记忆方法帮助记忆等。个人的元认知(metacognition)因素在自我调节学习过程中起决定作用,自我调节学习过程主要涉及自我调节学习策略(self-regulated learning strategy)、成就目标(achievement goal)、自我效能(self-efficiency)三个因素。一般来说,只有学生能够进行元认知才达到了自我调节学习,元认知是灵活选择和使用不同知识时的一种决策过程。

以美国心理学家弗拉维尔(J. H. Flavell)为代表的认知建构主义学派认为,自主学习具有以下几个特征。

(1) 学习者参与并确定对自己有意义的学习目标的提出,自己制定学习进度,参与设计评价指标;

(2) 学习者积极发展各种思考策略和学习策略,在解决问题中学习;

(3) 学习者在学习过程中有情感的投入,学习过程有内在动力的支持,在学习过程中有积极的情感体验;

(4) 学习者在学习过程中对认知活动能进行自我监控,并做出相应的调适。

自主学习实际上是元认知监控的学习,是学习者根据自己的学习能力和任务要求,积极主动地调整自己的学习策略和投入状态的学习过程。

(二) 合作学习

合作学习(cooperative learning)是 20 世纪 70 年代初兴起于美国,并在 70 年代中期至 80 年代中期取得实质性研究进展的一种富有创意和实效的教学理论与策略。它具有改善课堂内的社会心理气氛,大面积提高学生的学业成绩,促进学生形成良好的非认知品质等实效,并成为当代主流教学理论与策略之一。我国对合作学习的研究与实验,也取得了较好的效果。《国务院关于基础教育改革与发展的决定》中就专门提及合作学习,提倡合作学习,促进学生之间的相互交流、共同发展。

合作学习是就学习的组织形式而言的,相对的是"个体学习",合作学习是指学生在小组或团队中为完成共同的任务,有明确责任分工的互助性学习。合作学习具有以下几个特征。

(1) 积极的相互配合、支持,特别是面对面促进性的互动;

(2) 积极承担在完成共同任务中个人的责任;

(3) 期望所有学生进行有效沟通,建立并维护小组成员之间的互相信任,有效地解决小组冲突;

(4) 对于个人完成的任务进行小组加工;

(5) 对共同活动的成效进行评估,寻求提高其有效性的途径。

合作动机和个人责任是合作学习产生良好效果的关键。合作学习将个人之间的竞争转化为小组之间的竞争,有助于培养合作精神、交往能力、创新精神、竞争意识、平等意识、承受能力、主动学习的动机,有助于因材施教,可以弥补一个教师难以面向有差异的众多学生的教学不足,从而真正实现使每个学生都得以发展的目标。

(三) 研究性学习

研究性学习(inquiry learning)是从学科领域或现实生活中选择和确定研究主题,在教学中创设一种类似于科学研究的情境,通过学生自主、独立地发现问题,并自己收集、分析和处理信息来主动参与学习的过程,以获取知识、应用知识、解决问题,从而培养学生创新精神和实践能力的一种学习方式。研究性学习立足于改变学生单纯接受教师传授知识为主的学习方式,强调主动探究式的学习,是培养学生创新精神、推行素质教育的有效途径。有关研究性学习的详细论述参见第九章。这里需要强调的一点是,研究性学习是集自主性、合作性、探究性三大学习理念于一体的学习方式,是一种适应学习化社会要求的新型现代大学生学习方式。

第二节 现代学习理论

从"教"与"学"的关系来看,"教"是基于"学"的。只有了解了"学",才会懂得如何"教",也才能更为有效地促进"学"。在教师的教学设计中,学习理论是各种教学策略、手段与技术的源头,教师要基于某些学习理论选择教学处理方式,选择教学策略。学习理论及其研究通常提供了有关教学成分与教学设计之间关系的信息,指明了具体的教学策略及其技术怎样与特定的教学情境及其学习者的特征相适应。

对于教学人员来讲,对学习理论的学习和研究所看重的不是学习理论如何定义学习,而是学习理论如何解释学习,这种解释会揭示一系列有关学习关键的主题,为我们选择教学策略和教学设计提供参考。

一般来讲,学习理论要阐述三个关键的主题。①学习是如何发生的?②哪些因素影响着学习?③哪一种学习类型可以用某一种理论得以最佳说明?基于这样的理解框架,我们将分别对心理学史上最为重要,也是最具影响力的行为主义学习理论、认知学派的学习理论、建构主义学习理论、人本主义的学习理论和情景学习理论分别进行分析,并介绍与此学习理论相对应的教学模式。

一、行为主义的学习理论

行为主义学习理论又称作刺激—反应学习理论,是当今学习理论的主要流派之一。其主要代表人物有美国心理学家桑代克、华生、斯金纳、班杜拉等。华生是行为主义学习理论的创建者,而将行为主义学习理论推向高峰的是斯金纳。斯金纳提出了操作性条件作用原理,并对强化原理进行了系统的研究,使强化理论得到了完善的发展,他根据操作性条件作用原理设计的教学机器和程序教学曾经风靡世界。

(一) 学习的发生过程

行为主义学习理论的基本假设是:学习是人与外界环境相互作用的结果,即形成"刺激—反应"之间的联结。在学校教育实践上,就是要求教师掌握塑造和矫正学生行为的方法,为学生创设一种环境,尽可能在最大程度上强化学生的合适行为,消除不合适行为。

美国心理学家华生认为学习就是刺激与反应之间建立联结的过程。人类的行为都是后天习得的,环境决定了一个人的行为模式,无论是正常的行为还是病态的行为都是经过学习而获得的,也可以通过学习而更改、增加或消除。已经形成的刺激与反应间的联结,经常使用会使联结的力量加强;经常不用,则联结的力量减弱。华生认为了解了环境刺激与行为反应之间的规律性关系,就可以根据刺激预知反应,或根据反应推断刺激,达到预测并控制人的行为的目的。

美国心理学家桑代克因其对动物及人类的学习、教学原理和学习迁移所进的卓越研究,被誉为"现代教育心理学之父"。他认为学习的本质是在刺激和反应之间形成联结,但桑代克更倾向于用"情境"代替"刺激"。所谓情境,既包括大脑的外部环境刺激,同时也包括"脑内状态",即思想、感情等。桑代克认为,学习的过程就是情境与反应之间的建立联结的过程,这一过程是通过尝试错误,按一定的规律形成或建立起来的。情境与反应形成联结的三大定律,即所谓的准备律、练习律和效果律。其中,练习律和效果律是"学习的主律"。桑代克认为奖励和惩罚是改变情境与反应之间联结强度的重要因素,其中奖励的作用要优于惩罚的作用。这提示我们在教学中,要合理、科学地运用奖励和惩罚。

美国心理学家斯金纳把学习的历程分为两种类型:应答型条件作用和操作型条件作用。华生所阐述的学习是应答性条件作用的结果,而斯金纳研究的重点是操作型条件作用的学习。应答性条件反射的形成依赖于有机体的无条件反射,操作性条件反射的形成则依赖于有机体做出一定的动作反应。斯金纳将知识看作是一些特定反应的组合,是在基本的心理单元或各行为单元间形成的各种有组织的连接。这些单元是一些"刺激—反应"的联系,强调某人知道的东西往往是这个人的经验的反应。而学习是联系的获得和使用的过程,是形成联系,增强联系,调整联系的过程。在斯金纳看来,教师是校情境中教学过程的设计者和组织者,是训练者,而学习者在教师创设的环境中被动地接受知识。学习者对知识的掌握有赖于能否反复练习和得到及时的反馈。教学就是安排可能发生强化的事件以促进学习的过程。

美国心理学家班杜拉在大量实验研究基础上,提出了"观察学习理论"。1961年,他以学前儿童为对象进行了一个实验。首先让儿童观看成人对一个充气娃娃拳打脚踢,然后把儿童带到一个放有充气娃娃的实验室,让他们自由活动。结果发现,儿童也学着成人榜样的动作对充气娃娃拳打脚踢。这说明,成人榜样对儿童行为有明显的影响,儿童可以通过观察成人榜样的行为而习得新行为。因此,班杜拉将学习分为直接经验学习和观察学习两种形式。直接经验的学习是个体对刺激做出反应并受到强化而完成的学习过程,遵循"刺激—反应—强化"的模式。观察学习是指个体通过观察榜样在应对外在刺激时的反应及其受到的强化而完成学习的过程。在观察学习中榜样性别、年龄、职业、社会地位及社会声望等的特征都会影响观察者对榜样的注意,同时观察者自身认知能力、知识背景和价值取向等都会对注意过程起到制约作用。

不同的行为主义者虽然在学习是如何发生的这一问题上见解略有不同,但他们都将学习看作是刺激(榜样、情景)与反应之间建立联系的过程。在这样的思想下,人们所需要考虑的就是如何在刺激和反应之间形成联系,并使之得到强化与维持。行为主义不关心学习者的原有知识结构和经验,也不关注哪一种心理过程对学习者学习和运用知识是必不可少的,而是将学习者看成是对环境中的条件做出反应的人,不需要担负起积极主动责任的被动者。

(二)影响学习的因素

行为主义学习理论涉及学习中的三个重要因素——强化、学习者和情景。斯金纳的程序教学法主张对学习者做出评估,以确定教学应该在哪一个地方开始更为有效。桑代克强调学习的准备律、强化律和效果律对情景与反应之间的联结建立的重要作用,强调奖赏要比惩罚更有利于行为的获得和强化。从表面上看,行为主义学习理论认为影响学习的因素是强化、学习者和情景;但从实质上看,行为主义学习理论认为最为核心的影响学习因素是如何安排特定环境中的刺激及行为的后果。

(三)行为主义学习理论提倡的学习方式

行为主义所提倡的学习方式是掌握学习。掌握学习的基本要求是确保在进入更高层次的学习水平或业绩能力之前,学习者先要掌握前面的学习内容。在这样的学习过程中,首先应该进行教学任务分析,明确学习的最终结果;其次,是要对学习者进行分析,分析学习者的现有状态,以确定教学应该从哪里开始;接着,教育者要遵循从简单到复杂的序列运用线索、塑造和练习以确保学习者形成刺激—反应之间的强有力联系,或者说是掌握学习的内容,最后对学习者的学习结果进行反馈(奖励或惩罚)。

(四)行为主义倡导的教学模式

行为主义学习理论为教学设计提供了不少相关的教学策略,其中最为著名的是斯金纳的程序教学法。斯金纳把操作性条件反射的理论引入人的学习行为中,用于学生的学习过程,认为学习基本模式是:刺激—反应—强化。程序教学把学习内容分成一个个小的问题,系统排列起来,通过编好程序的教材或特制的教学机器,逐步地提出问题(刺激),学生选择问题、回答问题(反应),回答问题后立即就知道学习结果,确认自己回答的正确或错误。如果解答正确,得到鼓励或奖励(强化)就进入下一程序学习。如果不正确,就采取补充程序,再学习同一内容,直到掌握为止。一种复杂的行为学习,也可用逐步接近、积累的办法,用简单的行为联结而成。

1. 程序教学法的设计原理

(1) 强调确定可观察的和可测量的学习结果;

(2) 预先对学习者做出评估,以确定教学应该从哪里开始;

(3) 在进入更高层次的学习水平之前,先要掌握前面的东西;

(4) 运用强化影响成绩;

(5) 确保学习材料组成从简单到复杂的练习序列,并运用线索、塑造的方法形成"刺激—反应"之间的强有力联系。

2. 程序教学设计的原则

1) 积极反应原则

一个程序教学过程,必须使学生始终处于一种积极学习的状态。也就是说,在教学中使学生产生一个反映,然后给予强化或奖励,以巩固这个反应,并促使学习者做出进一步的反应。

2) 小步子原则

程序教学所呈示的教学内容是被分解成一步步,前一步的学习为后一步的学习作铺垫,后一步学习在前一步学习基础上进行。由于两个步子之间的难度相差很小,所以学习者的学习很容易得到成功,并建立起自信。

3) 即时反馈原则

程序教学特别强调即时反馈,也就是让学生立即知道自己的答案是否正确,这是树立信心、保持行为的有效措施。一个学生对学习的前一个问题能做出正确的反应回答,便可立即呈示第二个问题,这种呈示本身便是一种反馈,是告诉学生,你已经掌握了第一个问题,可以展开第二个问题的学习了。

4) 自定步调原则

程序教学允许学习者按各人的情况来确定掌握材料的速度。这与传统教学在课堂传授中一般以"中等"水平的学习者为参照点的教学法不同,传统教学法将掌握快的学生拖住,而学习慢的学生又跟不上,致使班级学生之间学习水平差距越来越大。程序教学法相对显得比较"合理",每个学生可以按自己最适宜的速度进行学习。由于有自己的思考时机,学习较容易成功。

程序教学的设计要按照教材内部的逻辑程序,既要保证学习者在学习中把错误率减少到最低限度,又要合理地设计教材,使每一个问题(每一小步)都能体现教材的逻辑价值。

3. 程序教学模式

基于上述的教学设计思想,行为主义学者发展出多种教学模式。

1) 直线式程序

这是斯金纳首创的一种教学程序,也是经典的程序教学模式。在这一流程里,教师把材料分成一系列连续的小步子,每一步一个项目,内容很少。系列的安排由浅入深,由简到繁,一步步地展开学习。一个学习环节的评估没有通过,就要返回到上一环节进行重新学习,直至达到学习目标。

2）衍枝式程序

该教学模式把学习材料分成小的逻辑单元，但每一步比直线式程序的步子要大，每个项目的内容也较多，包含较多的支序列。学生掌握一个逻辑单元之后，要进行测验。测验用多重选择反应进行，根据测验结果决定下一步的学习是返回原点还是进行下一步的学习。这种程序有助于消除或降低不同能力的学生之间的学习差异。

3）莫菲尔德程序

莫菲尔德程序是直线式和衍枝式程序的结合。这一模式遵循的始终是一个主序列，它与直线式不同的是，具有一个支序列来补充主序列；它与衍枝式不同的是，学生通过支序列的学习不再回到原点，而是可以前进到主序列的下一个问题上，这样有利于学习效率的提高。

相比较而言，衍枝式程序和莫菲尔德程序比直线式程序更优越，因为这两个程序更能适应个别差异的需要，能够为不同学生提供不同的学习程序。20世纪50年代，斯金纳的教学机器曾经风靡一时，到了电子时代的今天，很多自动的电子教学机依然采用了程序教学思想。在教师的课堂教学中，也有时运用程序教学的原则，如"步步清""降低坡度""及时反馈"等，也都体现了程度教学的思想。

二、认知学派的学习理论

20世纪50年代后期，心理学家和教育工作者开始摈弃将人的学习和动物的学习等同起来的行为主义学习理论，转而关注人类更为复杂的认知过程，如思维、问题解决、语言、概念形成和信息加工。认知学派否认学习是刺激与反应之间的联结，他们注重解释学习行为的中间过程，即目的、意义等，认为这些过程才是控制学习的可变因素。认知学派认为学习不是被动地形成反应，而是主动地形成认知结构的过程。认知学派的学习理论起源于苛勒的研究，后经托尔曼、布鲁纳、奥苏贝尔和加涅等心理学家进行的大量创造性工作，使学习理论的研究自桑代克之后又进入了一个辉煌时期。

（一）学习的发生过程

学习的认知理论起源于德国格式塔心理学派的完形理论。格式塔心理学的代表人物苛勒历时7年，以黑猩猩为对象进行了18个实验，依据其结果，撰写了《猩猩的智慧》一文，提出学习的顿悟说。苛勒认为学习是组织、构造一种完形，而不是刺激与反应的简单联结；学习是顿悟，而不是通过尝试错误来实现的。顿悟说重视的是刺激和反应之间的组织作用，认为这种组织表现为知觉经验中旧的组织结构（格式塔）的改组或新结构的形成。

美国心理学家托尔曼也对行为主义学习理论中有关学习的解释不满，认为学习的结果不是刺激（S）与反应（R）的直接联结，主张把S-R改为S-O-R，O代表有机体的内部变化。托尔曼认为一切学习都是有目的的活动，为达到学习目的，必须对学习条件进行认知。根据"白鼠走迷宫"（位置学习）实验的研究结果，托尔曼用"符号"来代表有机体对环境的认知，认为学习者在达到目的的过程中，学习是能达到目的的符号及其符号所代表的意义，是形成一定的"认知地图"，这才是学习的实质。

美国的心理学家布鲁纳认为学习是在学习者头脑中形成认知结构的过程。所谓认知结构就是学习者头脑里的知识结构,它是学习者全部观念或某一知识领域内观念的内容和组织。认为学习是一个认知过程,是学习者主动地形成认知结构的过程。布鲁纳强调对学科基本结构的学习,提倡发现学习,强调学习的主动性、已有认知结构、学习内容的结构、学生独立思考等因素在学习中的重要作用。

美国的心理学家奥苏贝尔提出的认知"同化论"认为学习是认知结构的重组过程。他着重研究了课堂教学的规律。奥苏贝尔既重视原有认知结构(知识经验系统)的作用,又强调关心学习材料本身的内在逻辑关系。认为学习变化的实质在于新旧知识在学习者头脑中的相互作用,那些新的有内在逻辑关系的学习材料与学生原有的认知结构发生关系,进行同化和改组,在学习者的头脑中产生新的意义。奥苏贝尔根据学习内容将学习分为机械学习与有意义学习两大类:机械学习的实质是形成文字符号的表面联系,学生不理解文字符号的实质,其心理过程是联想;有意义学习的过程是新的意义被同化的过程,其实质是个体获得有逻辑意义的文字符号,是以符号为代表的新观念与学生认知结构中原有观念建立实质性的而非人为的联系。奥苏贝尔根据学生进行学习的方式,把学生的学习分为接受学习和发现学习。接受学习,即学习者把以现成的定论的形式呈现给自己的学习材料,与其已形成的认识结构联系起来,以实现掌握这种学习材料的学习方式。发现学习,是在教师不加讲述的情况下,学生依靠自己的力量去获得新知识、寻求解决问题方法的一种学习方式。在学校情境下,学生的学习是以有意义的接受学习为主的学习。因此,教师在进行讲解结构设计时,按照新知识本身的逻辑意义,追溯新知识在原有认知结构中的植根点,形成符合有意义学习标准的、有针对性的讲解结构。在这样的系统分析下,抓住重点进行讲解,对有实质性联系的原有知识经验进行有目的的诊断,对各种关键联系的理解进行有针对性的反馈,以促进学生对新知识的同化。

美国教育心理学家加涅认为学习是一种将外部输入的信息转换为记忆结构和以人类作业为形式的输出过程,要经历接受神经冲动、选择性知觉、语义性编码、检查、反应组织、作业等阶段,反馈及强化等几个阶段。学习受外部和内部两大类条件所制约。外部条件主要是输入刺激的结构与形式,内部条件是主体以前习得的知识技能、动机和学习能力等。在加涅看来,教育是学习的一种外部条件,其成功与否的关键在于是否有效地适合和利用了学习者的内部条件。

(二) 影响学习的因素

认知学派的学习理论像行为主义学习理论一样,强调环境条件在促进学习中的作用,强调示范、矫正、反馈、强化、惩罚在学习的作用,但认知学派的学习理论更强调学习者的主动性和学习材料的特点。在学习者的主动性方面,学习者要具有主动学习的心态,能主动地将已有观念与新学习的观念进行联系。在学习材料方面,新学习的内容要能与学生原有的观念存在着实质的必然联系。另外,奥苏贝尔认为学习动机也是影响学习的重要因素,他认为在学校情境中学生的学习动机主要由三种内驱力所组成。

1. 认知内驱力

认知内驱力(cognitive drive)存在于学习任务本身之中,对于学习来说,是最重要的一种动机。所谓认知内驱力,就是指学生渴望认知、理解和掌握知识,以及陈述和解决问题的倾向。认知内驱力发端于学生的好奇心,引起探究、操作、理解和应付环境的心理倾向。这些心理倾向最初都是潜在的动机因素,它们本身既无内容也无方向。这些潜在的动机能够转变为实际的学习动机,受两个方面因素的影响:一是,成功的学习结果会导致学生对未来能取得更为满意结果的预期;二是,家庭和社会中有关人士的影响。值得注意的是,认知内驱力作为内部动机,往往会因注重竞争分数、计较名誉或担心失败等外部动机而削弱了,这在心理学上称作"德西效应"。因此,课程教学必须重视认知和理解的价值,使学生对认知本身感兴趣,而不应把实利作为首要目标。

2. 自我提高内驱力

自我提高内驱力是一种通过自身努力,胜任一定的工作,取得一定的成就,从而赢得一定社会地位的需要。在自我提高内驱力中对地位的追求是动机的直接目标,而成就的获得和能力的提高是间接目标。对于学生来说,自我提高内驱力可以促使大学生把学习的目标指向追求优秀的学习成绩、将来要从事的理想职业或取得学术上的成就,以便赢得一定的社会地位。显然,自我提高的内驱力属于外部的、间接的学习动机。但是,也不能因此忽视自我提高内驱力的作用,它的作用时间往往比认知内驱力还要长久。认知内驱力往往随着学习内容的变化而发生变化。当学习的内容不能激发起学生的认知兴趣时,认知内驱力就要下降或转移方向。而自我提高内驱力指向的是较为远大的理想或长期的奋斗目标,这些会成为鞭策学生努力学习、持续奋斗的长久力量。因此,在教学中培养学生树立崇高的理想和远大的抱负,激发学生自我提高内驱力,也是促使学生保持长久学习动机的有效措施。

3. 附属内驱力

附属内驱力是指个人为了保持长者们或权威们的赞许或认可,而表现出来的一种把学习或工作做好的需要。对于学生来说,附属内驱力表现为,学生为了赢得家长或教师等人的认可或赞许而努力学习,取得好成绩的需要。附属内驱力的产生,有二个条件:一是,有学生认可的长者或权威人物对其学习结果进行评价;二是,从长者或权威人物的认可和赞许中也会获得一种派生的地位。但这种地位与自我提高内驱力所赢得的一定的社会地位不同,它不是由学生本人的能力或成就水平决定的,而是从他追随和依附的长者或权威人物所给予的赞许中引申出来的。

三种内驱力有比较明显的年龄特征。在年龄较小的儿童身上,附属内驱力是成就动机的主要成分。随着儿童年龄的增长和独立性地增强,附属内驱力在强度上有所减弱,特别是在青少年时期,来自同伴的赞许或认可将激发青少年形成强烈的自我提高内驱力。进入心理成熟期后,随着认知能力的发展,职业定向的稳定,认知内驱力将成为学习的主要动机因素。

(三) 认知学派学习理论提倡的学习方式

认知学派的学习理论提倡在学校情境中进行有意义的学习和发现学习。

1. 有意义的学习

奥苏贝尔认为,有意义的学习就是符号所代表的新知识与学习者认知结构中已有的适当观念建立非人为(非任意的)和实质性的(非字面的)联系过程。因此,有意义的学习必须具有以下条件:①新的学习材料本身具有逻辑意义;②学习者认知结构中应具有同化新材料的适当知识基础,便于与新知识进行联系;③学习者还必须具有进行有意义学习的心向,即积极地将新旧知识关联起来的倾向。

2. 发现学习

布鲁纳吸取了格式塔心理学的理论和皮亚杰发展心理学的学说,提出了"发现学习"(discovery learning)的模式和理论。发现学习是学生通过自己再发现知识形成的步骤,以获取知识并发展探究性思维的一种学习方式。发现学习的基本过程是:掌握学习课题、制定设想、提出假设、验证假设、发展和总结。可见发现学习是以培养探究性思维方法为目标,利用基本教材使学生通过一定的发现步骤进行学习的一种方式。发现学习的基本特征如下。

(1)强调的是学习过程,而不是学习的结果。布鲁纳认为,只有学生自己亲自发现的知识才是真正属于他自己的东西。与发现学习相对应,教学目的不是要学生记住教师和教科书上所陈述的内容,而是要学生亲自参与所学知识的体系建构,让学生自己去思考,培养学生发现知识的能力,培养学生卓越的智力。

(2)重视学生直觉思维的作用。所谓直觉思维,是不经过严格的逻辑分析、而径直猜测、迅速判断的思维。就是要求学生在学习过程中运用学生丰富的想象,拓展思维空间,来获取大量的知识。布鲁纳认为,直觉思维虽然不一定能获得正确答案,但由于直觉思维能充分调动学生积极的心智活动,可为学生发现知识和掌握知识提供探索的动力。

(3)重视对记忆信息的提取,而不是储存。布鲁纳认为,人类记忆的首要问题不是对信息的"贮存",而是对信息的"提取"。提取的关键在于组织,在于知道信息贮存在哪里和怎样才能提取信息。他认为,一个人按照自己的兴趣和认知结构组织起来的材料,是最有希望在记忆中自由出入的材料,学生的记忆过程也是一个对记忆内容之间关系的发现过程。

(4)重视学生的内在学习动机培养。布鲁纳认为,儿童的智力发展表现在内部认识结构的改组与扩展,它不是简单地由刺激到反应的连接,而是在头脑中不断形成,变更认知结构的过程。因此,运用各种手段来刺激学生的学习,唤起学生的学习兴趣,充分调动学生的学习积极性,才能取得良好的学习效果。

奥苏贝尔也对发现学习有过阐述。他认为,学生在把学习内容并入认知结构之前,先要对学习内容进行重新排列、重新组织或转换,这也是一个发现学习的过程。发现学习还包含三种学习:一是运用,是指把已知命题直接转换到类似的新情境中去;二是问题解决,学生已有的知识可能是与问题解决办法有关的,但无法把已知命题直接运用到新情境中去,必须通过一些策略,经过多次转换,才能解决问题;三是创造,是指能用在认知结构中彼此关系遥远的各种观念来解决新问题的过程。这三类学习都涉及对已有知识观念间关系的重建,观念的重新组织和转换,都属于发现学习的范畴。

(四)认知学派倡导的教学模式

认知主义者倡导和运用的教学模式与行为主义者相似,两者都重视反馈、学习者的水平分析和任务分析。但认知主义者强调用反馈来指导和支持准确的心理联结,而不是调节行为的方向;在学习者分析和任务分析上,两种理论的侧重点也不同,认知主义者主张查明学习者的学习心理基础(原有水平),以便确定如何设计教学才能够达到最佳效果,而行为主义者是为了确定应该从什么地方开始,以什么样的强化手段(针对学习者需要)可能最有效。

认知学派强调认知,意味着教师首先要懂得每一个学生都是带着各种原有的经验来到特定的学习情境,这些原有经验对学习结果会产生很大的影响;然后教师要根据学习者原有的知识、能力和经验同新信息之间的差距,来确定新信息的最佳组织方式;还要安排带有反馈的练习以使得新信息在学习者的认知结构内能够有效地同化。

1. 教学设计的原理

(1) 强调学习者主动参与学习过程。
(2) 运用层级分析以确定完成学习任务的先决条件。
(3) 强调信息的结构化、组织和排序以促进最优的信息加工。
(4) 允许和鼓励学习者对先前习得的材料做出联系。

2. 教学模式

加涅则依据自己的学习与记忆信息加工模型,提出了著名的九段教学法,重视教学设计对学习者内部加工过程的促进作用,明确指出外部教学促进学生将信息转化进入到长时记忆需要引起注意、告知目标、刺激回忆、呈现材料、提供指导、诱引行为、及时强化、检查评价、促进迁移九个教学阶段来完成。这一部分的内容,我们将在第十一章第四节进行详细论述。

三、建构主义的学习理论

建构主义(constructivism)最早的提出者可追溯至瑞士的皮亚杰(J. Piaget)。在皮亚杰认知理论的基础上,科尔伯格(L. Kohlberg)对认知结构的性质与认知结构的发展条件等方面的研究,斯滕伯格(R. J. Sternberg)和卡茨(D. Katz)对认知过程中如何发挥个体主动性的探索,维果茨基(L. Vygotsky)创立的"文化历史发展理论"组成了建构主义学习论的理论基础。

建构主义学习理论认为,知识不是对现实纯粹客观的反映,而是人们对客观世界的一种解释、假设或假说,它不是问题的最终答案,它必将随着人们认识程度的深入而不断地变革、升华和改写。在具体的问题解决中,需要针对具体问题的情境对原有知识进行再加工和再创造。知识的获得不是教师传授的结果,而是学习者在一定的情境,即社会文化背景下,借助其他人(包括教师和学习伙伴)的帮助,利用必要的学习资料,通过意义建构的方式而获得的。因此,学习是一个积极主动的建构过程,学习者根据自己已有的认知结构主动地和有选择性地知觉外在信息,建构当前事物的意义。由于事物存在复杂多样化,学习者个人的先前经验、认知方式和情感也不尽相同,所以,每个学习者对事物意义的建构也是不同的。

(一) 学习的发生过程

建构主义学习理论主张,学习不是由教师把知识传递给学生,学生也不是简单被动地接收信息,而是在原有知识经验的基础上主动建构知识的意义的过程,这种建构是无法由他人来代替的。

学习过程同时包含两方面的建构:一是对新信息的意义的建构;二是对原有经验的改造和重组。这与皮亚杰关于通过同化与顺应而实现的双向建构的过程是一致的。建构主义学习理论更重视后一种建构,强调学习者在学习过程中并不是发展供日后提取出来以指导活动的图式或命题网络,他们对概念的理解是丰富的、有着经验背景的,从而在面临新的情境时,能够灵活地建构起用于指导活动的图式。

夏尔(Shall,1988 年)和西蒙斯(R. J. Simon,1993 年)认为建构性的学习具有六个核心特征。

1. 主动性

建构主义学习论认为,学习是学习者主动地建构自己知识经验的过程,即通过新经验与原有知识经验的反复地、双向地相互作用进行的。因此,建构性学习应该是主动性的。无论是对新学习内容的意义的建构,还是对原有认知结构的改造和重组,都需要学习者的主动性参与。

2. 建构性

学习是建构性的,因为在学习中学习者必须对新信息进行加工,并将其与已有的知识经验关联起来,或是纳入到自己的知识结构中去,或是改变、重组已有的知识结构。从这个意义上讲,学习是了解世界的方式,是个人对有关外部世界特征的建构过程。

3. 累积性

在建构主义的学习理论中,新的学习都是在以前学习的基础上或在某种程度上利用以前的学习的基础上进行的,新的学习是通过同化或顺应过程重建新知识与原有知识结构之间的联系的过程。显然,建构性学习是累积性的学习,但不是知识的简单叠加或知识的量变,而是对原有知识结构的深化、改变或重组。

4. 目标性

建构性学习中,只有学习者清晰地意识到自己的工作目标并形成与获得所希望的成果相应的预期时,学习才可能是成功的。建构主义学习的目标不是从外部、由他人设定的,而是形成于学习过程的内部、由学习者自己设定的。学习目标的形成与学习过程中产生的真实任务有关,所谓真实任务是指与真实世界相关的、具有实用性和适度复杂性的、跨学科的整合性任务。在解决这种真实任务的过程中,学习者始终面对的是结构不良的或定义不完善的问题领域。因此,真正的学习目标只可能产生于学习过程的内部,产生于学习者与教师、教学内容、学习环境的相互作用之中。

5. 诊断性和反思性

学习者在学习构成中必须从事自我监控、自我测试、自我检查等活动,以诊断和判断他们在学习中是否达到自己设置的目标。诊断与反思是建构性学习评价的重要组成部分,学习者根据学习过程的进程和自身的需要,不断修改和提炼自己的学习策略,以便保证学习是朝向预期目标的,只有这样学习才不会是被动、机械性地接受学习,也才能真正完成对真实世界意义的建构。

(二)影响学习的因素

建构主义认为知识是学习者在一定的情境即社会文化背景下,借助其他人的帮助主动进行意义建构的过程。因此,建构主义学习理论认为"情境""协作""会话"和"意义建构"是学习环境中的四大要素或四大属性。

1. 情境

学习环境中的情境必须有利于学生对所学内容的意义建构。这就对教学设计提出了基本要求,也就是说,在建构主义学习环境下,教学设计不仅要考虑教学目标分析,还要考虑有利于学生建构意义情境的创设问题,并把情境创设看作是教学设计的最重要内容之一。

2. 协作

协作发生在学习过程的终始。师生之间、生生之间的协作对学习资料的搜集与分析、假设的提出与验证、学习成果的评价,直至意义的最终建构均有重要作用。

3. 会话

会话是协作过程中的不可缺少环节。学习小组成员之间必须通过会话商讨如何完成规定的学习任务。此外,协作学习过程也是会话过程,在此过程中,每个学习者的思维成果都能为整个学习群体所共享。因此,会话是达到意义建构的重要手段之一。

4. 意义建构

意义建构这是整个学习过程的最终目标。所要建构的意义是指事物的性质、规律以及事物之间的内在联系。在学习过程中帮助学生建构意义就是要帮助学生对当前学习内容所反映的事物的性质、规律以及该事物与其他事物之间的内在联系达到较深刻的理解。这种理解在大脑中的长期存储形式就是前面提到的"图式",也就是关于当前所学内容的认知结构。

综上所述,学习的质量是学习者建构意义能力的函数,而不是学习者重现教师思维过程能力的函数。换句话说,获得知识的多少取决于学习者根据自身经验去建构有关知识的意义的能力,而不取决于学习者记忆和背诵教师讲授内容的能力。

(三)建构主义学习理论提倡的学习方式

合作学习(cooperative learning)是基于建构主义学习理论的学习方式。合作学习有两大理论基础:一是目标结构理论,二是建构主义学习理论。前者是从动机的角度出发,强调了合作目标对学生从事学业任务的诱因影响;而后者从认知的角度出发,重视合作学习对完成任务效果的影响。

1. 合作学习的运作特征

(1)以合作促进知识的建构。合作学习是以小组为单位,通过学生的合作,完成学习任务,提高学习成绩的学习过程。这一学习方式最为典型的特征就是协作。合作学习能够培养学生的合作精神、创新精神、竞争意识、平等意识、交往能力、承受能力。在合作讨论中,大家互相帮助,相互取长补短,使每个人都能较快提高,同时也会激发学生学习的积极性,并有效发挥各自的学习潜能,提高学习效率。

(2)突出学生的主体性。合作学习模式将学生置于教学的主体地位,以学生自主地、能动地学习为主,教师处于指导、辅导和引路的地位。这就要求教师在合作学习运作中,选择适合的学生全程参与教学过程和教学内容,让学生参与其中,并通过小组合作自主建构知识,形成能力,真正成为教学的主体。

(3)发挥教师主导作用。在合作学习中,学生主体的参与与合作,需要教师的引导、外在激励和培养。因此,合作学习既强调学生主体地位,也极其重视教师的主导作用。但教师的主导作用必须立足于学生主体作用的发挥,通过激励学生的认知、情感和动机,为学生的参与创设一个充满民主、和谐、愉悦的教学环境氛围,最大限度地激发学生的主体性,促进学生主动参与合作、主动发展。

(4) 面向全体学生。对合作学习的运作,一定要从面向全体学生的要求出发,一方面编组中小组成员应由有差异的学生组成;另一方面要从便于全体学生充分参与学习上设计学习方式,安排学习内容,保证学生的全体参与,全体提高。

2. 合作学习的形式

(1) 讨论式合作学习。讨论式合作学习即让学生对某一内容进行讨论,在讨论的过程中实施自我教育,以达到完成教学任务的目的。

(2) 论文式合作学习。论文式合作学习是指教师带领学生就某些专业问题进行研究或是开展社会实践调查,并指导学生以论文的形式汇报研究的结果。

3. 合作学习的操作要点

教师要能够切实有效地开展合作学习,必须尽可能处理好以下要素。

(1) 明确学习目标。在实施合作学习之前,教师必须向学生讲明,通过合作学习,他们必须掌握哪一方面的知识和技能,即学习目标要明确。

(2) 认可既定目标。全体学生必须接受和认可既定的学习目标,每个小组的全体成员必须把他们所在小组的学习目标当作必须完成的任务来对待。

(3) 恰当选择内容。教学中,有的内容适合于合作交流,有的内容适合于独立思考,有的内容适合于动手操作,有的内容适合于教师演示等等。因而教师要根据教材内容和学生的实际情况进行选择。要选择有一定思考价值的问题,要靠近学生思维的最近发展区,让学生"跳一跳"能够摘到"果子"。一般说来,对于那些空间较大的问题,如条件、问题、思路、答案具有探索性和开放性的可采用合作学习的方式。

(4) 提前进行指导。教师必须在实施前给学生以明确的指导,包括学生要做什么、以何种次序、用什么资料以及证明学生已掌握知识和技能的考核办法等,这些都必须提前告诉学生。

(5) 控制小组差异。小组的成员组成必须多元化,即小组内成员之间必须有一定的差异,包括学习能力、文化背景、知识背景和性别等方面的差异。使学生能够接触到尽可能多的不同观点,增大知识面。

(6) 同等成功机会。让每一个学生相信自己享有别人一样的学习和成功机会。

(7) 积极相互帮助。使学生在合作学习过程中能积极地相互依赖、相互帮助。教师分配给每一个小组的学习任务要求学生只有通过互相合作才能完成,让学生感到他们是一个战斗集体,谁也离不开谁。

(8) 当面直接讨论。要求学生必须进行面对面的直接交流和讨论。

(9) 掌握社交技能。要求学生要学会与别人积极交流、友好相处,学会处理问题,学会接受建设性的批评意见,学会妥协和谈判,以培养学生正确的社交行为和社交技能。

(10) 加工内部知识。每一个学生都必须完成一系列与学习目标相关的内部知识加工任务,如理解、解释、建立知识点之间的联系、赋予含义、组织数据和评价所学知识的相关性以及对所学知识的应用。

(11) 掌握所学知识。教师在实施教学是必须考虑要让学生能够真正地理解和掌握应学内容,知识内容的重点学习目标和考试内容要一致。

(12) 保证学习时间。教师必须提供每一个学生和小组应有的充足时间以便完成学习目标,否则学习效果会受到影响。

(13)完成个人职责。合作学习的目的是提高学习效率。每一个成员都必须对自己承担的任务负责,因而事先必须对每个学生的能力有一个正确的估计,分配给他相应的学习研究任务。

(14)表扬学习成果。对小组在学习中获得的成功进行认可和表彰。对出色完成学习任务的小组给予学生认可的鼓励和表扬。

(15)总结学习结果。小组合作学习任务完成后,指导学生对以下几个方面进行分析总结:小组学习目标完成的如何;在学习中获得哪些新的认识;在小组成员的协作精神、学习态度如何;下次如何改进等。

(四)建构主义的教学模式与设计

建构主义学习理论强调教学是在教师指导下以学习者为中心的知识建构过程,教师的作用从传统的传递知识的权威转变为学生学习的辅导者,成为学生学习的高级伙伴或合作者。教师是意义建构的帮助者、促进者,而不是知识的提供者和灌输者。基于建构主义学习理论的教学思想是"以学生为中心",在整个教学过程中教师起组织者、指导者、帮助者和促进者的作用,利用情境、协作、会话等学习环境要素充分发挥学生的主动性、积极性和首创精神,最终达到使学生有效地实现对当前所学知识意义建构的目的。在因此,教师在教学中的主要责任是呈现适当的教学内容、创设环境、组织交流与对话、促进协作。

1. 教学设计原则

(1)强调以学生为中心的教学设计。要求在学习过程中充分发挥学生的主动性,体现出学生的首创精神;让学生有多种机会在不同的情境下去应用他们所学的知识;让学生能根据自身行动的反馈信息来形成对客观事物的认识和解决实际问题的方案。

(2)强调"情境"对意义建构的重要作用。建构主义认为,学习总是与一定的社会文化背景即"情境"相联系。在实际情境下进行学习,可以使学习者能利用自己原有认知结构中的有关经验同化和固定当前学习到的新知识,从而赋予新知识某种意义。在课堂讲授中,如果不能提供生动、丰富的实际情境信息,学习者就不会清晰地理解知识的实际价值,就会对知识的意义建构产生困难。

(3)强调针对学习环境进行教学设计。建构主义认为,学习环境是学习者可以在其中进行自由探索和自主学习的场所。在此环境中学生可以利用各种工具和信息资源来达到自己的学习目标。在这一过程中学生不仅能得到教师的帮助与支持,而且学生之间也可以相互协作和支持。学习应当得到促进和支持而不应受到严格的控制与支配;学习环境则是一个支持和促进学习的场所。在建构主义学习理论指导下的教学设计应是针对学习环境的设计而非教学环境的设计。因为,教学意味着更多的控制与支配,而学习则意味着更多的主动与自由。

(4)强调教学设计利用各种信息资源来支持"学",而不是支持"教"。为了支持学习者的主动探索和完成意义建构,在学习过程中要为学习者提供各种信息资源。这些信息资源的利用并非出于辅助教师的讲解和演示的目的,而是出于支持学生的自主学习和协作式探索的目的。对于学习者来说,信息资源应如何获取、从哪里获取,以及如何有效地加以利用等问题,都是学习者在主动探索过程中迫切需要教师提供帮助的内容。

(5) 强调教学设计的最终目的是帮助学生完成意义建构,而不是完成教学目标。在建构主义学习环境中,强调学生是认知主体、是意义的主动建构者,所以是把学生对知识的意义建构作为整个学习过程的最终目的。教学设计通常不是从分析教学目标开始,而是从如何创设有利于学生意义建构的情境开始,整个教学设计过程紧紧围绕"意义建构"这个中心而展开,不论是学生的独立探索、协作学习,还是教师辅导。总之,学习过程中的一切活动都要从属于这一中心,都要有利于完成和深化对所学知识的意义建构。

2. 教学设计应注意的问题

(1) 教学设计应把所有的学习任务都置于为了能够更有效地适应世界。

(2) 教学目标应该与学生学习环境中的目标相符合,教师确定的问题应该使学生感到就是他们本人的问题。

(3) 设计真实的任务。真实的活动是学习环境的重要特征。就是应该在课堂教学中使用真实的任务和日常的活动或实践整合多重的内容或技能。

(4) 设计能够反映学生在学习结束后就从事有效行动的复杂环境。

(5) 给予学生解决问题的自主权。教师应该刺激学生的思维,激发他们自己解决问题。

(6) 设计支持和激发学生思维的学习环境。

(7) 鼓励学生在社会背景中检测自己的观点。

(8) 支持学生对所学内容与学习过程的反思,发展学生自我控制的技能,成为独立的学习者。

由以上分析中可以看出,基于建构主义的教学大致可以分为五个教学环节:创设情境、确定问题、自主学习、协作学习、效果评价。这五个教学环节之间关联紧密,相互依赖,相互促进。

2. 典型的教学模式

在建构主义学习理论下,比较成熟的教学方法主要有以下几种。

1) 支架式(scaffolding instruction)

支架原本指建筑行业中使用的脚手架,在这里形象地描述一种教学方式:学生被看作是一座建筑,学生的"学"是在不断地、积极地建构着自身的过程;而教师的"教"则是一个必要的脚手架,支持学生不断地建构自己,不断建造新的能力。支架教学中的"支架"应根据学生的"最近发展区"来建立,通过支架作用不停地将学生的智力从一个水平引导到另一个更高的水平。具体的教学设计将在第十一章中详细介绍。

2) 抛锚式(anchored instruction)

这种教学要求建立在有感染力的真实事件或真实问题的基础上。确定这类真实事件或真实问题被形象地比喻为"抛锚",因为一旦这类事件或问题被确定了,整个教学内容和教学进程也就被确定了(就像轮船被锚固定一样)。建构主义认为,学习者要想完成对所学知识的意义建构,即达到对知识所反映事物的性质、规律以及该事物与其他事物之间联系的深刻理解,最好的办法是让学习者到现实世界的真实环境中去感受、去体验,而不是仅仅聆听教师关于这种经验的介绍和讲解。由于抛锚式教学要以真实事例或问题为基础(作为"锚"),所以有时也被称为"实例式教学"或"基于问题的教学"或"情境性教学"。

3) 随机进入(random access instruction)

由于事物的复杂性和问题的多面性,要做到对事物内在性质和事物之间相互联系的全面了解和掌握,往往需要从不同的角度对事物进行理解。因此,在教学中对同一教学内容,要在不同的时间、不同的情境下、为不同的教学目的、用不同的方式加以呈现。换句话说,学习者可以随意通过不同途径、不同方式进入同样的教学内容学习,从而获得对同一事物或同一问题的多方面认识与理解,这就是所谓"随机进入教学"。需要注意的是,每次进入都有不同的学习目的,都有不同的问题侧重点。多次进入的最终目的,不是对同一知识内容的简单重复和巩固,而是使学习者获得对事物全貌的理解与认识上的飞跃。

四、人本主义的学习理论

人本主义学习观的代表人物是罗杰斯,他根据心理咨询临床经验,提出"患者中心疗法"和自我理论。20世纪60年代后,罗杰斯把自己的理论推广到教育和教学领域,出版了《学习自由》一书,系统地阐述了他的学习和教学观点。

(一)学习的发生过程

罗杰斯认为,情感和认知是人类精神世界中两个不可分割的有机组成部分,彼此是融为一体的,教育的理想就是要培养既用认知方式也用情感方式行事的知情合一的人,他称之为"完人"(whole person)或"功能完善者"(fully functioning person)。如何成为"完人"或"功能完善者",罗杰斯认为只有学会如何学习和学会如何适应变化的人,只有意识到没有任何可靠的知识,只有寻求知识的过程才是可靠的人,才是真正有教养的人。因此,他认为"以学生为中心"的学习是自由的,是有意义的学习。

1. 学习是有意义的心理过程

在对学习过程本质的看法上,罗杰斯的观点是与行为主义学习理论根本对立的。罗杰斯认为学习不是机械的"刺激—反应"联结的总和,个人学习的主要因素是心理过程,是个人对知觉的解释。要考察一种学习过程,只了解外界情境或外界刺激是不够的,更重要的是要了解学习者对外界情境或刺激的解释或看法。

2. 学习是学习者内在潜能的发挥

罗杰斯认为,人类的学习是一种自发的、有目的、有选择的并从中得到满足的学习过程。教学的任务就是创设一种有利于学生学习潜能发挥的情境,使学生的学习潜能得以充分地发挥。罗杰斯强调以学生为中心,教师的任务主要是帮助学生增强对变化的环境和对自我的理解,而不应该像行为主义学习理论所主张的那样,用安排好的各种强化手段去控制或塑造学生的行为。

3. 学习应该是对学习者有用的、有价值的经验的学习

罗杰斯强调学生学习的内容应该是学习者认为是有价值、有意义的知识或经验。罗杰斯认为,只有当学生正确地了解到所学内容的用处时,学习才成为最好的、最有效的学习。这一学习观点提示教师要尊重学生的学习兴趣和爱好,尊重学生实现自我的需要。

4. 最有用的学习是学会如何进行学习

罗杰斯特别强调学习方法的学习和掌握,强调在学习过程中获得知识和经验。很多有意义的知识或经验不是从现成的知识中学到的,而是在做的过程中获得的。学生通过实际参加学习活动,进行自我发现、自我评价和自我创造,从而获得有价值的、有意义的经验。因此,对于学习者来说,在学习过程中获得的不仅仅是知识,而更重要的是获得如何进行学习的方法或经验。

罗杰斯的这种在"做"中学和在学习过程中学习如何学习的观点是可取的,有利于在教育中消除教师与学生、学和做、目的和手段之间的距离和对立,使学习成为充满乐趣的活动。这对于克服我国教育中仍然存在的过分重视书本知识的作用和价值,而忽视在实践活动中学习的偏向有着重要的借鉴意义。

（二）影响学习的因素

罗杰斯从"以我为中心"的人格的"自我理论"出发,以"患者中心疗法"的实践为依据,认为学习者是一个有目的、能够选择和塑造自己行为并从中得到满足的人,每个人存在于一个以自己为中心的,不断变化的经验世界之中。罗杰斯既反对弗洛伊德(S. Freud,1856—1939年)关于人的本能本质上是自私的、反社会的主张;也反对行为主义学派把人看作机械的"刺激—反应"的"较大的白鼠"和"较慢的电子计算机"。

1. 强调学习中人的因素

罗杰斯认为,学校和教师必须把学生看作"人",尊重学习者。相信学生的本性是好的,是积极向上的。相信任何正常的学习者都能自己教育自己,发展自己的潜能,并最终达到"自我实现"。学校也必须把学习者视为学习活动的主体,教学和教育都应以学生为中心。尊重学生的个人经验,并创造一切条件和机会促进学生的学习。从而使学生的学习更加深入,进度更快,并在生活和行为中普遍产生影响。

2. 重视心理因素在学习中的作用

（1）罗杰斯认为人类最高层次的基本动机是影响学习的主要因素,也是有意义学习的动机。受有意义学习的动机所驱动的人,明确地知道自己渴望学习什么。因此,在教学中必须把着眼点放在促进有意义学习的动机上。教师应该尊重学生的个人经验,充分信任学生能够发展自己的潜能,并使学生产生一种学习的安全感和自信心,免除他们的种种心理上的挫折或威胁,从而促使他们实现自我的学习动机得以表现出来,成为有效学习的一种驱力。

（2）教学应该重视人的价值观和态度体系在学习中的作用,以及学习中人情感因素的作用。个人通常是根据事物与自我概念是否一致而表现出不同的行为和学习方式。如果一个人的自我概念和他的实际经验同他的自我实现的趋向相一致时,就会产生一种积极的经验或体验,有助于提高学习的效果或效率;反之,则会产生消极的经验或体验,引起焦虑情绪,或可能采取某种防御机制,甚而回避真实情感,以致影响和妨碍学习。

（3）重视他人（如教师或父母）的评价在学习中的作用。学习者会因他人做出的肯定或否定的评价而产生积极或消极的经验或体验,并进而反映到学习活动中去。当学习者的机体经验与别人,特别是他认为重要的人对他的行为评价相结合时,便可形成一个人的价值观念。如果一个人对自己的行为产生积极的机体经验,同时又受到别人积极的评价或尊重时,他便能够对自己的行为产生正确的认识和评价以及积极的体验,他的学习积极性和人格也就容易得到正确的发展。

(三) 人本主义学习理论提倡的学习方式

人本主义强调的有意义学习(significant learning)与奥苏贝尔的意义学习(meaningful learning)是有区别的,奥苏贝尔的意义学习强调新旧知识之间的联系,它只涉及理智,而不涉及个人意义;而人本主义强调的有意义学习关注的是学习内容与个人之间的关系。

1. 有意义学习的特征

(1) 全神贯注,整个人的认知和情感均投入到学习活动之中。

(2) 自动自发,学习者由于内在的愿望主动去探索、发现和了解事件的意义。

(3) 全面发展,学习者的行为、态度、人格等获得全面发展。

(4) 自我评估,学习者自己评估自己的学习需求、学习目标是否完成等。

可见,人本主义学习理论的有意义学习结合了逻辑和直觉、理智和情感、概念和经验、观念和意义。

2. 有意义学习的原则

有意义学习就是让学生自由地学习。自由性的有意义学习是遵循以下10条原则。

(1) 人类生来具有学习的潜能,只要条件适当,这种潜能就会释放出来;

(2) 当学生觉察到学习内容有意义,并且与其学习目的之间有关系时,有意义学习便会产生;

(3) 学生倾向于拒绝那些引起自我组织变化的学习,尤其是当这种改变带有明显的外部威胁;

(4) 当外部威胁逐渐降低时,学生比较容易觉察和同化那些引起自我组织改变的学习内容;

(5) 当外部环境对自我的威胁相当微弱时,学生倾向于以辨别的方式来获得经验,有意义学习就能顺利进行;

(6) 大多数有意义学习的方式是"做中学",这是改进学习的最有效的方法;

(7) 当学生负责任地参与学习过程时,有意义学习就能得到促进;

(8) 学生的情感和理智全部投入的学习是自动发起的学习,也是最持久、最深刻的学习;

(9) 当学生以自我评价作为学习的主要依据时,其独立性、创造性和自主性就会得到发展;

(10) 对经验持续开放,并将自己与变化的过程相结合,是现代社会最有效的学习。以此为基础,学生就能自由的学习,从而身心可望得到全面发展。

(四) 人本主义学习理论基础上的教学观

人本主义的教学观是建立在其学习观的基础之上。罗杰斯从人本主义的学习观出发,认为凡是可以教给别人的知识,相对来说都是无用的;能够影响个体行为的知识,只能是他自己发现并加以同化的知识。因此,教师的任务不是教学生学习知识,也不是教学生如何学习,而是为学生提供各种学习的资源,提供一种促进学习的气氛,让学生自己决定如何学习。因此,促进学生学习的关键不在于教师的教学技巧、专业知识、课程计划、视听辅导材料、演示和讲解、丰富的书籍等,而在于教学创设的心理气氛因素。与心理治疗领域中咨询者对来访者(患者)的心理气氛因素相一致,教师也要营造真诚、尊重、关注和接纳、移情理解的心理气氛。

为了促进学习者的学习,教师就要发挥好促进者、协作者的角色。为了做到这一点,教师应注意以下几点。

(1)教学的基本目的是促使学习者在教师帮助下激发自己高层次的学习动机,充分发展学习者的潜能和积极向上的自我概念、价值观和态度体系,从而使学习者能够自己教育自己,最终把他们培养成为人格充分发挥的人。

(2)要实现这样的教学与教育目的,教师还必须经常注意对学生全面了解,深入理解学生的内心世界,设身处地为学生着想,洞察学习者的情感及其变化并充分信任他们能够充分发挥自己的潜能。

(3)教师本人要表里一致,以真诚的态度对待学生,重视他们的情感和意见、看法和意愿。

(4)教师还要以身作则,在学生与教师之间及学生与学生之间建立起良好的人际关系,创造一种情感融洽的学习情境。罗杰斯认为,促进意义学习的关键是教师和学生关系的积极态度品质。

第三节 学习的迁移及其教学策略

一、学习迁移

学习迁移即一种学习对另一种学习的影响。有研究表明,语文成绩和数学、物理等学科的成绩呈正相关。这表明语文知识的学习促进了数学和物理知识的学习。学习迁移是对前一种学习的延伸和巩固,又是后一种学习获得和深化的条件。

学习迁移是学习者学习新知识的一个必要条件,也是教育的最终目的所在。我们经常讲"教是为了不教",教学最终目的是为了培养学习者的学习能力,举一反三、触类旁通的能力,也就是学习者的学习迁移能力。

学习迁移广泛地存在于知识、技能、态度和行为规范的学习中。从学习迁移的性质上看,有时一种学习对另一种学习产生积极的促进作用,如阅读技能的掌握有助于写作技能的形成,这学习迁移叫作正迁移;有时一种学习会干扰或阻碍另一种学习,如学会骑自行车后再去学习骑三轮车,骑自行车的技巧会干扰学习骑三轮车,这种学习迁移叫作负迁移。从学习迁移的方向上看,先前的学习影响后继的学习,叫作顺向迁移;而后继的学习影响先前的学习,叫作逆向迁移。由此看来,迁移不仅是过去的学习经验对现在学习过程的影响,也有可能是现在的学习对以前学习的影响,还有一种可能是现在学习的内容影响将来的学习过程。而在教育教学中,我们主要关心的是如何促进学习者运用已有的学习经验促进当前的学习,以及如何实现对将来学习的积极、有效的迁移。

二、学习迁移的实质

对于学习迁移是如何发生的,心理学家们给出了不同的解释,比较有代表性的有以下几种。

(一) 形式训练说

形式训练说(formal discipline theory)以官能心理学(faculty psychology)为基础,认为人类大脑的许多区域代表了许多不同的官能。人的心智是由许多不同的官能组成的,不同的官能活动相互配合就构成各种各样的心理活动。各种官能可以像训练肌肉一样通过练习增加。学习迁移就是心理官能得到训练而发展的结果,即注意、记忆等各种官能都可以通过多种不同形式的训练而得到增强,并自动地迁移到其他活动中去。由于官能是大脑的功能区域,因此,形式训练说认为官能训练的关键不在于训练的内容,而在于训练的形式。

(二) 共同要素说

19世纪末20世纪初由桑代克和伍德沃斯提出相同要素说,对学习迁移进行解释,认为一种学习之所以有助于另种一学习是因为两种学习具有相同的要素。若两种情境含有共同要素,不管学习者是否觉察到这种因素的共同性,总有迁移现象发生。相同要素指的是相同的刺激(S)与反应(R)的联结,刺激相似而且反应也相似时,两情境的迁移才能发生,相同联结越多,迁移越大。后来相同要素被改为共同要素,即认为两情境中有共同成分时才可以产生迁移。迁移是非常具体的、并且是有条件的,需要有共同的要素。

(三) 概括化说

贾德(Judd)提出经验类化理论(又称"概括化理论")对学习迁移进行解释,认为只要一个人对他的经验进行了概括,就可以从一个情境迁移到另一个情境。贾德在1908年所做的"水下打靶"实验中发现,学过折射原理的学生的成绩显著好于未讲授折射原理的学生的成绩。对此,贾德认为,两个学习活动之间存在的共同成分,只是产生迁移的必要前提,而产生迁移的关键是学习者在两种活动中概括出它们之间的共同原理,即在于主体所获得经验的类化。

(四) 关系转换说

格式塔心理学家苛勒(W. Kohler)1929年提出关系转换理论,解释学习迁移的实质。苛勒用"小鸡啄米实验"证明情景中的关系对迁移起了作用,而不是其中的相同要素,被试选择的不是刺激的绝对性质而是比较其相对关系。因此,苛勒认为学习迁移产生的实质是个体对事物间的关系理解。即迁移的产生依赖于两个条件:一是两种学习之间存在有一定的关系;二是学习者对这一关系的理解和顿悟。习得的经验能否迁移,并不取决于是否存在某些共同的要素,而是取决于个体能否理解各个要素之间的整体关系,能否理解原理与实际事物之间的关系。苛勒认为,人们越能发现事物之间关系,则越能加以概括、推广,迁移也就越普遍。

（五）认知结构说

奥苏贝尔把迁移放在学习者的整个认知结构的背景下进行研究，并在认知结构的基础上提出了关于迁移的理论和见解。学生学习新知识时，认知结构可利用性高、可辨别性大、稳定性强，就能促进对新知识学习的迁移。"为迁移而教"实际上是塑造学生良好认知结构的问题。在教学中，可以通过改革教材内容和教材呈现方式改进学生的原有认知结构变量以达到迁移的目的。

三、影响学习迁移的因素

根据上述对学习迁移的理论解释，我们会概括出影响学习迁移的因素。

（一）学习材料的共同因素

"共同要素说"告诉我们，学习迁移的效果在一定程度上取决于学习材料之间是否具有共同的要素。两种学习只有在机制上存在共同因素，一种学习的变化才能改变另一种学习的机能。值得注意的是，两种学习材料之间除了具有共同因素之外，必然也会有不同的因素。因此，两种材料的学习可能产生正迁移，也可能同时产生负迁移。为了促进学习迁移，防止干扰，在教学中教师应引导学生准确辨析学习材料之间的共同要素，加强对它们之间区别的认识。

（二）对学习材料的概括水平

"概括说"认为，概括是迁移的基础。两种学习材料之间的共同因素只是产生迁移的必要条件，但不是充分的条件。如果不能通过概括，把握一般原理，掌握事物的本质和规律，也难以产生迁移。因此，在学习中，让学生掌握事物的本质和规律，就能以不变应万变，产生广泛的迁移。

（三）教材的组织结构和学生的认知结构

"认知结构迁移说"认为，学生已有认知结构的可利用性高、可辨别性大、稳定性是产生学习迁移的前提条件。因此，让学生掌握学科的基本结构不仅便于学生对教学内容的理解和记忆，而且有利于学习迁移。教师在应注意组织好教学内容的顺序，以便于形成学生的认知结构。

（四）定势的作用

定势又叫心向，它是由先前的心理活动所形成的一种准备状态，它决定着同类后继心理活动的趋势。定势使个体在认识方面和外显行为方面以一种特定的方式进行反应，使个体在活动方向的选择方面有一定的倾向性。定势既可以成为积极迁移的心理背景，又可以成为消极迁移的心理背景。其关键在于学习者能否具体地分析当前的学习情境，从中找出哪些是可以利用已有知识和策略去学习和解决的；哪些需要打破已经形成的反应，利用定势灵活处理，创造性地进行解决。

四、促进学习迁移的教学策略

前面我们曾提到,教学的最终目的是促进学生学习能力的迁移,使学生将习得的原理或技能、学习方法应用于新的学习情境中去。但迁移不是自动发生的,在教学中如何促进学习的迁移,这是教师必须面对的教学问题。

(一)合理编排和组织教学内容,促进学习迁移

根据学习迁移的认知结构说,学习者原有观念中是否有适当的起固定作用的观念可以利用,是决定新的学习与保持的重要因素。为了促进迁移,教师必须合理地安排教学内容,安排学生先学习那些具有较高概括性、包容性和强有力的解释效果的基本概念和原理,促进学生形成好的认知结构,这样就会简化知识学习,有利于知识的理解和运用。这种知识结构必须适合学习者的能力。

"概括化说"和"共同要素说"也告诉我们,包含某些一般原理和共同成分的知识技能能够进行迁移,因此在教学中也要注意基础知识、基本技能和基本原理的教学,注意将包含相同要素的知识进行比较和区分,更能实现正迁移。

(二)教授学习方法,促进学习迁移

"授人以鱼,不如授人以渔",这句话启示我们,让学生学会学习,掌握学习方法更有助于学生把所学知识技能顺利地进行应用,促进更广泛、更一般的迁移,也就是说学会了如何学习就可以实现最普遍的迁移。教学中,一方面教师要善于把学习的方法教给学生,如理解知识的最好途径、复习或巩固知识的方法等等;另一方面,要让学生不断地总结自己的学习经验,同学之间积极地开展学习方法和经验的交流。结合座谈会、报告会等方式使学生尽快掌握学习方法,适应新的学习内容和学习环境。

(三)创设与应用情境相似的学习情境,促进学习迁移

学习情境与日后运用所学知识内容的实际情境最好相类似,这样有助于学习的迁移。教师可以借助现代教学媒体或多种媒体的组合,创设与实际应用情境相类似的学习情境,为学习者提供间接的经验,知识应用的条件,从而促进在未来真实环境中的有效迁移。例如学习计算机的应用技能,不仅要让学生理解计算机有关的知识和操作,要让学生进行操作练习,还应结合实际的应用,让学生熟悉相关知识的应用技巧和应用情景,促进学生将所学的知识应用到解决日常生活中问题的情境中去。

(四)注意形成和巩固学生的认知结构,促进学习迁移

根据认知结构说,一切新知识的学习都是在原有知识的基础上展开的。具体表现为认知结构的可利用性、可辨别性和稳定性,如果学习者原有的认知结构是清晰稳定的,并与将要学习的知识之间存在可以辨别的差异性,就能促进新的知识的学习与保持;反之,就会对新的学习产生消极作用。因此,牢固地掌握学过的知识将有助于新知识的学习。已有的知识经验是通过引起学习者原有认知结构的变化而使新旧知识之间发生相互作用,或新旧知识之间重新组合形成能够容纳新事物的认知结构,即"同化"和"顺应"的过程。为了掌握学

过的知识,就要使学习的时间和练习的次数达到一定的程度,使所学知识保持较高水平的可利用性、可辨别性和清晰性,使之在新知识学习时,迅速而明确地找到与之相对应的旧知识,及时为新知识的学习提供适当的固定点。这就要求学生在学习中对基本的概念或原理反复学习,勤于思考,熟练掌握;老师要使学生充分地理解和掌握知识的核心内容或主要内容,帮助学生建立稳定清晰的知识结构。

复习与思考题

1. 什么是学习?如何理解学习的含义?
2. 什么是自主学习?自主性学习的条件是什么?
3. 学生学习的主要特点是什么?
4. 结合学习理论,解释学习是怎样发生的?
5. 结合学习理论,说明哪些因素影响学习?
6. 请结合教学实际,谈谈如何理解教学与学习理论的关系?
7. 影响学习迁移的因素有哪些?
8. 促进学习迁移的教学策略有哪些?

第六章　学习动机的培养与激发

第一节　学习动机概述

一、学习动机的含义

动机是引起和维持个体的活动,并使活动朝向某一目标的内在心理过程或内部动力。动机具有三种功能:一是激活功能,动机会促使人产生某种活动,激发个体产生某种行为;二是指向功能,在动机的作用下,使个体的行为指向某一目标;三是强化功能,当活动产生以后,动机可以维持和调整活动。动机能使个体的行为维持一定的时间,能调节个体行为的强度、时间和方向。当活动指向既定目标时,个体相应的动机便获得强化,因而某种活动就会持续下去;当活动背离既定目标时,个体相应的动机得不到强化,那么个体继续活动的积极性就会降低甚至会导致活动的完全停止。

上述对动机性质的说明,也完全适用于解释学习动机。可以把学习动机界定为激发个体进行学习活动、维持已引起的学习活动,并使行为朝向一定的学习目标、一定的内部心理状态。学习动机与学习活动可以相互激发、相互加强。学习动机可以引起并促进学习活动,学习活动又可激发、增强和巩固学习动机。

二、学习动机的基本结构

学习需要和学习期待是学习动机的两个基本构成成分,两者相互制约、共同作用形成学习动机系统。

(一)学习需要

学习需要是学习动机的基本构成要素之一,它是个体的一种追求学习成就的倾向,是个体在学习活动中感到有某种欠缺而力求获得满足的心理状态。它的主要体验形式是学习者的学习愿望和学习意向。这种愿望和意向是驱动个体进行学习的根本动力,它包括学习的兴趣、爱好和学习的信念等。学习需要是大学生学习积极性的源泉,是学习动机产生的最根本的心理基础。从需要的作用上看,学习需要可称为学习驱力。

（二）学习期待

学习期待是学习动机结构的另一个基本构成要素，它是个体对学习活动所要达到目标的主观估计。学习期待与学习目标密切相关，但两者不能等同。学习目标是个体通过学习活动想要达到的预期结果，而在个体完成学习活动之前，这个预想结果是以观念的形式存在于头脑之中的。学习期待就是学习目标在个体头脑中的反映。

学习需要和学习期待是学习动机的两个基本成分，两者密切相关。学习需要是个体从事学习活动的最根本动力，如果没有这种自身产生的动力，个体的学习活动就不可能发生，学习需要在学习动机结构中占主导地位。学习期待则指学习需要的满足，促使主体去达到学习目标。因此，学习期待也是学习动机结构必不可少的成分。

需要注意的是，个体是否最终产生动机和行为，在一般情况下，还需要一定的外部条件，这个外部条件就是诱因。所谓诱因，就是指能够激起有机体的定向行为，并能满足某种需要的外部条件。

三、学习动机与学习效果的关系

学习动机与学习效果的关系并不是直接的，他们之间往往以学习行为为中介，而学习行为又不单纯受学习动机的影响，它还要受到一系列主客观的因素，如学习基础、教师指导、学习方法、学习习惯、智力水平、个性特点、健康状况等的制约。因此，只有把学习动机、学习行为、学习效果三者放在一起加以考察，才能看出学习动机与学习效果之间的关系。

心理学的研究表明，不仅学习动机可以影响学习效果，学习效果也可以反作用于学习动机。如果学习效果好，学习动机就会得到强化，从而巩固了新的学习需要，使个体以更高的学习积极性去从事今后的学习活动，使学习更有成效。这样，学习动机与学习效果相互促进，从而形成学习上的良性循环。反之，不良的学习效果，使学习的努力得不到相应的收获，从而削弱学习需要，降低学习积极性，导致更差的学习效果，最终形成学习上的恶性循环。总之，学习动机是有效地进行学习的前提，但学习动机的巩固和发展又依赖于学习效果。

四、学习动机的类型

（一）直接近景性动机和间接远景性动机

根据学习动机的作用与学习活动的关系，可以分为直接近景性动机和间接远景性动机。直接近景性动机是与学习活动直接相联系的，来源于对学习内容和学习结果的兴趣。例如学生的求知欲望、对成功的渴望，对某门学科的浓厚兴趣以及教师生动形象的讲解，教学内容的新颖等都直接影响到学生的学习动机。这类动机作用的效果比较明显，但稳定性比较差，容易受到环境和一些偶然因素的影响。间接远景性动机是与学习的社会意义和个人的前途相联系的。例如大学生意识到自己的历史使命，为不辜负父母的期望，为争取自己在集体中的地位和荣誉等都属于间接性的动机。

（二）内部动机和外部动机

根据学习动机的动力来源，可以分为内部学习动机和外部学习动机。内部动机是指由个体内在的需要引起的动机。例如,学生的求知欲、学习兴趣等内部动机因素,会促使学生积极主动地学习。外部动机是指个体由外部诱因所引起的动机。例如,某些学生为了得到教师或父母的奖励又或避免受到惩罚而努力学习,他们从事学习活动的动机不在学习任务本身,而是在学习活动的结果。

内部动机和外部动机的划分不是绝对的。学习动机是人从事学习活动的内部心理动力,因此任何外界的要求、外在的力量都必须转化为个体内在的需要,才能成为学习的推动力。在外部学习动机发生作用时,人的学习活动较多地依赖于责任感、荣誉感或希望得到奖赏和避免受到惩罚。从这个意义上说,外部学习动机的实质仍然是一种学习的内部动力。因而在教育过程中强调内部学习动机,但也不应忽视外部学习动机的作用。教师应一方面逐渐使外部动机作用转化为内部动机作用,另一方面又应利用外部动机作用使学生已经形成的内部动机作用处于持续的激起状态。

(三) 普遍型学习动机和偏重型学习动机

普遍型学习动机和偏重型学习动机是布罗菲(Jere Brophy,1987年)提出的观点。具有普遍型学习动机的学生,对各项学习任务都认真努力地去完成,其学习动机与兴趣、习惯、态度以及价值观等心理因素构成了一个协调一致的系统,并且形成一种独特的个性。具有偏重型学习动机的学生只是对某一门或几门学科认真学习,其学习动机主要是受学业成败或师生关系的影响而逐渐形成的。

五、当代学生学习动机的特点

学习动机产生于对学习的需要,它是受社会环境、教育过程和个体身心发展水平的影响而发展起来的。随着学生身心发展水平的提升,生活范围的扩大和知识的丰富,他们产生了复杂的需求,使当代学生的学习动机呈现复杂多样的特点。

(一) 学习动机的多元性

当代学生学习动机的多元性特点表现为学习动机成分与类型以及学习动机系统结构的多样化。有关研究表明,当代学生学习动机主要表现有四大类:①报答性和附属性学习动机,例如为了报答父母的养育之恩,为了不辜负老师的教诲,为了取得其他同学的认可和获得朋友的支持等而努力学习;②自我实现和自我提高的学习动机,例如为了满足荣誉感、维持自尊心、发展认知兴趣、满足求知欲等而努力学习;③谋求职业和保证生活的学习动机,为了获得一个理想的职业、为了获得满意的物质生活而学习;④事业成就的学习动机,希望自己在专业上有所建树,希望自己能对社会有所贡献。

当代学生学习动机的四种类型,实际上也表现出不同的层次和水平。在同一个学生身上,其学习动机也是多种多样的,不仅受某单一的动机所支配,而且它们有主有从。研究表明,当代学生的四种主导性学习动机主要包括求知探索的动机、友情交往的动机、成就建树的动机、自尊自主的动机。这说明当代学生是以求知、求学需要为主要的、基本的学习需要,同时具有珍视友谊、重视自尊和荣誉、追求成功的特点,其主流是健康的、积极向上的。

（二）学习动机的间接性

当代学生的直接性学习动机（如分数、赞赏、奖励、避免惩罚等）随着年级的升高而逐渐减弱，而间接性学习动机（如成就、创造、贡献等）随年级的升高而逐渐加强。教育实践的经验也表明，低年级学生对考试分数很重视，常常因不能取得高分而苦恼。随着年级的升高，学生对分数虽仍然重视，但注重的程度减弱了。相当多的高年级学生，特别是大学生，在某些课程上只要求通过考试，在另一些课程上则特别注重广泛吸取知识，参与创造性的探索工作。这也说明随着年级的升高，当代学生的直接性学习动机逐渐减弱，而间接性学习动机则逐渐增强。

（三）学习动机的社会性

随着年级的升高，当代学生功利性的学习动机呈现减弱的趋势。随着大学生正确的人生观、世界观逐步形成，远大理想的逐步树立，其学习动机的社会性意义也在日益增强。当代学生学习动机的发展也存在着很大的个别差异，造成这种差异的原因是多方面的。例如，学校教育教学的内容和方法，社会、家庭和教师的影响，大众传播的影响，学生集体的相互关系，个人的成败经验，以及人生观和自我意识等，都会影响学习动机的变化。

六、动机性学习模型

申克（D. H. Schunk，2003年）提出了一个动机性学习的模型。这一模型把学习分为三个阶段，即任务前、任务中、任务后，从不同的学习阶段考虑动机的不同作用。

（一）任务前

学生的学习动机受一些变量的影响。学生从事某些任务的目标有可能是不同的，如掌握所学的知识、取得优异的成绩、最先完成任务等，而且并不是所有的目标都是与学习有关的。学生可能是具有一些社会目标，这些社会目标可以与学业目标结合起来。学生在学习过程中会有各种期待，期待包括对学习能力的期待（自我效能感）和对学习结果的期待。学生对学习价值或重要性有不同的看法，学生对学习的情感也不同，或兴奋，或焦虑，有些学生则没有什么特殊的情感，这些情感与学生的需要紧密联系。学生的学习活动得到不同的社会支持，其中包括学校中教师和同学的各种形式的帮助，家长及其他人的鼓励等。

（二）任务中

教学、情境和个人等变量在学习过程中发挥着作用。教学变量包括教师、反馈形式、辅助材料、教学设备等，例如，教师的反馈可能激励学生，也可能使学生气馁，辅助材料可能帮助学生成功，也可能无济于事。情境变量包括社会和环境因素，例如学习的地点、时间、温度、周围发生的事件等，这些因素可能提高或减弱学习动机。个人变量包括知识的建构和能力的获得以及学生的自我调节等。

（三）任务后

任务后是指学生完成任务后以及在完成任务的过程中对自己活动的反思反省。在这一阶段,归因变量的作用非常重要。与教学有关的一些因素,如教师的反馈等,也提供了活动进程以及结果期待的信息。所有这些变量以一种循环的形式影响着以后的学习和动机。

第二节 学习动机理论

学习动机的复杂多样,心理学家从不同的角度解释了人类的学习行为,提出了种种不同的理论观点。这些理论主要可以归为行为主义学派、人本主义学派以及认知学派。

一、强化理论

学习动机的强化理论是由行为主义心理学家提出来的,以桑代克、斯金纳为代表。他们不仅用强化来解释学习的发生,而且用强化来解释动机的产生。在行为主义心理学家看来,人的某种学习行为倾向完全取决于先前的这种学习行为与刺激因强化而建立起来的稳固联系。强化可以使人在学习过程中增强某种反应重复的可能性。任何学习行为都是为了获得某种报偿,如果学生因学习而得到强化,如取到好成绩、教师表扬等,就会有较强的学习动机;如果学生的学习没有得到强化,如没得到好分数或没受到表扬,则没有学习动机;如果学生的学习受到了惩罚,如遭到同学或教师的嘲笑,则会产生逃避学习的动机。因此,在学习活动中,若能合理地增加正强化,利用负强化,就可以激发学生的学习动机,改善他们的学习行为及其结果。

强化理论在学校教育实践中得到了广泛应用,采用奖惩手段维持学生的学习动机效果直观明显。但是,强化理论只重视了外部奖惩因素,忽视了学生学习的自觉性、主动性,因而存在着较大的局限性。主要表现为:①为分数、名次而学,不利于培养学生积极主动的求知热情;②能够得到奖励的学生只是少数,大多数学生得不到奖励,没有成就感;③学生在应付考试的功利主义心态下很难形成良好的知识结构和能力结构,也不利于学生健康人格的养成。

二、需要层次理论

在众多的动机理论中,马斯洛(A. H. Maslow)的需要层次理论有着广泛的影响。马斯洛在解释动机时强调需要的作用。他认为人的所有的行为都是有意义的,都有其特殊目标,这种目标来源于我们的需要。不同的人有着不同的需要,这些需要会随着时间等因素而变化,影响着人们行为的方式和方向。

马斯洛认为人有七种基本需要,分别是:生理需要、安全需要、归属和爱的需要、尊重需要、认知需要、审美需要、自我实现需要。它们由低到高依次排列成一定的层次,只有低层次的需要得到适当的满足,高一层的需要才会产生。马斯洛将前四种需要定义为缺失需要,这是生存所必需的,对生理和心理的健康是很重要的,必须得到一定的满足,而缺失需要一旦得到满足,由此产生的动机就会消失。后三种是成长需要,不是生存所必需的,但对于人们适应社会来说有着积极意义。成长需要的强度不会因需要得到满足而减弱或消失,反而会持续增加,将一直推动人们去从事满足这些需要的行为。自我实现就是使自己更完备、更完美、能够充分发挥自己的潜能。自我实现的人熟谙自己的内在本性、潜能与能力,了解自己有什么样的需要,自我变为日趋整合和统一,他们越来越明白自己是怎样的一个人,自己真正向往的是什么,自己的需求、使命是什么。

马斯洛的需要层次理论说明,在某种程度上学生缺乏学习动机可能是由于某种缺失需要没有得到充分满足而引起的。如家境贫困使得衣食得不到满足;不能融进群体使得归属与爱的需要得不到满足;教师过于严厉和苛刻,动辄训斥和批评学生,使得安全需要和尊重需要得不到满足等。正是这些因素,会成为学生学习的主要障碍。根据马斯洛的需要层次理论,教师不仅要关心学生的学习,也应该关心学生的生活和情感,要让学生感觉到老师是尊重和热爱他们的,以排除影响学生学习的一切干扰因素。教师首先要关心学生的基本需要,使学生有安全感、归属感和自尊感。只有公正、理解、爱护、尊重学生的教师,才有可能激发学生的学习热情,激发学生实现自己价值的需要。

三、成就动机理论

阿特金森(Atkinson)对成就动机理论做了进一步的发展。他认为个人的成就动机是激励个体乐于从事自己认为重要的或有价值的工作,并力求取得成功的内在驱动力。人们在追求成就时存在两种倾向:一种是力求成功的动机;一种是避免失败的动机。根据这两类动机在个体的动机系统中所占的强度,可以将个体分为力求成功者和避免失败者。力求成功者即在动机成分中,力求成功的成分比避免失败的成分多一些;避免失败者即在其动机成分中,避免失败的成分比力求成功的成分多一些。

成就动机理论的特征是用数量化的形式来说明理论。追求成功的动机是成就需要、期望水平和诱因价值三者乘积的函数,其公式为:$T_s = M_s \cdot P_s \cdot I_s$。在这个公式中,$T_s$ 为追求成功的倾向,由以下三个因素决定:M_s 代表对成就的需要,是个体争取成功的相对稳定的倾向;P_s 代表期望水平,是个体在某个任务上获得成功的可能性;I_s 代表成功的诱因值,是个体成功地完成某一任务所带来的价值和满足感,其中 $I_s = 1 - P_s$,即当 P_s 值减小时,成功的诱因值增加。例如,个体预期自己成功可能较小的事情最后成功了,他将感到异常高兴。

力求成功者的目的是获取成就。对他们来说,中等难度(成功概率为50%)的任务最有挑战性,有助于他们通过努力来提高自尊心和获得心理上的满足。避免失败者去倾向于选择非常容易或非常困难的任务。因为选择容易的任务可以保证成功,使自己免遭失败;而选择极其困难的任务,即使失败,也可以找到适当的借口,从而减少失败感。在教育实践中对力求成功者,应通过给予新颖且有一定难度的任务、安排竞争的情境、严格评定分数等方式来激起其学习动机。而对于避免失败者,则要安排较少竞争或竞争性不强的情境,若取得成功则及时表扬予以强化,评定分数时要求稍稍放宽些,并尽量避免在公众场合下指责其错误。

四、归因理论

韦纳(B. Weiner)认为,个体对自己的行为及其结果有了解的动机,个体解释自己行为结果时的归因是复杂的,这种归因将影响个体的后继类似行为动机。韦纳通过实证研究对行为结果的归因进行了系统探讨,发现人们倾向于将活动成败的原因即行为责任归结为以下六个因素,即能力高低、努力程度、任务难易、运气好坏、身心状态、外界环境等。同时,维纳认为这六个因素可归为三个维度:第一,内部归因和外部归因;第二,稳定性归因和非稳定性归因;第三,可控制归因和不可控归因。能力、努力、身心状态属于内部因素,任务难易、运气好坏及外部环境属于外部因素;能力和任务难易两种因素是相对比较稳定的,其余四种都不够稳定。可控性是指个体认为导致其成败的原因是受个人意志控制,努力程度是受意志支配,是可控的,其他各种因素都是不可控的。韦纳认为,这三个维度对动机有重要意义,因为它们会影响个体的期望和价值评估。例如,如果学生把失败归因于学习内容太难这样的稳定因素,他们就会预期以后遇到同样的内容还会失败。如果他们把结果归因于运气等不稳定的因素,他们就会期望在下一次能取得好的结果。

一般而言,学生通常将成功或失败的原因归因于能力、努力、任务难度与运气等四个因素,而较少归因为身心状态或外界环境。学生最终将自己的成败归因为何种因素,是受到多种变量影响。①他人操作的有关信息,即个体根据别人行为结果的有关信息来解释自己的行为结果。若班级中大部分人都得到高分,则易产生外部归因,如测验容易、教师给分高;只有少数人得高分,则易产生内部归因,如这些人有能力、学习刻苦。②先前的观念或因果图式,即个体以往的经验或行为结果的历史。若目前行为结果与过去结果具有一致性,则容易归因于稳定因素。如过去因努力而成为成功者,更容易将成功归因于努力或能力等内部因素。③自我知觉,即个体对自己的能力的看法。自认为有能力者,倾向于将成功归因于能力,将失败归因于教师的偏见、测验不公正等。此外,学生的性格类型,教师或权威人物对学生行为的期待、奖惩、教育训练等都可以影响学生的归因。

五、自我效能感理论

班杜拉(1977年)最早提出了自我效能感这一概念。自我效能感是指人们在进行某一活动之前,对自己是否能够成功地从事某一成就行为的主观判断。

班杜拉在他的动机理论中指出,人的行为受行为的结果因素与先行因素的影响。行为的结果因素就是通常所说的强化,班杜拉把强化分为三种:直接强化、替代强化和自我强化。行为的先行因素就是期待,但班杜拉的期待概念也不同于传统的期待概念。传统的期待概念指的只是对行为结果的期待,而班杜拉认为除了结果期待外,还有一种效能期待。结果期待是指个体对自己的某种行为会导致某一结果的推测。如果个体预测到某一特定行为会导致某一特定的结果,那么这一行为就可能被激活或被选择。例如,学生认识到只要上课认真听讲,就会获得他所希望的好成绩,那他就很可能认真听课。效能期待则指个体对自己能否实施某种成就行为的能力的判断,它意味着个体是否确信自己能够成功地进行带来某一结果的行为。当个体确信自己有能力进行某一活动时,他就会产生高度的自我效能感,并去实施该活动。例如,学生不仅认识到注意听课可以带来理想的成绩,而且感到自己有能力听懂教师所讲的内容时,才会真正认真听课。研究表明,能取得好成绩固然是每个学生的理想所在,但力不从心之感却会使人对学习望而生畏。因此,在人们获得了相应的知识和技能、确立了合理的学习目标之后,自我效能感就成了学习行为的决定因素。

自我效能感的形成主要受以下四个因素的影响。①直接经验。学习者的亲身经验对效能感的影响最大。成功的经验会提高人的自我效能感,反之,多次失败的经验会降低人的自我效能感。不断取得成功会使人建立起稳定的自我效能感,这种稳定的自我效能感不会因一时的挫折而降低,而且还会泛化到类似的情境中去。②替代经验。学习者通过观察示范者的行为而获得的间接经验对自我效能感的形成也有重要影响。当一个人看到与自己的水平差不多的示范者取得了成功,就会增强自我效能感,反之就会降低自我效能感。这种观察学习对自我效能感的影响,是通过两种认识过程实现的。一种是社会比较过程,学习者采用与示范者比较的方式,参考示范者的表现来判断自己的效能;另一种是提供信息的过程。学习者可以从示范者的表现中学到有效解决问题的策略或方法。③言语说服。这是试图凭借说服性的建议、劝告和自我引导,来改变人们自我效能感的一种方法。但这种方法形成的自我效能感不易持久,一旦面临令人困惑或难以处理的情境时会迅速消失。一些研究表明,缺乏体验基础的言语说服,在形成自我效能感方面的效果是比较脆弱的,人们对说服者的意见是否接受,往往是依据说服者的身份及可信度而定。④情绪的唤起。情绪和生理状态也影响自我效能感。高度的情绪唤起、紧张的生理状态均会妨碍行为操作,降低对成功的预期水准。焦虑水平高的人往往低估自己的能力,疲劳、倦怠会使人感到难以胜任所承担的任务。

自我效能感对人的行为的影响,主要表现在以下四个方面。①决定人们对活动的选择以及对活动的坚持性。自我效能感高的学习者倾向于选择富有挑战性的任务,在遇到阻力时能坚持自己的行为。②影响人们在困难面前的态度。自我效能感高的人敢于面对困难,有自信心,相信通过坚持不懈的努力就能够克服困难。自我效能感低的人在困难面前缺乏自信,不敢尝试。③自我效能感影响新行为的获得。④自我效能感影响活动时的情绪。在学校里,具有高自我效能感的学生相信自己能够完成目标所需要的行为,相信这些行为会带来所期望的结果。这种自我效能感促使他们付出更多的努力,并坚持完成学习任务。当学生看到自己的学业进步时,他们最初的自我效能感就会得到进一步的充实和提升。

六、自我价值理论

自我价值理论关注人们如何评估自身的价值。科温顿(Covington,1984年)的自我价值理论吸取了成就动机理论的追求成功需要与避免失败需要的理念,也受到韦纳归因理论的影响。自我价值理论的特点在于对学校教学中的现实问题进行解释,从学习动机的负面着眼,试图探讨有的学生"为什么不肯努力学习"的问题。

科温顿认为,自我价值感是个人追求成功的内在动力,学生自幼就体验到成功使人感到满足,自尊心提高,产生自我价值感。能力、成功、自我价值感三者之间就形成了一个的连锁关系,能力使人成功,成功使人产生自我价值感。学生之所以肯努力学习,追求良好的成绩,是因为他希望从学习成功的经验中提升其自我价值。在现实生活中,学生自己往往视成功为能力的展现,而非努力的结果。将成功归因于能力可使人感到更大的自我价值,但成功者永远是少数。学生在长期的经验中体会到,付出极大努力后仍然失败时,会感到羞愧和痛苦,而且会因怀疑自己的能力不如别人而丧失自尊心和自信心。反之,未经努力遭到失败则心理上受到的挫折较小,而且自己还可以用"不努力"来文饰和安慰自己。学生在长期追求成功而不能得的情况下,为了维护自我价值或逃避失败的痛苦,就在心理上形成一种应付考试成败压力的对策:既不承认自己的能力差,也不认同努力即可成功,以达到既维护自我价值又可逃避失败的目的。这就是科温顿学习动机自我价值论的中心论点。

科温顿的自我价值理论切中学校教育中的现实问题,教师希望学生学习更加努力,而学生则试图逃避努力(认为努力意味着低能)。教师应指导学生认识学习的目的,培养学生的学习动机,帮助学生在学业上取得成功。

七、成就目标理论

20世纪80年代,德韦克(Carol S. Dweck)等人将成就目标的概念引入了动机研究领域,形成了较为完善的理论。德韦克将成就目标定义为对认知过程的计划,成就目标可以分为掌握目标和表现目标。

德韦克认为人们对于能力的认识,有两种不同的内隐观念。一种是能力的实体观,认为人的能力是稳定的、不可改变的特质。按照这种观点,一些人会比另一些人聪明,但是每个人的能力的量都是固定的。另一种是能力增长观,认为能力是不稳定的,是可控制的。随着知识的学习、技能的培养,能力可以得到增长和提高。

持有能力实体观的学生倾向于建立表现目标(performance goal),他们将学习视为一种手段,通过成绩来表现自己的能力,也就是做给别人看,不太关注对知识的深入理解。这类学生被称作自我卷入的学习者。他们力求在考试中取得好成绩、好名次来显示自己的聪明才智。持有能力增长观的学生更多设置掌握目标(mastery goals),这类学生积极寻求那些能真正锻炼自己的能力、提高自己的技能的学习任务,因为进步才意味着能力的增长。他们关心的是学习任务的掌握,而不是与旁人的比较。这类学生的学习是为了个人的成长,被称作任务卷入的学习者,他们会更多地寻求帮助,使用较高水平的认知策略,运用更有效的学习方法。在实际教学中,教师应注重对学生掌握目标的培养。

第三节 以动机为着力点的教学

在教学实践中,了解、研究学习动机的相关知识,目的在于能够运用相关原理来有效激发和培养学生的学习动机,最终达到优化教学。激发和培养学生的学习动机,既是促进教学的手段,也是提高学生素质的教学目标。在学校情境中,激发学习动机是指通过教学手段,调节学习诱因,使已指向学习内驱力的学生的学习动机得以引发,也就是使已经形成的学习需要由潜在状态变为活动状态,形成学习的积极性;培养学习动机是指通过教学手段,帮助缺乏指向学习内驱力的学生形成学习动机。激发学习动机和培养学习动机所运用的心理学原理是不同的,但两者又是相辅相成。激发学习动机的着力点在于向学习提供学习诱因,为个体正在形成中的学习动机起到进一步强化的作用。培养学习动机的着力点在于促进个体指向学习的需要,为随后学习动机的激发创造内部条件。

一、学习动机的教学设计

教学设计主要是运用系统的方法,依据学习理论和教学理论的基本原理,为实现一定的教学目标而寻求解决方案的计划、开发和评价的过程。近年来,教学设计理论注重对动机因素的考虑,以真正实现有效教学。教师在进行教学设计的同时,还应进行适当的动机设计,针对学生群体的动机状况和教学内容的特点,设计相应的动机策略。下面介绍两种有代表性的动机设计模型。

(一) 学习动机的 ARCS 模型

凯勒(J. M. Keller,1987 年)开发的 ARCS 模型,是由注意(attention)、适当性(relevance)、自信心(confidence)和满意(satisfaction)等四个方面的动机因素组成,每一个因素又包含三个子因素。这一模型综合了不同动机理论,主张在教学中将多种动机因素融合,形成适当的动机策略。

1. 注意

学习动机的发生,必须首先引起并维持学生的注意,激发学生的学习兴趣和探究行为。这一因素的子因素及相应要解决的问题是:知觉唤起——如何使学生感兴趣?探究唤起——如何激起学生的探究意识?多变性——如何维持学生的注意?

2. 适当性

学生的注意被引起后,就会产生"我们为什么要学习这些材料?""这些材料与我们的目标有什么关系?"等问题。这就是适当性的问题。如果学习内容能帮助学生实现未来生活中的重要目标,学生的学习动机就会激发。适当性这一因素的子因素及相应要解决的问题是:目标定向——如何满足学生的需要?动机匹配——何时,如何为学生提供适当的选择?熟悉性——怎样将教学与学生的经验相结合?

3. 自信心

教师要帮助学生建立成功的信念,引导学生积极归因,提高学生的信心。这一因素的子因素及相应要解决的问题是:①学习要求——帮助学生建立对成功的积极期望;②成功机会——在学习过程中强化学生关于自己能力的信念;③个人责任——如何使学生明白成功源于自己的努力。

4. 满意

如果学习活动取得了与期望相一致的积极成果,学生的学习动机就进一步提升。教师要为学生提供运用新习得知识技能的机会,使学生体会和积累成就感,从而形成坚持学习活动的持续动力。这一因素的子因素及相应要解决的问题有以下这些。自然结果——怎样为学生提供运用新知识和新技能的机会?积极结果——怎样为学生的成功提供强化?公正——怎样帮助学生对其成就产生积极的体验?

(二) 学习动机的 TARGET 模型

卡罗尔·埃姆斯(Carol Ames,1992 年)提出了学习动机的 TARGET 模型,教师在以下六个领域的抉择会影响到学生的学习动机:布置的学习任务(task)的特点、学习中给予学生的自主权(autonomy)和控制权、认可(recognized)学生成就的方法、分组(grouping)练习、评价(evaluation)方式、课堂时间(time)的安排。

1. 学习任务

学习任务对学习动机的影响主要表现在任务操作和任务价值两个方面。一般来说,模糊度和风险性比较高的任务操作不利于激发学生的学习动机,但是模糊度和风险性太低,又无助于培养学生的创新意识和探索精神。在特定的情境下,学生学习动机的强弱取决于学习成功对个体的价值。学习任务的价值有三种:其一是获得性价值(attainment-value),指完成任务的重要性,它与个体的需要密切相关;其二是内在的或兴趣价值(intrinsic or interest value),指个体从学习活动本身获得的愉悦感;其三是实用价值(utility value),是指完成学习任务能帮助学生实现短期或长期目标。不同的学习任务对学生具有不同的价值,教师应将教学与学生的知识背景及生活经验相联系,增加学习任务的内部吸引力,使学习变得有意义。

2. 学习中的自主权

学习中的自主权是指,鼓励学生参与,给学生适当的自由,让他们自由选择并自我负责。在学习过程中,学生的自我决定和内在控制感对于保持内在动机至关重要,比较有效的办法是设定一些有价值的任务,要求学生从中进行选择;允许学生讨论和采用不同的学习方式、不同的解决问题的办法以及灵活多样的成果呈现方式。教师还应注意引导学生练习怎样自主地接受教师及同学的指导帮助及反馈。

3. 认可成就

教师应表现出积极的态度,认可和支持与学习相关的各种各样的活动。学生取得个人进步,拥有克服困难、坚持不懈的精神或表现出创造力,都应给予认可和鼓励。给予学生个体化的点评更能促进学生的学习。通过认可激发学习动机需要注意三点:首先是为所有的学生提供认可其学习成就的机会;其次是认可目标实现过程中的进步;最后是认可学生寻求挑战和创新的精神。

4. 分组练习

学生组成学习小组,构建学习团队,开展合作学习,可以改善群体中的人际关系,拓展人际互动的范围,营造对每一个学生都宽容接纳的学习环境,增强相互帮助和相互学习的意愿。

5. 评价

教师应明确学习目标和标准,采用多样的评价方式,鼓励学生参与评估评价过程,培养学生的自我评价能力。教师的评价无疑是影响学生学习积极性的重要因素。教师的评价要尊重学生的自我评价并强调学生的责任意识;教师的评价应尽量为学生提供发展的机会和空间,因此不宜做终结性评价。

6. 时间安排

学生自主安排学习时间是影响学习动机的重要因素。学生学习的自我决定和内在控制感首先表现在学习时间的自主安排上。学习的时间安排要有一定的灵活性,根据学习任务和学生的需要调整时间进度,尽量允许学生自主安排学习进程。

二、培养和激发学习动机的教学策略

(一)激发学习兴趣

学习兴趣是学习动机中最为活跃的心理成分。具有学习兴趣的学生,不是把学习任务看作负担,而是会把学习作为内心的满足,有持续的学习动力,从而取得好的学习效果。学习兴趣不是与生俱来的,是通过多种教育机制培养形成的。爱因斯坦曾指出:"在学校里和在生活中,工作的最重要的动机是工作中的乐趣,是工作获得结果时的乐趣,以及对这个结果的社会价值的认识,启发并加强青年人的这些心理力量,我看是学校最重要的任务。只有这样的心理基础,才能导致一种愉快的心理,去追求人的最高财富——知识与艺术技能。"

1. 加强思想教育,激发学习兴趣

学生的学习决定着每个人未来的人生选择,如果不珍惜学习的机会,不掌握扎实过硬的本领,将来就很难立足社会,在工作上也力不从心,实现更为宏伟的人生目标就无从谈起。从培养对知识的学习兴趣出发,在学习的过程中感受到知识增长、能力提高、问题解决的成就感,感受到不断打开未知领域、拓展自己的愉悦,能激励内在的学习动机,造就终身学习的意愿。培养专业学习兴趣关键在于要让学生们看到自己所学知识的实在意义,以及这一专业的存在价值和工作时自身的能力体现。

2. 利用教师期望效应,激发学生的学习兴趣

教师的期望对学生有着深刻的影响。教师要有效传递对学生的积极期望,把学生看作是对学习有着浓厚兴趣、渴望学习的人;教师要把学生看作是积极的,有着强烈的成长动机的学习者。教师的这种积极期望能够优化课堂氛围,唤起学生的学习热情,提高学习兴趣;教师要避免传递这样的信息,认为学生不喜欢学习活动,或学生的学习活动只是为了考高分。教师的这种消极看法,也会产生期望效应,会使学生更加感觉学习的枯燥乏味。

(二)增强教学的吸引力

为了激发学生的学习动机,教师需要增强教学的吸引力。在教学中,教师要注意教学的新颖性和启发性,启发学生的求知欲。

1. 创设问题情境

实践证明,在正式讲授教学内容之前,提出有关的一些问题,引起学生的好奇和思考,是激发学生求知欲的有效方法。这种方法的心理学基础是制造学生的认知失调,刺激探究的需要,引发相应的内驱力。伯莱恩(D. E. Berlyne,1966年)对大学一年级学生做过一个实验。他把学生分成实验组和对照组,学习动物学中的一个章节。对实验组的教学采取三个步骤:①预测验——关于无脊椎动物知识方面的问题;②学习——关于无脊椎动物知识的系统讲授;③正测验——对学生掌握关于无脊椎动物方面知识的考察。而对照组的教学则缺少预测验这一步骤。实验结果表明实验组学生正测验成绩远远高出对照组,原因是预测验中的问题激发了学生探究的需要,产生了相应的学习动机,使他们在随后的学习中,特别注意与预测验中问题有关的知识。

创设问题情境要求教师熟悉教材,掌握教材的结构,了解新旧知识之间的内在联系;要求教师充分了解学生已有的认知结构状态,使新的学习内容与学生已有水平构成一个适当的跨度。创设问题情境的方式可以多种多样,它既可以用教师设问的方式提出,也可以用作业的方式提出;既可以从新旧教材的联系方面引进,也可以从学生的日常经验引进。

2. 引导学生构建自己的心理理论

学习仅仅凭借死读书本是不能进行完全吸收和运用的,真正的学习是要形成自己的理论架构。在脑海中形成一种可变或是固定的理论模式，为学习提供一个有条理的空间。这种学习方法可以让学生们将忙乱感降到最低，循序渐进的引导，最后达到积极学习的效果。对于学生们来说，这种良好的学习习惯会为在校的学习包括未来的工作打下良好的基础。

3. 发挥教师的感染激励作用

一项对大学生进行的调查表明，对学生最富激励作用的是"好的教师"，在这里，"好的教师"指的是教师的人品师德和教学水平。教学内容毕竟要通过教师一定的教学形式和教学方法呈现给学生，教学方法的艺术性是激发学生学习动机的有效途径。

（三）进行归因训练

学生对学习结果的归因影响着以后的学习动机。归因训练的基本假设是，只要学生相信努力能够带来成功，就会坚持不懈地学习。因此，归因训练的关键在于使学生反复体验学习的成败，同时引导他们形成将成败归因于努力与否的归因倾向。归因训练一般分为四个阶段：①了解学生的归因倾向；②创设情境，让学生在活动中取得成败体验，特别是要让学生体验到努力就能取得成功；③让学生对自己的成败进行归因；④引导学生建立积极的归因模式，增强学生对下一次活动成功的期待。申克认为，在归因训练中，一方面要使学生感到努力不够，把失败的原因归因于努力因素；另一方面，要对学生的努力给予反馈，让学生知道自己的努力获得了相应的结果，使他们感到自己的努力是有效的，这样才能使学生坚持努力去获得成就。

同时，教师要注意的是，有些学生在学习上的失利不是仅仅依靠个人努力所能克服的。如果学生感觉已经付出了最大的努力却仍旧不能取得成就，他们就会把失败归因于自己的能力差，认为无论自己怎么努力，也不会取得成功，因此就采取逃避努力，放弃学习的行为。心理学上把这种现象称为习得性无助（learned helplessness）。研究发现，当学生学习失败时，引导他们将失败归因于学习方法的不适当比归因于努力程度不够更能提高他们学习的积极性。因为把失败归因于学习方法因素，既可以维持学生的努力状态，又能促使他们积极寻找更为有效的学习方法，使用各种学习策略和养成良好的学习习惯。总之，归因训练的目的并不在于帮助学生准确找出导致学习失败的真正原因，而是在于增强学生学习的信心和积极性，激发学生的学习热情，让学生学会讲求学习方法，提高学习效率。

复习与思考题

1. 当代学生的学习动机有哪些特点？
2. 简述班杜拉自我效能感理论的主要观点。
3. 怎样在教学使用学习动机的 TARGET 模型？
4. 怎样在教学中培养和激发学生的学习动机？

第七章　知识的学习与教学

教育参与了人类知识的生产和传播，因此，教师往往被看作知识的播种机，学校被人们视为知识的殿堂。在这个知识激增而易得的时代，一些激进的教育者认为，对于学生来说最重要的不是要掌握"知识"，而是要发展"素质"和"能力"，从而将"知识"与"素质"和"能力"对立起来了，将过去"以知识为中心的教学"转变为"以能力为中心的教学"。毋庸置疑，能力和素质的培养也非常重要，但从一个极端走向另一个极端，其结果也未必能使教育满足社会的需求。因为知识的掌握是能力培养的基础，知识被弱化了，能力的培养也就无从谈起。时代的发展并不是不要知识，而是强调知识的不同方面。过去教育的弊端在于过分地强调观念形态的知识，不能完全归咎于对掌握知识的强调。今天的社会需求更加重视知识的创新和应用，强调的是知识的物质化。因此，今天的教育不应当弱化对知识的学习和掌握，而是应该重新思考知识在人才素质结构中的地位；重新思考如何学习知识才能促进知识向能力转化；重新思考如何教授知识才能促进知识的物质化，才能培养学生的知识创新能力。

第一节　知识的分类与表征

一、知识的含义及其时代特征

（一）知识的含义

《中国大百科全书·教育》对"知识"进行了这样的表述："所谓知识，就它反映的内容而言，是客观事物的属性与联系的反映，是客观世界在人脑中的主观映像。"从这一定义中我们可以看出，知识是主客观相统一的产物。知识来源于外部世界，所以知识具有客观性；但是知识本身并不是客观现实，而是事物的特征与联系在人脑中的反映，是对客观事物的主观表征，因此知识又具有主观性。知识的主观性和客观性之间的矛盾，是知识的本源矛盾也是知识更新的内在动力。

上述定义从哲学认识论的角度为我们讨论了知识的内涵，提供了思维的框架，只有从个体认知角度对知识的内涵进行分析，才能有效地指导学生的学习。一般而言，知识对于个体来说，是个体头脑中所具有的信息总和。其实是通过主客体的相互作用产生的，是客观事物的特征与联系在人脑中的能动的反映，是客观事物的主观表征。

（二）知识的时代特征

近三十年来，人本主义、建构主义、后现代主义和情景认知理论对学习心理的研究，改变了人们以往对知识的看法，认为知识具有建构性、社会性、情境性和社会性的特征。

1. 知识的建构性

建构主义从"新认识论"的视角对客观主义认识论做了深刻的反思，他们不再将知识看成绝对客观的，而是认为知识主要是通过个人建构建立的，建构是通过新旧经验的同化和顺应实现的，而建构的过程受到学习情境和个人认识水平的制约和影响。与此相对应，教学就要为学习者提供认知工具，丰富的知识资源，鼓励学习者用自己的已有经验与新知识进行互动，以建构具有个人意义的认知结构。从这个意义上看，教师在教学中更像是一个"学习环境的创设者"。

2. 知识的社会性

知识的建构过程不仅受学习情境和个人认识水平的制约和影响，也会受到社会历史文化的制约。也就是说，知识的建构过程离不开个人与社会之间的互动。维果茨基认为人的内部心理结构不可能从其外部的行为及其发生的社会情境中分离出来，人的社会结构和心理结构是相互贯穿和渗透的。所谓社会关系和社会角色是同身体和意识的过程协调地整合在一起的。知识内嵌于社会，学习通过社会中介的合作过程而发生。人所特有的新的心理结构最初必须在人的外部活动中形成，随后才可能被转移至内部，成为人的内部心理过程的结构。因此人的心理发展是个体和社会性的统一，个体的知识建构过程和社会共享的理解过程是不可分离的。因此，现代教学强调"学习是知识的社会协商"，提倡建立"学习共同体""学习者共同体"促进学生的知识学习。

3. 知识的情境性

知识的情境性，强调的是知识的物质化所需要满足的条件。对过去教育的批评主要集中在过去的学校教育教授的是脱离社会和生活实际的、简单纯粹的知识。实际工作和生活中我们遇到的情景是多变的，我们在传统教育下所获得的简单与刻板的规则，让我们思考如何适应这些多变的场景。以莱夫、柯林斯、格里诺等为代表持有知识情境观的学者认为，教学应该为学习者提供有意义学习的情景，并使学习者拥有促使知识向真实生活情境转化的技能。情境学习理论突出强调了知识与学习的交互特性及实践的重要性，从而为研究知识获得和理解学习社会的、历史的本质开辟了新途径，成为新世纪学习理论领域中的学术主流。

4. 文化性

知识是一种文化，不可避免地带有文化性。当代社会，教育更是已成为促进社会发展和个体发展以及解决贫困、环境、种族冲突等各种社会问题的希望所在。教育之所以被赋予如此重任，是因为人们比以往任何时候都清晰地认识到，社会的、个体的种种问题都与以往知识的状况有关，都有赖于输入新知识、改变以往知识状况来解决，而教育恰恰可以在其中起到不可替代的中介作用。① 无论从人类文化的起源与发展的历时考察,还是从当今世界文化交流与交往的共时考察,社会文化环境及其问题的多样性都客观存在。为了满足这种多样性生存和发展的要求,人类建构的知识体系也是多样化的。知识的这种多样化既具有共同性,又具有历史性,是与一定的社会文化背景相联系的。因此,知识不可避免地带有文化性。在教学中,教师不仅要使学生掌握知识所反映的客观事实及其关系,还要理解知识所附带的文化性,这样才能更清楚地了解促进知识物质化的条件和情景,从而更为有效地促进学习者从知识的掌握向能力的形成过渡。

二、知识的分类

(一) 按照知识描述的内容,可将知识分为陈述性知识和程序性知识

1. 陈述性知识

陈述性知识是用于回答事物"是什么"问题的知识。陈述性知识是能够直接陈述的知识,通常包括有关某一具体事件、事实、经验性的概括断言以及反映真理本质的较深刻的原理等,主要用以说明事物是什么、为什么。陈述性知识是一种静态的知识,它的激活是输入信息的再现,其激活的速度也比较慢,是一个有意的过程,需要学习者对有关事实进行再认或再现。

2. 程序性知识

程序性知识则是用于回答"怎么做"问题的知识。程序性知识是一种个体没有明确的线索,只能借助某种活动形式间接推测出来的知识,通常包括各种方法、策划、实践、程序、常规、方略、策略、技术和窍门等,用以说明做什么和怎么做。程序性知识主要是说明性的,其基本的认知单位通常是一般形式的规则。

值得指出的是,程序性知识是广义性上的分类,它包含了我们平时所指的技能性知识、认知策略知识、元认知知识。这些知识从本质上来说也是一套支配人的认知或动作的操作规则或程序控制,也属于程序性知识的范畴。

(二) 根据知识能否清晰地表述和有效地转移,可将知识分为显性知识和隐性知识

1. 显性知识

显性知识(explicit knowledge)是指"能明确表达的知识",人们可以通过口头传授、教科书、参考资料、核心期刊、专利文献、视听媒体、软件和数据库等方式获取,以可以通过语言、书籍、文字、数据库等编码方式传播,也容易被人们学习。包括"可以写在书本和杂志上,能说出来的知识"。显性知识是能够被人类以一定符码系统(最典型的是语言,也包括数学公式、各类图表、盲文、手势语、旗语等诸种符号形式)加以完整表述的知识。

2. 隐性知识

与显性知识相对,隐性知识(tacit knowledge)是指那种我们知道但难以言述的知识。

---

① 熊宜勤.知识的学习与教学:教育心理学研究新进展[M].桂林:广西师范大学出版社,2005.

隐性知识存在于个人头脑中,它的主要载体是个人,一般很难通过语言、文字、图表或符号进行明确表述与逻辑说明,它是人类非语言智力活动的成果。这是隐性知识最本质的特性。隐性知识是通过人们身体的感官或者直觉、领悟获得的,因此不是经过逻辑推理获得。

20世纪60年代以后,心理学家瑞博(A. S. Reber)根据以上的分类提出人类的学习也有两种模式:外显学习和内隐学习。外显学习是一种需要通过意志努力、策略使用完成学习的过程;内隐学习则是无意识习得环境中复杂知识的过程。

三、知识的表征

知识的学习机制涉及两个基本的问题:一是知识是如何获得的;二是知识在人的大脑中式如何储存的。前者涉及的是知识的理解和掌握,我们将在下一节重点介绍。后者涉及的是知识的表征问题。

表征(representation)又称心理表征或知识表征。表征是认知心理学的核心概念之一,指信息或知识在心理活动中的表现和记载的方式。表征是外部事物在心理活动中的内部再现,因此,它一方面反映客观事物,代表客观事物;另一方面又是心理活动进一步加工的对象。表征有不同的方式,可以是具体形象的,也可以是语词的或要领的。陈述性知识是以命题和命题网络来表征的,程序性知识是以产生式和产生式系统来表征的。

(一)陈述性知识的表征

陈述性知识是描述客观事物的特点及关系的知识。布卢姆等人将陈述性知识分为代表指称物的符号、术语、具体事实(日期、事件、人物、地点等方面的知识)、处理具体事物的方式和方法、惯例、趋势和顺序、分类和类别、准则、方法论、学科领域中的普遍原理和抽象概念、原理和概括的知识、理论和结构等知识。与这些知识类型相应的表征方式主要包括三种水平:符号、概念、命题。

1. 符号表征

符号表征是最简单的陈述性知识。所谓符号表征就指代表一定事物的符号。如学生所学习的字词的词形和语音、数学中的数字、物理公式中的符号、化学元素的符号等都是符号表征。符号表征的学习,就是学习单个符号或一组符号的意义,或者说学习它们代表什么。符号表征学习的心理机制,是符号与其代表的事物或观念在学习者认知结构中建立相应的等值关系。例如,"gǒu(狗)"这个音,对初生儿来说是无意义的,在生活中儿童多次接触"狗"这个动物,并与成年人发出的"gǒu"这语音相联系,儿童逐渐学会用"gǒu"代表他们实际见到的狗,于是"gǒu"这个声音符号对某个儿童来说获得了意义。当生活中出现"狗"的这个声音符号的时候,就会在儿童大脑中激活与其对应的狗的意义。同时,符号表征中常常伴有表象的激活,因此,儿童此时还会在头脑中出现狗的表象。

2. 概念表征

概念是对一类事物本质特征的反映,是较为复杂的陈述性知识。例如,"三角形"这一概念,反映的是具有"三个角和三条相连接的边"这样特征的图形。这个概念的表征不包含它的大小、形状、颜色等特征。学习者形成了"三角形"这个概念,也就掌握了这类图形的本质特征,具有这一概念的一般意义。需要指出的是,概念学习与概念名称(或概念词)的学习是两种性质不同的学习。概念名称的学习属于符号表征学习。

3. 命题表征

命题是对事物之间关系的陈述，是复杂的陈述性知识。命题可以分为两类：一类是非概括性命题，或者称作特殊关系的命题，表述的是两个或两个以上的特殊事物之间的关系，如"北京是中国的首都"；另一类命题表述的是若干类事物或性质之间的关系，这类命题叫概括性命题，如"圆的直径是它的半径的两倍"，这里的倍数关系是普遍的关系，是所有的大小不同的"圆"所共同具有的性质。不论非概括性命题，还是概括性命题，它们都是以由词联合组成的句子来进行表述的，因此命题学习中也包含了符号表征学习。由于构成命题的词一般代表概念，所以命题的学习实质上是学习若干概念之间的关系，或者说，学习由几个概念联合构成的复合意义。如果学生对一个命题中的有关概念没有掌握，他就不可能理解这一命题，因此，命题的学习必须以概念的学习为前提。

（二）程序性知识的表征

程序性知识与陈述性知识的不同之处在于，程序性知识是在人的头脑中以"产生式"这种动态的形式进行表征的。所谓产生式，实际上是一种"条件—行动"的规则。一个产生式就是针对某一或某些特定条件得到满足时发生的某一或某些行为的程序。例如，鉴别"三角形"的产生式规则如下：如果图形为两维图形，且该图形有三条边，且该图的三条边组成了三个角，且三条边相互连接成一封闭的图形，那么可以确定该图形为三角形。

一些产生式可以组合起来形成一个产生式系统或产生式集合。几个产生式之所以能相互联系起来形成一个复杂的系统，是因为其中一个产生式的执行结果为启动下一个产生式创造了条件。例如，三角形全等的证明：

已知：如图 7-1 所示，在△ABC 中，高 AD 与 BE 相交于点 H，且 AD＝BD。

求证：△BHD≌△ACD。

解：因为：AD 是 BC 边上的高

所以：∠ADB＝∠ADC＝90°

因为：BE 是 AC 边上的高

所以：∠AEB＝90°

所以：∠AEB＝∠ADB

又因为：在△AEH 和△BDH 中，∠AHE 和∠BHD 是对顶角，它们相等

图 7-1

所以：∠HBD＝∠HAE

已知：AD＝BD

所以：△BHD≌△ACD（有两角及其所夹边对应相等的两个三角形全等）

这道题的求解，需要的程序性知识是三角形全等的判定条件，是"有两角及其所夹边对应相等的两个三角形全等"；还需要两角相等的判定条件："对顶角相等""两条互相垂直的直线的夹角为直角"和"三角形内角和等于180°，两个三角形的两个角相等第三个也相等"等产生式知识。其中，角相等的产生式为三角形全等的产生式创造了条件。因此，在三角形全等的知识领域中，有关"角"的产生式、有关"线"的产生式、有关三角形"高"的产生式和"三角形全等"的产生式组合成一个产生式系统。

因此，产生式系统的基本特征之一是含有一系列的子目标层次，从而使所有个别的产生式得以相互衔接起来；而当各个产生式的条件得到满足时，便实现了对整个系统中的认知流向的控制。

第二节 知识的理解与巩固

掌握各学科专业课程计划中所涉及的文化知识是大学生学习的主要任务之一。知识的学习包含知识的理解、知识的巩固和知识向能力的转化三个过程。为了促进学生的知识掌握和能力的培养，首先必须弄清知识理解、知识巩固和知识转化的心理机制是什么，影响因素是什么，以及如何促进学生对知识的理解、巩固和转化。

一、知识掌握的实质

所谓知识的掌握，指在学习者对所学习的知识的接受及占有，也就是通过一系列心智活动在头脑中建立起相应的认知结构的过程。在实质上，知识的掌握是通过新知识的获得及新旧知识的整合，从而在头脑中建立起相应的认知结构，并形成心智能力的过程。

以知识掌握的实质上看，对知识的掌握起关键作用的条件是学习者的主动积极性、先前的相关知识储备、智力水平和对学习内容的组织等因素。只要我们遵照知识掌握的实质，协调好这四个方面的关系，就能有效地促进学生对知识的掌握。

二、有关知识掌握的理论

（一）西方学者关于知识掌握的阶段理论

著名认知教学心理学家诺曼（D. A. Norman）和鲁墨哈特（D. E. Rumelhart）根据因式理论，提出知识的掌握需经过生长（accretion）、重构（reconstruction）和协调（tuning）三个阶段。

在生长阶段，学生接触到各种形式的知识，并把这些新接触的"外来"知识与自己原有的知识建立联系，新知识的信息以相对独立的方式被原有图式同化，以个别事实或命题的形式被表征，并具有了意义。因此，在此阶段，学生获取的知识具有零散的和孤立的性质，一般不易迁移，难以应用。此阶段的教学，首先应考虑所教的内容与学生原有知识准备的适合性，即寻找知识的生长点。教学方法主要是讲授法，教学的重点是提供信息。学生主要采取阅读和复习、强化等学习方法。所以评价学习成效的主要指标是简单的再认和回忆。

重构阶段是建立观念间的联系，形成观念间的关系模式。生长阶段所获得的概念，以原来的形式表征，没有精确的定义。随着练习的增加，学习者发现概念之间的部分与整体、上位与下位、论点与论据等的关系，概念的内涵越来越精确，形成了有关概念的某些观念。学习者此时可以用自己的语言，通过技术性的术语对概念进行定义，并在此基础上，形成了观念间的关系模式。此阶段较适宜的教学方法有苏格拉底的"产婆术"、质疑法、发现法等。重构阶段的教学效果评价宜采用论文式测验,要求学生对学习过的材料加以比较,发现异同之点并在有限的范围内加以应用,着重考察学生的综合和比较的能力。

协调阶段的知识由大量的模式构成,根据深层次结构加以组织达到系统化和结构化的水平,最终达到某一观念在新的情境中与其他观念一起被灵活地应用。这个阶段的教学指导应让学生在多种情境下进行变通性练习,同时教师给予适当的纠正性反馈,使学习者对概念理解达到一定的深度和广度,以促进知识的迁移。尤其应引导学生在需要决策、解决问题和排除故障的情境中应用所学的知识。学生的学习方法主要是联系和应用相结合,以便于自己提取信息,并把提取的信息与新情境或原有的知识建立联系,以达到自觉支配和自动化的程度。

(二)我国学者关于知识掌握的阶段理论

我国学者冯忠良(1998年)在上述理论的基础上,结合我国教学的实际,提出了知识掌握的领会、巩固、应用三阶段理论。该理论认为,知识的真正掌握不仅体现在领会知识和巩固知识这两方面,还体现在主动而有效地应用知识去解决有关的问题,即体现知识的应用方面。要掌握知识需要先领会知识,然后在头脑中将领会的知识加以巩固,从而在实际中去应用这类知识,以便得到进一步的检验和充实。领会、巩固、应用是知识掌握中的三个基本环节,而其中的直观、概括、具体化等认知动作和识记、保持等记忆动作是实现这三个环节的核心。

知识的领会是具体事物的抽象化过程,知识的巩固是知识的记忆过程,知识的应用则是抽象知识的具体化过程。由此看来,知识的领会和知识的应用是两个相逆的过程。从认识活动的进程来说,知识的领会是由个别到一般、由具体到抽象、由感性到理性的过程;知识的应用是由一般到个别、由抽象到具体、由理性到感性的过程。从逻辑意义上来说,知识的领会是归纳过程,知识的应用则是演绎过程。从思维过程的内容方面来说,知识的领会在于通过对同类的一些具体事物的一系列分析,抽象概括出这类事物共有的一系列本质特征,从而形成这类事物的概念、原理、定理或法则等抽象知识;知识的应用则要求把抽象知识本身分解为一系列本质特征,并在这些本质特征的指引下去分析具体事物,从中确定这些具体事物是否具有这一系列特征,从而判定这种抽象知识能否包括这些具体事物。

冯忠良认为知识掌握过程中的知识应用,虽然也是通过解决各种形式的问题来体现的,但这些问题多是以课业问题的形式提出,因此不同于解决实际问题。解决课业问题既可以表现为应用已学知识完成有关的口头作业或书面作业,如回答课堂提问、解答习题等,也可以表现为应用知识去完成实际操作或实地作业,如数学的测量、理化的实验、生物的种植与养殖、地理的考察与绘制地图等。而解决实际问题主要是指学生自觉能动地应用已学知识于社会实践,解决或发现生活和生产中的实际问题,如将所学的知识应用于社会服务、社会调查、社会生产等。第一种形式比较简单易行,而第二种形式难度较大,需要多种知识的综合应用,要求智力活动更具有创造性。

虽然知识掌握中的知识应用相对简单些,也具有一定的局限性,是一种低级的初步应用形式,但这并非意味着知识的应用可有可无。对于知识的掌握及其心理结构的构建而言,知识的应用是完全必需的。

诺曼和鲁墨哈特的三阶段理论是从信息加工的结果描述了知识掌握的过程,冯忠良的三阶段理论则是从知识学习的目的角度进行说明的。两个理论都是基于认知学派的学习理论展开论述的,但各有特色。前者强调了知识学习的不同阶段知识在心理表征上的不同,经历了"同化—关系模式—结构化"三个阶段;后者则注重从学习价值的角度强调不同阶段的加工结果。

我们认为,两个理论对前两个阶段的论述是细致而具有联系性的,而对于第三个阶段的论述,则与前两个阶段存在着较大的分离。造成这种分离的原因,是因为内部知识或观念在实际情景中的应用不直接。学习者将知识转化为自己的习惯时,经常是无意识地在认知方式和能力的基础上进行的。这一转化指向外部,但确实是学习者内部发生的学习过程的中重要的一环。缺乏对这一环节的分析,自然就会让我们感受到知识获得和应用之间的距离感。因此,我们认为知识的掌握包含知识的理解、知识的巩固和知识向能力的转化三个过程,其中知识的转化才是知识掌握的核心环节。重视前两个环节的教学,自然会导致知识灌输式的教学风格,强调知识记忆和再现,忽视学生能力的培养。

为了促进学生的知识掌握和能力的培养,就必须弄清知识理解、知识巩固和知识转化的心理机制是什么,影响因素是什么,以及如何促进学生对知识的理解、巩固和向能力的转化。下面将就知识的理解和巩固进行阐述,关于知识向能力的转化我们将在下一节专门论述。

三、知识的理解

理解一般也称为了解或领会,是因个体的大脑对事物分析、决定的一种对事物本质的认识。理解(understanding)是认识借助概念,通过分析、比较、概括以及联想、直觉等逻辑或非逻辑的思维方式,领会和把握事物的内部联系、本质及其规律的思维过程。理解作为人类特有的并与感性相区别的一种理性认识能力,是思维的具体过程之一。毛泽东说:"感觉到了的东西,我们不能立刻理解它,只有理解了的东西才更深刻地感觉它。"(《毛泽东选集》第1卷第286页)理解是一种理性认识活动,是顺着事物的发展脉络或形成原理,进行有条理地剖析的过程。就是通常我们所说的知其然,又知其所以然。知识的理解则指的是对知识所反映的客观事物的一般的、本质的特征与联系的感知过程。

知识的理解是知识掌握的前提,是通过对教学内容的直观与概括这样两个认识环节实现的。

(一) 知识的直观

知识的直观,是指主体通过对直接感知到的学习内容信息的意义或特征进行加工,从而形成对有关知识感性认识的认知活动。例如,在教学中通过阅读有关材料,倾听教师的言语表述,观察模型,动手实验,形象化的图片和影像,理解一些概念、法则、理论和有关描述的意义。在教学内容的直观过程中,学习者不仅进行了感知活动,还包含有想象、思维和记忆等心理过程的参与。知识的直观只能反映知识点的感性特征与联系,提供领会概念与规则所必需的基础性的知识经验。若要形成相应的概念与规则,则必须在此基础上,进行深入的思维加工。由于教学内容是经过教师精心挑选的,其目的在于提供学科知识体系所必备的认识基础,因此对知识的直观要有严格而确切的要求,也要求学生在学习和听讲的过程中具有较高的目的性与意识性,否则将妨碍对知识意义的理解,妨碍对知识的进一步加工和掌握。

（二）知识的概括

知识的概括指主体在知识直观的基础上，通过对知识信息的分析、综合、比较、抽象、概括等深度加工，从而获得对一类事物的本质特征与内在联系的抽象的、一般的、理性认识的过程。知识的概括又分为两种：一是感性概括，一是理性概括。

感性概括也称作直觉概括，它是在知识直观的基础上自发进行的一种低级的概括形式。感性概括是根据事物的外部特征进行的，是停留在知觉水平上的概括。感性概括虽然在形式上也是通过一定的概括得来的，其外延也涉及一类事物而非个别事物，但是从内容上看，它并没有反映事物的本质特征和内在联系，所概括的只是事物的一般外表特征和外部联系。例如，"学困生就是学习成绩不好的学生"就是一种感性概括。感性概括往往是意识自发实现，未经理性分析的结果，因此常常会受事物经常出现的或表现突出的要素所影响，从而将其与其他要素分离出来，并把这些要素看成是该类事物所共有的本质特征。

理性概括是通过论点与具有说服力的论据对知识进行加工，以揭示事物的一般的、本质的特征与联系的过程。理性概括是一种高级的概括形式，是由个别到一般、由表及里、由具体到抽象的思维水平的概括。通过这一水平的知识概括，学生对事物的认识就不再停留在表面的感性阶段，而是深入到了事物的本质方面，上升到了理性认识阶段。理性概括不是自发进行的，而是在主体对感性材料自觉地进行一系列分析、综合、比较、抽象、概括的基础上实现的。

综上所述，知识的理解是在直观感知的基础上，自觉对知识进行分析、综合、比较、抽象和概括的过程。

（三）促进知识理解的教学策略

1. 激发学生学习动机

知识的理解，需要学习者将新知识与已有的知识进行联系，也需要对新学习的知识进行自觉的理性概括，因此在知识的理解中，如果没有学习者积极主动地对知识进行认知加工，就不可能完成新知识的表征、转化、理性概括等心理过程，学习者对知识的理解也只能停留在肤浅的、表面特征的认识上。因此，教师在课堂教学中要调动学生的学习兴趣，通过表扬、反馈、明确学习目的等途径激发学习者的学习动机，使学习者积极主动地投入到对知识的学习中去。

2. 灵活运用各种教学直观形式

为了提高直观的效果，应根据教学的需要和问题的性质，灵活选用实物直观、模象直观和言语直观等直观形式，加深学习者的感知印象，突出事物的本质要素和关键特征。但要注意的是，实物直观虽然真实，但却不适合科学知识初学阶段的学习。心理学家曾用实验研究过实物直观和模象直观对掌握花的构造的不同效果。该实验把学生分成能力相等的两组：一组为实物学习组，一组为挂图学习组。实物学习组的学生，实际到花园去观察各式各样花的构造；挂图学习组只在教室内根据放大了的挂图来学习花的构造。两组学习时间相等。事后以有关花的知识与实物辨认两种方式来测量两组的学习成绩。结果发现挂图学习组在两方面的成绩均较实物学习组为优。形成这一现象的主要原因就是实物学习组的学生受到过多无关刺激的干扰,不能从众多的刺激中发现事物的本质要素,不能很快地把握到要点。因此,我们建议上在教学中先进行模象直观,在获得基本的科学概念和科学原理后再进行实物直观,这样会起到较好的学习效果。

3. 恰当运用正例和反例

在教学过程中,注意使用正例和反例有利于对知识的理解,特别是对知识所反映的客观事物的本质属性的概括中,正例能够帮助学生概括客观事物的本质特征和内在联系,反例则帮助学生辨别对概念或规则的主要属性和次要属性,关键特征和非关键特征。一般而言,概念或规则的正例传递了有利概括的信息,反例则传递了有利于辨别的信息。

4. 为学生提供丰富多样的变式

变式是通过变换同类事物的非本质特征,以帮助学生建立对概念或规则的关键特征和无关特征,同时也强化了学生对客观事物的本质属性及其关系的认识。运用变式可以帮助学生在对教学内容进行概括时,把一类事物或一些事物所共有的特征看作本质特征的错误概括,例如有的学生常常把植物生活的必要条件"适宜的温度、水分和空气"说成是"阳光、水分和土壤"。这就是把一些植物生活的共有特征当作本质特征进行概括的结果。提供丰富的变式还可以帮助学生避免人为地增加或减少事物的本质特征,缩小或扩大概念的外延。

5. 引导学生对知识进行科学的比较

学生所具有的理性知识经验还不够丰富,而事物的本质特征又常常是隐蔽的,因而在比较过程中,学生往往容易忽略事物所共有的一些特征,所以需要将相同或相似的知识进行对比,以加强对知识的深度理解。比较主要有两种方式:同类比较和异类比较。同类比较即关于同类事物之间的比较。通过同类比较,便于区分对象的一般与特殊、本质与非本质特征。异类比较即不同类但相似、相近、相关的事物之间的比较,能使相似客体的本质更清楚,有利于确切了解彼此间的联系与区别,防止知识的混淆与割裂,有助于知识的系统化,建立网络化的知识结构。

四、知识的巩固

知识的巩固对于知识的应用来说,是不可缺少的。只有巩固了的知识,才能在今后的学习、工作和生活中更好地发挥定向作用。知识的巩固有赖于知识的理解,缺乏理解的知识是难以巩固的。知识的理解也有赖于知识的巩固,没有之前所学的知识,就不可能对新学习材料的进行理解,更谈不上概括和巩固。

知识的巩固其实质是知识的记忆,是通过人类的记忆系统来实现的。所谓记忆,是通过识记、保持、再现(再认或回忆)等方式,在人的头脑中积累和保存个体经验的心理过程。从信息加工的观点来看,记忆就是人脑对外界输入的信息进行编码、存贮和提取的过程。人们感知过的事物、思考过的问题、体验过的情感或操作过的动作,以印象的形式保留在人的头脑中,在一定条件下还能恢复,这就是记忆。

(一)影响知识识记的主要因素

识记是获得知识、积累经验的必由之路。要提高记忆效果,首先要有良好的识记方法,尊重识记规律,方可达到事半功倍的效果。

1. 材料的数量与性质

一般说来,要达到同样的识记效果,识记材料越多,平均需要的时间或诵读次数越多。换言之,在其他条件相同的情况下,识记的效果随所识记材料数量的增加而降低。为此,在识记的材料数量较多时,应适当注意分组、分批成分期进行,以减少同时识记的数量。识记材料的性质也影响识记效果。一般而言,识记有意义联系的材料比识记无意义联系的材料效果要好;识记系统性、连贯性较强的材料比识记系统性、连贯性较差的材料效果好;识记直观形象的实物或图像材料比识记抽象概括的言语材料效果好;识记韵文比识记散文效果好。

2. 识记的目的性与主动性

识记的效果不仅与材料特点有关,也受识记时的目的性与主动性的制约。提高有意识记效果的主要方法是明确记忆的目的和任务。因为明确的目的和任务可使人们的全部心理活动趋向于一个目标,使学习任务从背景中突出出来,人们在进行感知时头脑就能留下较深的痕迹。

3. 对识记材料的理解度

实验证明,对学习材料的意义的理解程度是影响识记效果最重要的条件。所谓材料的意义,就是指材料代表着一定的客观事物和学习者已有的某些经验之间的本质所存在的必然的联系。学生在识记的时候,对材料的理解,就是将认识材料代表的客观事物和自己已有的经验相联系,联系的越多,意义的内容也就越丰富,对材料的意义的理解越深刻,联系也就越多。因此,在实际教学中,教师应该指导学生在对学习内容理解的基础上识记。

4. 对学习材料的合理组织

记忆加工的信息单位是组块。所谓组块,是指在信息编码过程中,将若干较小单位(如字)联合成熟悉的、较大单元(如词)的信息加工。组块可以是一个字母、一个数字、一个单词、一个词组,甚至是一个句子。一般认为不同组块所含信息量可以是不等的,组块的方式主要依赖于人过去的知识经验。例如,象棋大师对残局的阅读是以"棋谱"的方式进行的,而初学者还需要分析棋子之间布局关系。

5. 尽可能地运用多重编码

多种分析器同时参加活动是提高识记成效的重要条件。心理学的实验研究充分证明了多重编码的作用。在一个实验中,心理学者分别让三组学生用三种方式识记10张图片:①视觉识记,即只运用视觉编码;②听觉识记,即只运用听觉编码;③视听结合,即既看且听,综合运用视觉和听觉编码。结果发现视听结合的识记效果优于任何单一的识记方式,视听结合编码组可记住内容的80%左右,而视觉编码组和听觉编码组只分别记住了70%和60%左右的内容。实际教学经验也同样证明,综合运用多重编码有利于提高识记成效。例如,地理知识的学习中,学生对地形地貌的识记,可通过识记知识,自己绘制地图来加强识记。

当然,除了上述影响因素外,大脑的觉醒状态、识记的信心对识记也有很大影响。

(二)知识保持的实质与遗忘的规律

保持是识记过的经验在人们头脑中的巩固过程,也就是信息的存储过程。保持是识记和再现的中间环节,没有保持也就没有再认和回忆。

知识保持是一个动态过程,存储的信息在内容和数量上都会发生变化。数量方面的变化,主要表现为保持的数量随时间的推移而逐渐下降。在内容方面,保持的内容可能会发生三方面的变化:一是比原来识记的内容更简略、更概括,一些不太重要的信息趋于消失,而主要内容及其显著特征被保持;二是保持的内容比原来识记的内容更详细、更具体、更完整、更合理和有意义;三是原来识记内容中的某些特点更夸张、突出或歪曲,变得更生动、离奇,更具特色。

记忆保持的最大变化是遗忘,遗忘和保持是矛盾的两面。记忆的内容不能再认和回忆,或者再认和回忆时发生错误,就是遗忘。对于遗忘发展的进程,德国心理学家艾宾浩斯(H. Ebbinghaus)最早进行了系统的研究。他自己既当主试又当被试,独自进行实验,持续数年之久,提出了经典的艾宾浩斯遗忘曲线(见图 7-2)。

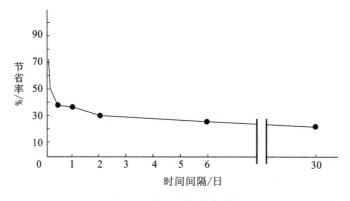

图 7-2　艾宾浩斯遗忘曲线

从图 7-2 中,我们可以看出,遗忘在学习之后立即开始,而且遗忘的过程最初进展得很快,以后逐渐缓慢;过了相当的时间后,几乎不再遗忘。例如,在学习 20 分钟之后遗忘就达到了 41.8%,1 天之后遗忘达到了 66.3%,而 31 天后遗忘仅达到 78.9%。这一研究表明,遗忘的发展是不均衡的,其规律是先快后慢。

从心理学的研究来看,遗忘是一种普遍的和自然的现象,机械的学习材料,若无及时复习,其遗忘迅速且量大;而有意义的学习材料,具体事实比较容易遗忘,但一般概念和原理不易遗忘。

(三) 合理复习,防止遗忘

复习是巩固所学知识的最基本方法,为了促进知识的巩固,避免知识的遗忘,必须注意合理地组织复习。

1. 复习时机要得当

由于遗忘的规律是先快后慢,所以要想提高知识的巩固程度,就要及时进行复习。另外,遗忘开始的一般标志是识记的精确性降低,相似、相近的材料在再认和回忆中容易发生混淆;有时也表现为只能再认而不能回忆(不完全遗忘)。所有这些都表明遗忘开始了,巩固复习必须在这些现象发生以前及时进行。一般说来,刚学过的新知识应该多复习,每次复习所用的时间应长些,而复习间隔的时间要短些;随着记忆巩固程度的提高,每次复习的时间

2. 复习的方法要合理

从复习的方法上看，首先是合理分配复习时间。常见的复习方式有两种，一种是分散复习，一种是集中复习。研究表明，这两种复习方式效果不同，一般分散复习优于集中复习，因为分散复习可以降低疲劳感，可以减少前摄抑制和倒摄抑制的影响。因此，教师在教学中应鼓励学生进行分散复习。复习时要将阅读与尝试背诵结合起来。单纯重复阅读不利于及时发现学习中的薄弱点，因而在重复学习时有一定的盲目性。只有将阅读与尝试背诵结合起来，才可以及时发现学习中的薄弱点，从而在重复学习时，便于集中注意，有针对性地加强薄弱点的学习。综合使用整体复习与部分复习。整体复习指每次复习整篇材料；部分复习指把材料分成几个部分进行复习；而所谓综合使用整体复习与部分复习，即先进行整体复习，而后把材料分成几个部分，进行部分复习。复习方式的选用也应考虑材料的特点，全面照顾到影响记忆效果的各种因素。如果材料是彼此没有意义联系的，采用部分复习法无疑是合理的；如果材料是彼此具有联系的，则必须根据不同情况具体安排。如果材料比较简短，可以采用整体复习法；如果材料比较复杂、冗长，则宜采取综合复习法。

3. 复习次数要适宜

有关研究一致表明，教材的保持或遗忘与复习的次数密切相关。一般说来，复习次数越多，识记和保持的效果越好，但心理学家发现学习的次数也不是越多效果越好，并据此提出了"过度学习"的概念。所谓过度学习，指在学习达到刚好成诵以后的附加学习。当然，过度学习并不意味着复习次数越多越好。有关研究表明，学习的熟练程度达到150%时，记忆效果最好；超过这个限度时，可能引起厌倦、疲劳等因素而降低复习的效果。

总之，促进知识的巩固，防止遗忘，必须注意从时机、方法和程度等方面来综合考虑，并合理安排复习。

第三节 促进知识向能力转化的教学策略

知识是能力发展的源泉，掌握了丰富的知识有利于能力的培养；反过来，提高了能力就能促进知识的掌握。知识和能力是相互依存相互促进的辩证统一体。在教学过程中，掌握知识技能与发展能力是相互依存，相互促进的。能力是在学习知识的过程中逐渐形成的，而能力的发展又促进知识的学习和积累。所以，教学中要注意在传授知识的同时着力发展学生智力，培养其学习的能力。

掌握知识与发展能力都是学校教学的重要任务，处理好掌握知识与发展能力之间的关系对于成功的教学活动来说具有非常重要的意义。知识与智力的关系也是教育界长期争论的焦点。通常人们认为掌握知识不等于形成了能力，特别是不等于具有了解决实际问题的能力。这主要是因为客观知识的掌握并不能自动地转化为主观的能力发展。因此，教育要按照能力形成的规律性，创设适宜的教学环境和学习情景促进学生达到掌握教材内容并获得能力发展的双重目的。为了实现这样的目的就需要了解不同类型知识的掌握规律，不同类型的知识向能力转化的过程和条件,不同技能形成的心理特征等问题。这样,我们才可能将发展学生的能力落实在日常教学过程之中。

一、知识的转化

知识的学习是手段,而不是目的,知识的转化才是目的。人类为了使自身的社会实践更为有效,就不断地积累知识和传播知识,使知识成为人类活动的有机组成部分,这就是知识转化的价值所在。如果只有知识而没有知识转化,知识就只能存在于语言符号的物质层面,称为死的知识。

知识转化指的是指人们利用在实践中所获得的知识向另一种知识、能力以及将知识应用于社会实践的转化过程。从这一概念中,知识转化是由三部分构成:一是一种知识向另一种知识的转化,例如隐性知识与显性知识之间的转化等;二是知识向能力的转化,是将知识由符号表征水平向知识占有者的行为潜能转化;三是应用知识进行实践。在这三个转化中,第二个转化是第三个转化的基础和前提,换句话说,没有第二个转化就不会实现第三个转化。因此,本章中我们重点探讨前两个转化的问题。

还应该注意的是,在知识大爆炸的时代,知识的转化,往往保留基本内核不变,转化的是其边缘部分。或者说,知识的内核不变,变化的是知识的存在形式,或是对知识的某些侧面的强调。例如前些年畅销书《谁动了我的奶酪》,书中阐述的知识并不是新鲜的,但形式的改变和商业的推介模式使其风靡世界各地。从效果上看,知识的这种形式变化推动了知识的转化。再如,"体育是一种教育"这是顾拜旦复兴奥林匹克运动会时的出发点,也是体育最为基本的存在价值。随着社会的发展,体育文化产业的兴起改变了人们对传统体育的看法,于是有些人提出,体育应该定义为是一种文化。因为教育是一种文化,体育是一种教育,所以体育是一种文化的属性,从来就没有改变过。将体育定义为是一种文化,是强调了边缘在属性,忽略其本质属性的做法。但我们也不能漠视这一变化,将体育作为一种文化对体育精神的传播、对体育事业和产业的发展起到积极作用。因此,在当前文化下,知识的形式改变是推动知识转化的一种现实方式。

二、知识间转化的模式

野中郁次郎(Ikujiro Nonaka)和竹内弘高(Hirotaka Takeuchi)于 1995 年在他们合作的《创新求胜》(《The Knowledge-Creating Company》)一书针对企业中的知识管理架构对知识创造和知识管理提出了一个新颖的认识,称作 SECI 模型。

隐性知识包括信仰、隐喻、直觉、思维模式和所谓的"诀窍";而显性知识则可以用规范化和系统化的语言进行传播,又称为可文本化的知识。野中郁次郎认为,在企业创新活动的过程中隐性知识和显性知识二者之间互相作用、互相转化,知识转化的过程实际上就是知识创造的过程。

(一)知识转化的模式

知识转化有四种基本模式:潜移默化(socialization)、外部明示(externalization)、汇总组合(combination)和内部升华(internalization)。SECI 模型认为不管是人的学习成长,还是知识的创新,都是在社会交往的群体与情境中来实现和完成的。正是社会的存在,才有文化的传承活动,任何人的成长、任何思想的创新都不可能脱离社会的群体、集体的智慧。因此,关于"隐性知识"与"显性知识"相互转化的四种模式,实际上是隐性知识"社会化(socialization)、外在化(externalization)、组合化(combination)、内隐化(internalization)"的过程。

(1) 潜移默化——社会化,指的是隐性知识向另一个隐性知识的转化。它是一个通过共享经历建立隐性知识的过程,获取隐性知识的关键是通过观察、模仿和实践,而不是语言。

(2) 外部明示——外在化,指隐性知识向显性知识的转化。它是一个将隐性知识用显性化的概念和语言清晰表达的过程,其转化手法有隐喻、类比、概念和模型等。这是知识创造过程中至关重要的环节。

(3) 汇总组合——组合化,指的是显性知识和显性知识的组合。它是一个通过各种媒体产生的语言或数字符号,将各种显性概念组合化和系统化的过程。

(4) 内部升华——内隐化,即显性知识向隐性知识的转化。它是一个将显性知识形象化和具体化的过程,通过"汇总组合"产生新的显性知识被组织内部员工吸收、消化,并升华成他们自己的隐性知识。

以上四种不同的知识转化模式是一个有机的整体,它们都是组织知识创造过程中不可或缺的组成部分。总体上说,知识创造的动态过程可以概括为:高度个人化的隐性知识通过共享化、概念化和系统化,并在整个组织内部进行传播,才能被组织内部所有员工吸收和升华。

(二) 知识转化的情景

对于知识转化四个过程所需要的情景,野中郁次郎把它们称作"场(Ba)",对应于四种知识转化模式分别为"创始场(originating ba)、对话场(interacting/dialoguing ba)、系统化场(cyber/systemizing ba)、练习场(exercising ba)"。每个场所分别提供一个基地,以利进行某一特定阶段的知识转化程序,并使知识之创造加速进展。将四个场所的四个知识转化程序前后加以连贯起来,就构成一系列不断自我超越的程序,同时也随之显现了知识转化的螺旋式演进情况。

1. 创始场——隐性知识的社会化

在创始场,个人之间基于同理心,或彼此相爱相惜,因而得以排除自我与他人之间的障碍,展现出关怀、爱心、信任与承诺,彼此交互表露其感觉、情绪、经验与心态。创始场是知识创造过程中之起点,属于社会化阶段。个人之间亲身的面对面之接触经验对隐性知识的移转与转化十分重要。因此,应强调开放式组织设计,使组织成员能充分接触他人,以便个人之间直接交谈与沟通。

2. 对话场——隐性知识的外在化

将拥有特殊知识与能力的一些人组成"小组",让这些小组的成员在互动场所彼此交换想法,同时也对他们自己本身的想法加以反省及分析。大家以开放态度,彼此充分对话,将隐性知识转变为显性知识,以便创造新知识及价值。

3. 系统化场——显性知识的组合化

利用网络空间而非实际的空间与时间,来进行互动,将组织内部新的显性知识与现有的资讯与知识组合,以便再产生更新的显性知识,并使之系统化。

4. 练习场——显性知识的内隐化

练习场所代表内化阶段(the internalization phase),能促使显性知识转化为隐性知识。在资深教师与同事的指导下,以观摩或实际演练等方式不断的练习,而非只听教师讲授分析教材,能在实际工作生活中或模拟的情境下应用显性知识,并持续将这些知识内化。

野中郁次郎等人提出的SECI模型堪称是对知识转化过程进行的最深入的探究。它准确地揭示了知识生产的起点与终点,清晰地辨识了知识生产模式的常规类别,为我们开展促进学生的知识交流与共享的教学提供了一个参考框架。上述知识间的转化模式,至少体现了知识的社会性和建构性的特点,突出了合作学习和练习对知识的重要作用,要求我们在教学中能够在四种知识的转化中创造各自不同的需求环境,促进学生对知识的理解和转化,推动知识的创新。

三、知识向能力转化的机制

有些教育心理学家认为能力是稳定的个性特征,是很难以变化的,例如维纳在其心理归因理论中,就将能力看作是稳定的内部因素。但当代认知心理学家们认为,认知策略水平是智力高低的一个重要指标,认知策略水平的提高能有效地促进能力的发展。如前所述,认知策略属于程序性知识的范畴,因此促进知识向能力的转化,重点是提高大学生策略性知识的水平。

张庆林等人认为,策略性知识向能力的转化需要四个步骤。

(一)策略性知识的概念化

所谓策略性知识的概念化,是指学生在学习策略性知识时,能借助于书面文字的表达在头脑中真正理解策略性知识,建立起准确的策略性知识概念。学生记住了策略性知识,并不一定真正理解策略性知识的真正含义,也就不能在社会实践中运用所学的策略性知识。促进策略性知识概念化的根本措施是促使学生将新学的策略性知识与其已有的相关知识或经验建立起内在的联系,促进策略性知识的同化。促进概念化的另外一个重要措施是引导学生用自己的语言阐述所学的策略性知识,加深对策略性知识的理解和掌握。

(二)策略性知识的条件化

所谓策略性知识的条件化,是指学生不仅要学会运用所学的策略性知识,而且知道所学的策略性知识可以用到什么情景之下,或者说在什么条件下才能使用该策略性知识。把策略性知识的运用方法和运用条件结合起来储存在大脑之中,形成一个"如果……,那么……"的条件性认知结构。只有将所学的策略性知识条件化,才能在遇到恰当条件时有效地将策略性知识提取出来加以运用。为了提高知识在解决实际问题中的有效利用性,在呈现知识时,有必要使学生同时考虑这些知识在课堂之外的背景中的应用条件。

(三)策略性知识的结构化

所谓策略性知识的结构化是指将逐渐积累起来的策略性知识加以归纳整理,使之条理化、系统化、纲领化,形成相互关联的产生式系统。心理学研究发现,专家和新手的知识组织是不一样的,新手头脑中的知识是零散和孤立的,呈现水平排列方式、列举方式。而专家善于利用策略性知识,头脑中的策略性知识则是按其内在联系有组织和系统地按层次排列。

(四)策略性知识的自动化

所谓策略性知识的自动化是指策略性知识的掌握要达到熟练的自动化程度。策略性知识经过练习达到自动化的熟练程度,就可以在头脑中表征为一个知识组块。在运用时就只需占用较少的注意资源,从而会有更多的注意资源用以考虑问题的其他方面。因此,这样的策略性知识就能在问题解决的过程中有效地与问题的各个方面发生联系,结合起来促成眼前问题的解决。

策略性知识本身并不能保证学生能力的提高,这存在一个怎么教的问题。因此,必须研究怎样进行策略性知识的教学才能真正实现科学高效。张庆林等人认为应该使学生持有积极主动的学习态度,并遵循把一个完整的思维过程分解成一个个具体的思维技巧,然后逐一加以训练的分解性原则、注重精练的练习性原则、注重让学生体验自己的认知加工过程的过程性原则、主张循序渐进、适当超前和螺旋上升的铺垫性原则进行策略性知识的教学。他们还在教育实验的基础上,提出了策略性知识的六阶段(感悟、尝试、反思、运用、迁移、巩固)教学模式。

四、促进知识向能力转化的教学策略

(一)促进学习者对知识的意义进行准确感知和深入理解

学习者只有将新知识的意义与其认知结构中原有的适当观念发生本质的、必然的联系,使新知识获得心理意义,才能促进知识的概念化进程。怎样才能促使知识意义化呢?奥苏贝尔在有意义学习理论中提出了有意义学习必须具备三个条件,首先学习者认知结构中必须具有同化新知识的适当的认识结构;其次学习者必须具有积极主动地将新知识与认识结构中的适当观念加以联系的心向;最后学习者必须积极主动的使这种具有潜在的新知识与认知结构中的有关旧知识发生相互作用,使认知结构或旧知识得到改善,使新知识获得实际意义及心理意义。为了促进知识的概念化,教师可以利用直观教学或实际操作、提供丰富多彩的变式、科学地进行比较、创设问题情境、提供先行组织者、让学生学会概括等手段来促进学生对新知识意义的理解。

(二)将知识的学习和实践结合起来

由知识向能力的转化,需要将知识熟练化,形成知识提取的自动化,这就需要一定量的练习。练习就是为了有意识地改善对知识掌握的准确性和熟练性,而不是简单地多次地重复。实践是教育的重要属性,表现为教育过程不能脱离实践,同时教育的培养目标也指向实践。因此,为了提高知识应用的适合性,还应为学生提供变式练习的机会和与实践相结合的练习,在不同的情境下和实践中接受结果的反馈,练习才更会有针对性,才能在学习者的"学习区"中开展,也才能真正促进知识的熟练化和准确性,这样的练习也才能成为真正意义上的练习,从而有效地促进学生的学习。

(三)促使学生形成系统性、结构化、层次清晰的命题网络和产生式系统

要定期监督学生对知识进行整理与总结,使之融会贯通,形成具有一定的结构和系统。让学生利用归类法、纲要法、图表法等,将所学的有关联的陈述性知识综合贯通,形成"命题网络"。而对于程序性、策略性的知识学习,要注意让学生在领悟、理解的基础上,将其经验化、自动化和条件化,促其形成"产生式系统",才能够在实践中自觉地应用知识分析问题、并创造性地解决问题。

总之,知识的传授和能力的培养,二者相互依存、相互促进、互为条件。在教学过程中,我们注重将知识的学习和练习实践相结合,将教师指导与学生主动思考相结合,使学生真正学会学习,既掌握了知识,也获得了能力的发展。

复习与思考题

1. 知识学习的实质是什么?
2. 什么是程序性知识和陈述性知识?
3. 什么是知识的理解?促进知识理解的教学策略有哪些?
4. 促进知识掌握的方法有哪些?
5. 如何防止知识的遗忘?
6. 促进隐性知识和显性知识相互转化的模式有哪些?
7. 知识向能力转化的机制是什么?
8. 教学中如何促进学生的知识向能力转化?

第八章 技能的获得与培养

第一节 技能概述

在教学中,"技能"是一个经常被提及的词汇。长期以来,我国教育界重视和突出学生的基础知识、基本技能、基本能力和健康个性的培养。因此,在教学目标体系中学生相关技能的形成就成为一个重要的组成部分。那么什么是技能,技能是怎么形成的,教学如何促进学生技能的形成,就成为教师非常关心的问题。

一、技能的概念及其特征

生活中,我们往往将技能看作是运用知识和经验执行一定活动的能力,而通过反复练习到迅速、精确、运用自如的技能则叫"熟练"或者"技巧"。在心理学中,技能则被定义为是运用已有的知识经验,通过练习而形成的趋于完善化、自动化的智力活动方式和肢体动作方式的复杂系统。这一定义,表明技能具有三个典型的特征。

第一,技能与知识经验是相互联系的。一定的知识经验是形成某种技能的必要条件。例如,儿童要形成计算技能,就必须掌握数概念、懂得运算法则等知识。一般来讲,学生对基本知识的掌握越牢固,越有助于技能的形成。技能与知识经验虽然有密切的联系,但是,二者还是有区别的,知识是对经验的概括,而技能则是对动作和动作方式的概括。

第二,技能是通过练习而形成的。技能的形成不是遗传的结果,它是在后天生活中通过练习而形成并逐步完善的。技能是由一定的任务驱动的,通过有目的、有计划的练习而形成的具有一定的客观标准、指标或规范的智力活动方式和肢体动作方式。

第三,技能是一种接近自动化、完善化的复杂的动作系统。动作方式越熟练,动作系统越完善,越有利于活动任务的完成。特别是在复杂的动作系统中,动作的自动化成分越多,越有利于提高活动效率。因此,动作接近自动化,趋于完善化,这也是技能形成的标志。

二、知识与技能的关系

技能和知识的关系非常密切,技能是掌握知识的前提,又是掌握知识的结果。两者是互相转化、互相促进的。首先,知识的获得是技能习得的基础。技能是学习者对学到的程序性知识经过内化的产物,所以教师可以通过传授知识给学生,促使学生形成技能。掌握知识的多少影响技能形成的快慢和深浅。例如驾驶,不懂得车辆的结构和性能,没有驾驶知识的人,其驾驶技能的掌握程度就会受到限制。其次,技能的掌握又反过来影响知识的学习,技能的获得为获取新知识提供了可靠的保障。

知识与技能又有明显的区别。从功能上来看,知识是对事物是什么、怎么样的描述和说明,而技能是运用知识和经验完成一定活动的能力;从测量的方式来看,知识可以通过"表述"或"告诉"的方式进行直接测量,而技能只能通过观察人的行为或是行为的结果进行间接测量;从心理表征来看,知识主要以命题网络的形式进行表征,技能则以产生式和产生式系统来进行表征;从激活和提取速度看,知识的激活速度较慢,技能的激活速度较快,而且相关联的技能之间能自动地相互激活;从学习和遗忘的速度来看,知识的记忆速度较快,但遗忘也快,而技能的习得速度较慢,但不易遗忘。

三、技能学习的类型

皮连生在《智育心理学》中提出,我国教育学和心理学领域应该扬弃苏联心理学的陈旧概念,重新确立广义技能与狭义技能等概念。广义的技能,包括动作技能、加涅所区分的对外办事的智慧技能和对内调控的认知策略;狭义技能仅指动作技能。技能的心理实质是程序性知识支配了人的思维活动和行为。按上述观点,我们将技能的学习分为动作技能的学习、智慧技能的学习和认知策略的学习。

(一)动作技能的学习

动作是在神经系统的调控下,由肌肉与骨骼参与的运动而产生的一种现象。当人们在完成一项任务中,对所涉及的一系列实际动作,能以完善的、合理的方式组织起来,并能自动化地、不受意识直接控制而熟练进行时,就成为动作技能。动作技能的含义包括两个方面:一是描述如何进行运动的规则;二是因练习与反馈而逐渐变得精确和连贯的实际肌肉活动。运动技能的水平往往用其动作的准确性、流畅性与时间的精确性来衡量。

(二)智慧技能的学习

言语信息的学习帮助学生解决"是什么"的问题,而智慧技能的学习要解决"怎么做"的问题。加涅认为每一级智慧技能的学习要以低一级智慧技能的获得为前提,最复杂的智慧技能则是把许多简单的技能组合起来而形成的。他把辨别技能作为最基本的智慧技能,按不同的学习水平及其所包含的心理运算的不同复杂程度依次分为:辨别—概念—规则—高级规则(解决问题)等智慧技能。智慧技能的主要特征有三个:①观念性,指的是智慧技能的认知操作对象是一些观念,如法则、概念等,智慧技能活动运用科学的概念进行推理、判断,作出问题解决的决策和策略;②内潜性,指的是智慧技能是借助内部言语在头脑里默默地进行;③简缩性,指的是智慧技能形成后,认知操作出现从完整到压缩、简化的变化趋势,将把整个认知过程加以高度的压缩,合理地省略中间环节,加快认知的速度,达到认知操作的自动化。

(三)认知策略的学习

认知策略是学习者用以支配自己的注意、学习、记忆和思维的有内在组织的技能,是用以支配自己的心智过程的技能。从学习过程来看,认知策略是控制过程,它能激活和改变学习行为的执行和控制。认知策略与智慧技能的不同在于智慧技能定向于学习者的外部环境,而认知策略则支配着学习者在应对环境时其自身的行为,即"内在的"调控。认知策略是优化信息加工效果、提高加工效率的一种认知技能,它是学习策略的最主要的成分。

第二节 动作技能的形成与教学

一、动作技能的形成

通过对动作技能形成的心理过程分析,我们能够正确地认识、把握动作技能学习的心理特点和规律,能更有效地指导学生进行动作技能的学习与训练,提高教学的质量和水平。一般认为,动作技能的形成过程分为三个阶段。

1. 动作的认知和定向阶段

这一阶段的主要任务是领会动作技能的基本要求,掌握局部动作。这一阶段的特点是使学习者对动作方式有所了解,并在头脑中形成动作的印象,以便对所学的动作进行定向。从内容上看,包括知识和动作两方面,学习者既要了解与某种技能有关的知识、性质、功能等;也要了解动作的难度、要领、注意事项及动作步骤等。从教学过程来看,这一阶段的讲授主要包括讲解和示范两个环节,由教师通过讲解、演示、模型、幻灯、影像等将整套动作分解成若干局部动作,让学生逐个学习掌握。对于学习者而言,则包括观察、记忆、想象三个环节。从运动心理学角度看,主要是学习者在头脑中形成对当前动作在时间、空间位移上的运动知觉,形成动作表象。

2. 动作的联系阶段

这一阶段的重点是经过反复练习,使所学的局部动作联系起来,形成一个动作连续体。此阶段不仅要求各个局部动作准确无误,而且要求全套动作要形成动作连锁反应,各个动作环节自动地依次出现。从运动心理学角度分析,在上一阶段形成的视觉表象的基础上,将视觉表象与动觉表象结合起来,逐步形成运动表象,从而更迅速而正确地掌握动作。在学习动作技能时,教师要通过示范和讲解,并组织学生进行有目的的观察,以此来达到形成正确视觉表象的目的。这一阶段的教学关键在于教师的示范,示范不仅要正确,将整体示范与分解示范有机结合起来,还要突出动作的重点。

3. 动作的协调和完善阶段

在这一阶段,学习者整套动作相互协调,肌肉运动的感觉作用占主导地位,意识对动作的调节作用大大降低,精神紧张度下降,注意范围扩大,能根据情境变化,适当地调整动作技能。从运动心理学的角度分析,这一阶段学习者要在头脑中形成运动概念。运动表象反映的是动作的具体特点和外表形式,而动作概念反映的则是动作的实质、要领和规划。在这个阶段,教师要向学习者指出动作与动作之间的内在联系、依存关系,引导学生钻研学习动作的规律,理解掌握动作概念,准确、快速地形成运动技能。

综上所述,动作技能的形成需要从掌握局部动作开始,到建立动作连锁,最后达到动作的协调和完善。动作技能的形成还可能出现起伏,经过所谓的"高原期"(指在练习中后期出现的进步暂时停顿的现象),之后会趋向熟练、稳定。学习者对动作的控制要经历以视觉为主到以动觉为主的交替过程,知觉和动作协调的建立,主要取决于反馈,而动作的熟练依赖于反复地练习和强化。

二、影响动作技能学习的因素

(一)指导

动作技能的学习必须经过认知阶段,教师在这一阶段促进学生的学习时,经常采用指导和示范的方法。1945 年,心理学家戴维斯(D. R. Davies)曾做过有关教学指导的实验研究。在实验中,被试分两组学习射箭。甲组受到详细指导:演示如何站立,如何握弓,如何放箭。乙组自行尝试,未受严格指导。经 18 次练习,指导组射中率为 65%,尝试组射中率为 45%。研究者指出,指导组更多地注意了技术和正确的姿势,而尝试组更多地注意目标,只有当他们的预期未成功时,才考虑到姿势,这对他们改进技能并无帮助,似乎他们未认识到改进技术的必要性。1972 年麦伦洪(J. E. Manachan)也做了类似的比较研究。他要求发现组的被试更多地注意姿势、计划,并评价自己的技术,以此提高发现组的成绩。即使如此,指导组的成绩仍然高于发现组,因为发现组的学生使用的是比较笨拙的技术。

(二)示范

示范是将动作技能演示出来,以便学生能够观察到动作的成分。在动作技能学习的初期阶段,要使示范有效,示范动作必须慢速进行。这是因为初学者在刚刚接触一个新的动作时,很容易因新的信息量过多而超载。示范的进程速度由学习者是否掌握了示范动作来决定,因为学习者的知识未达到某一关键点时,其后的学习往往是无效的。研究还表明,学习者在观察示范者的表现时,除了可能获得一些如何执行任务的基本信息之外,获得的启示极少。因此,示范要与言语指导相结合效果才会更好。但有意思的是,在观看示范时,学习者得到的最大受益,是在看到示范者犯错误的时候。有可能是因为,在示范学习中,我们从错误表现中要比从正确表现中学到的更多。

(三)练习

练习是影响动作技能学习的最重要因素。这里的练习是指刻意练习(deliberate practice),即练习者要抱有改进其作业水平的目的,而且这种练习并不是快乐有趣的,而是需要付出一定的努力。埃里克森(Anders Ericsson)认为个体通过单一的重复训练无法达到最高行为水准。技能获得中的"高原现象"表明,如果仅通过简单重复,技能的发展只能限定在一个相对较高的水平而达不到最高水平。因此他认为,行为的改进并非是训练积累的自然结果,必须通过更优化的训练方式对当前行为做有意识的重构。练习的精髓是要持续地做自己做不好的事。心理学把人的知识和技能分为层层嵌套的三个圆形区域。最内一层是"舒适区",是我们已经熟练掌握的各种技能,最外一层是"恐慌区",是我们暂时无法学会的技能,二者中间则是"学习区"。只有在学习区里面练习,一个人才可能进步。有效的练习任务必须精确的在练习者的"学习区"内进行,具有高度的针对性。

(四)反馈

在技能形成中,反馈对技能动作的学习和完善起着重要的调节作用。在动作技能中,反馈可分成外反馈与内反馈两种。外反馈是指外部信息源提供的视觉、听觉等的反馈,例如旁观者的指点、动作示范、自己的动作影像等。内反馈指由肌肉或关节提供的动觉反馈,是动作的自然结果。在动作技能形成的不同阶段,反馈所起的调节作用的方式也在变化。在技能形成的初期,内反馈与外反馈都很重要,但来自外界的视觉反馈起着更重要的作用,人们根据外部的反馈结果,对反应进行调整和校正,使动作朝向所要达到的目标。随着技能的形成,外部感觉的控制作用逐渐为动觉的控制所代替,动觉反馈在动作技能的调节中便起着越来越重要的作用,人们能够摆脱视觉的控制而根据肌肉和关节提供的反馈信息对动作进行调整。由此可见,反馈方式的变化,也是技能形成的一个重要标志。

三、有效地促进学生动作技能的学习

动作技能是通过练习而形成与改善的。这里的"练习"不同于机械地重复,它是有目的、有步骤、有指导的活动。要有效地促进学生动作技能的学习,实质上就是要提高学生练习的效率。为了提高练习的成效,教师必须注意以下几方面。

(一)提高学习者对动作技能形成的期望和动机

刻意练习理论告诉我们,技能的练习并不是快乐有趣的,需要付出一定的努力。一般说来,有明确的期望和目标的学习相比较于无明确期望、目标模糊的学习更有效。目标和期望的提出既要考虑到任务的难易,也应根据学生的实际情况来制定。学生明确了练习的目的期望,有助于产生完成练习的内在动机,从而提高练习的积极性和主动性。

(二)将动作示范和有效的指导结合起来

在动作技能的认知阶段,教师要进行动作示范,学生在观看了动作示范之后,再通过自己的练习,掌握并完成动作技能的学习。在学生动作技能的学习中,教师的语言指导具有相当重要的作用,尤其是在动作技能学习的开始阶段,因为此时学习者除了动作的视觉感知外,还必须获得有关动作的要领、程序的具体提示,才能有目的、有步骤,从而高效率地开始其动作技能的学习。教师还要注意通过演示、解说、录像展示等方法对学习者进行策略方面的指导。一旦学习者利用外加策略有效地完成任务后,这些策略便会成为学习者的经验,并有可能自发地在后继学习中使用。

(三)将练习与反馈结合起来

动作技能的形成需要一定量的练习。练习就是为了有意识地改善动作而多次地重复动作,但只有当学习者从他们的动作或动作的结果中接受反馈时,练习才会有针对性,才能在"学习区"中开展,而不是简单的重复,也才能对学习起到促进作用。为此,教师在教学过程中,教学不仅要根据动作技能形成各阶段的特点,适当给学生分配练习的次数与时间,还要及时反馈,让学习者知道自己在练习过程中要达到什么样的结果,意识到自己的正确动作、错误动作及产生原因,使学生的练习成为真正意义上的练习,从而有效地促进学生动作技能的学习。

第三节 智慧技能的形成与教学

一、智慧技能形成的实质

在心理领域中,关于智慧技能形成的实质主要有两种观点。

一是苏联心理学家加里培林的智力动作观。加里培林认为心智动作虽然不同于外部的实践动作,但是是通过实践动作的"内化"而实现的。"内化"是外部动作向内部的转化,也就是内部动作映象形成的过程。实践动作的内化要经过一系列的阶段,在不同阶段,动作执行方式得到不断改造,而关于动作本身的印象也相应地发生质的变化。所以,实践动作的内化过程是一种能动的反映过程,并非是机械的"投射"或"延伸"过程。加里培林认为,心智动作是外部的、物质活动的反映,是外部物质活动向反映方面——知觉、表象和概念方面——转化的结果。也就是说,心智动作的形成要经过一系列的阶段,在每一阶段,心智活动的性质与水平都发生相应的变化。

二是安德森的 ACT(adaptive control of thought)理论。该理论用产生式系统去模拟人类的认知,解释智慧技能的形成。人们在实践中认识事物的内在联系,得出一般结论、原理等。这样的结论和原理原先作为命题知识被储存在人的记忆中,这样的知识是陈述性的。如果经过一定的练习,使结论和原理以产生式的形式表征,那么原先的结论和原理就转化成人们的办事规则。产生式系统由一组条件-活动法则组成,用"if...then..."结构表示。技能是以一些产生式来表示的,这些产生式根据具体的情境可以激活。技能形成的开始阶段,与某种任务有关的知识通过手段-目的分析和类比推理等通用的方法被搜集与记忆,并将其转化为产生式法则。在自动化阶段,学习的机制是调整,对产生式规则作适当的调整以适应环境需要。主要的调整方式有三种:一是概括化,提高某一法则的概括性以能够覆盖更多的刺激,这样更多的"if..."条件可以引发一个"then..."反应;二是分化,增加能引发某一产生式法则的使用条件的数量,使产生式法则针对某一特定的条件进行反应;三是包含,将旧的法则进行调整建构新的法则,或者精细加工原有的法则以用于新情境。

二、智慧技能形成阶段

对于智慧技能的形成,心理学家们提出了不同的理论。

(一)安德森的智慧技能形成三阶段理论

安德森(Anderson,1995年)将菲茨与波斯纳(Fitts & Posner,1967年)的动作技能形成的三阶段用于解释智慧技能形成的过程。

1. 认知阶段

认知阶段的主要任务是了解问题的结构,形成对问题的表征。通过手段-目的分析和类比推理等通用的方法,对问题的起始状态、要达到的目标状态、从起始状态到目标状态所需要的步骤进行分析,从而形成最初的问题表征。对于复杂的问题而言,还要分析问题的各个子目标以及达到子目标所需要的算子(operator)。

2. 联结阶段

在此阶段,学习者应用上一阶段形成的"手段"来解决问题,主要表现在把某一领域的描述性知识"编辑"为程序性知识。知识的编辑是建立使一系列的条件与行动能快速、流畅执行的一种程序性表征过程,其间将出现两个子过程:合成与程序化。所谓合成,是将一系列个别的产生式依次组合成一个前后连贯的程序。所谓程序化,是指在执行这一程序的过程中,将逐渐摆脱对陈述性知识的提示依赖。随着不断的练习,学习者对解决问题法则的言语复述逐渐减少,而能够直接认出某一法则的可适用性。在该阶段,个体可逐渐产生一些新的产生式法则,以解决具体的问题。

3. 自动化阶段

自动化阶段是个体对特定的程序化知识进一步深入加工和调整。在此阶段,个体操作某一技能所需的意识控制较小,且不易受到干扰。值得注意的是,高度自动化的程序也可能使人的反应变得刻板,因此安德森认为对某些程序保持一定程度的有意识控制十分重要。

(二)加里培林的智慧技能的五个阶段理论

加里培林认为智慧技能是由一系列的心智动作构成的,心智动作的形成过程按以下五个阶段进行。

1. 活动的定向阶段

活动的定向阶段也就是了解、熟悉心智动作,使学生知道做什么和怎么做,从而在头脑中建立起心智动作的印象。这就不仅要向学生呈现心智动作的模式,而且要说明心智动作的目的、动作客体和动作方式。例如"加减运算"的心智动作包括运算的目的(求几个数量的和)、运算的客体(客观事物的实际数量)、运算的操作程序(运算步骤及次序)和运算的方式。向学生演示加减运算的目的,就是使学生感知到上述动作,在上述动作感知的基础上形成动作定向。

2. 物质或物质化活动阶段

活动的最初形式可以是物质的,也可以是物质化的。这两种活动形式的差别,不在于操作,而在于动作的客体。在物质的活动形式中,动作的客体是实际事物,是对象本身。在物质化的活动形式中,动作的客体不是对象本身,而是它的代替物,如模拟出实物的某些本质特性和关系的模型、蓝图、图解、图样、标本以至记录等。学习主体能够使用它们进行外部活动,把它们加以对比、测量、移动和改变等。在此情况下,动作的对象是关于实物的特性和关系的物质描绘,是关于这些特性和关系的物质化。因此,加里培林把使用这些客体的活动叫作物质化的活动。

3. 出声的外部言语阶段

出声的外部言语阶段的特点是活动离开了它的物质或物质化的客体,以出声的外部言语形式来完成实在的活动。例如,在加法运算的教学中,在儿童面前摆出两组不等的实物,让他们把每组都数一数,然后把实物收起来,或是闭上眼睛,或是把实物盖起来,要儿童用出声的言语计算出它们共有多少。加里培林认为,活动向言语方面的转化不仅意味着用言语来表达活动,而且意味着在言语中完成实在的活动具有了新的言语形式。

4. 不出声的外部言语阶段

这一阶段同前一阶段的不同点,在于活动的完成是以不出声的外部言语形式来进行的。这种不出声的外部言语要求对言语机制进行很大的改造,因为这种言语形式涉及重新学习及掌握。这一点在儿童学习由朗读过渡到默读时,表现得较明显。这一阶段在智力活动形成的教学上具有相对独立的意义。

5. 内部言语阶段

内部言语阶段是活动达到智力水平的最后阶段,也就是名副其实的智力活动的形成阶段。一般认为,由外部言语过渡到内部言语,在言语的机能与结构上都发生重大的变化。在机能方面,如果说外部言语经常是与他人进行交际的手段,是指向别人的,那么内部言语则完全失去了这些功能,是"为自己用的言语"。内部言语是为调节智力过程的进行而服务的,它在结构上也发生重大变化,不再是扩展的与合乎语法的,常常被简缩成不合语法的结构。

(三)冯忠良的智慧技能形成三阶段说

我国学者冯忠良(1998年)在长期从事教学改革实践的过程中,根据加里培林的心智活动按阶段形成理论,提出了智慧技能形成的三阶段说,即原型定向、原型操作和原型内化。

1. 原型定向

所谓原型,即是外化了的智力活动的实践模式或"物质化"了的操作活动程序。在原型定向阶段,学习者的主要任务,首先是确定所学智慧技能的实践模式,其次是这种实践模式的动作结构在头脑中得到清晰的反映。其目的在于熟悉活动的对象,了解活动的结构,即了解构成活动的各个动作要素及动作之间的执行顺序,并了解动作的执行方式,为以后的学习奠定基础。

2. 原型操作

原型操作是智慧技能形成的核心阶段,是依据智慧技能的实践模式或操作程序把主体在头脑中建立起来的活动程序计划,以外显的操作方式付诸实施。在这一阶段,学习者要依据活动的原型,把构成这一活动的所有动作系列,依次按照一定的顺序做出,不能遗漏或缺失。每个动作完成之后,要及时检查,考察动作的方式是否能正确完成,对象是否发生了应有的变化。只有在展开的活动中,主体才能确切了解活动的结构,才能在头脑中建立起完备的动作映象,才能获得正确的动觉经验及确保活动方式的稳定性。

在此阶段,还应注意变更活动的对象,使心智活动在直觉水平上得以概括,从而形成关于活动的表象。采用变式加以概括,有利于学生智慧技能的掌握和内化。

3. 原型内化

原型内化即心智活动的实践模式向头脑内部转化,由物质的、外显的、展开的形式变成观念的、内潜的、简缩的形式的过程。也就是动作离开原型中的物质性客体及外显形式而转向头脑内部,而借助言语来作用于观念性对象——主观映像,从而对事物的主观映像进行加工改造。

为了促使活动方式顺利内化,动作的执行应注意与言语相结合,一边进行实际操作,一边用言语来标志和组织动作的执行。心智技能作为一种心智活动方式,是借助于内部言语默默进行的,而内部言语必须以外部言语为基础。在原型操作阶段,外部言语作为心智动作的标志及执行工具,在"内化"过程中具有十分重要的作用。

动作的执行应遵循由出声的外部言语到不出声的外部言语再到内部言语的顺序,不能颠倒。在开始阶段,操作活动应在言语水平上完全展开,即用出声或不出声的外部言语完整地描述原型的操作过程(此时已没有实际操作),然后逐渐缩减,再由出声向不出声转化。在内化阶段,要注意活动的掌握程度,不能过早转化,也不宜过迟。

三、智慧技能的分类及其教学

20世纪70年代中期,美国著名心理学家罗伯特·加涅把智慧技能分成五个亚类:辨别、具体概念、定义性概念、规则、高级规则。这五种智慧技能的习得存在着如下的层次关系:高级规则学习以简单规则学习为先决条件;规则学习以定义性概念学习为先决条件;定义性概念学习以具体概念学习为先决条件;具体概念学习以知觉辨别为先决条件。加涅还进一步指出,智慧技能的学习是从辨别开始,然后由辨别到概念,再由概念到规则,最后应用若干概念、规则解决复杂的问题,又得出新的规则。掌握概念和规则并能熟练应用概念和规则办事,乃是智慧技能学习的本质特征。

(一)辨别技能的形成

辨别是指对刺激物的不同物理特征做出不同反应的能力。人有惊人的知觉辨别学习的能力。心理学家斯坦丁(L. Standing,1973年)进行过"学习10000张图片"的实验。他尽量使图片具有各自的特征,以减少混淆。实验前,被试被告知,他要注意每张图片,之后他需要做记忆测验。每张图片呈现5秒,每看完200张图片后停顿片刻,看完1000张以后休息1小时。2天后进行再认测验。测验时把看过的与未看过的图片混杂呈现,被试需要指出哪些图片是学习过的,结果正确率达到99%。

信息加工心理学把知觉辨别能力的形成过程看成模式识别能力的习得过程。模式是由若干元素集合在一起组成的一种结构,物体、图像、语言或人的脸都可以看成模式。例如人脸的模式主要是由脸型、眼、鼻和口的位置信息组成。较为复杂的模式往往可以分成若干子模式。这些子模式也可以是由若干元素按一定关系组成的结构。模式识别是人们把输入的刺激(模式)的信息与长时记忆中的有关信息进行匹配,从而辨别出该刺激物属于什么范畴的过程。

辨别学习可分为简单辨别学习和多重辨别学习。简单辨别学习,如分辨字母、文字、形状、大小,确定方位和距离,估测时间和温度等。多重辨别指同时辨别多个刺激物或多个刺激特征。在多重辨别学习中,刺激越相似,辨别越困难,而且很容易产生混淆。克服这种混淆的重要技术是刺激对比。唯有能对刺激物的特征作基本的分辨,才能将它作为同一类型的成员做出反应(概念学习)。

人的识别能力是极相似的,其发展主要受后天环境和教学的影响。在课堂教学中,教师可采用以下方法来促进学生辨别技能的提高。

(1) 扩大有关特征。教学中可采用图片、视频、动态模拟、颜色等手段来扩大有关特征。例如在识字教学中,教师经常用彩色粉笔将几个形近字的差异部分标示出来,以加深儿童的辨别能力。

(2) 对比。刺激越相似,辨别越困难,克服的方法就是刺激对比。例如在外语语音的学习中,对比的作用非常重要。

(3) 发挥多种知觉系统的作用。利用了视觉、听觉和运动觉的协同作用,动员多种知觉系统的参与,既有助于辨别的精确性,也有助于知觉印象的保持。

(4) 强化或反馈。学生的学习受到教师的肯定时,会产生愉快的体验,这种愉快感反过来又可推动学习的进行。教师的反馈也可以使学生知道自己的知觉是否正确。强化或反馈在语言或动作技能有关的知觉学习中很重要。

在具体的教学中,这些技术的运用也不是孤立的,教师可根据任务的特点,综合运用各种技术,提高学生的辨别技能。

(二) 概念的学习

概念是命题的组成部分,是可以用符号表征的、具有共同本质特征的一类事物或属性,是在头脑里所形成的反映某类对象本质属性的思维形式。概念是思维的基本单位,人类在认识过程中把所感觉到的事物的共同特点,从感性认识上升到理性认识,抽出本质属性,从而简化了人类的思维,促进了思维的效率。概念都有内涵和外延,即其含义和适用范围。但需要注意的是,概念的内涵和外延会随着社会文化和人类认识的发展而产生变化。

1. 概念的构成成分

一般而言,一个概念包含四个成分。

(1) 概念例子,每一概念都指的是一类事物。如"首都"这个概念涵盖了世界各国最高政府所在的城市,如北京、莫斯科、伦敦、华盛顿等都在其范围之内。"首都"的概念就是从这类的例子中概括出来的共同本质特征——国家政权所在的城市。凡符合概念本质特征的例子是概念的正例,凡不符合概念本质特征的例子是概念的反例,如上海、悉尼是首都的反例。

(2) 概念名称,在人类的记忆系统中是与其所表征的概念意义相关联的。例如"篮球""班级"这些文字符号引起的是概念的意义,而不是具体的图形或教室。研究表明,婴幼儿可以形成初级概念,但并不一定掌握了概念的符号或名称。

(3) 概念定义,是其正例的共同本质特征的概括。概念定义是认识主体使用判断或命题的语言逻辑形式,确定一个认识对象或事物在有关事物的综合分类系统中的位置和界限,使这个认识对象或事物从有关事物的综合分类系统中彰显认识行为。常用的定义方法是属加种差,是由被定义概念的邻近的属和种差组成,例如可以将"人"定义为"能够制造和使用生产工具的动物"。

(4) 概念属性,指一个事物的性质与关系,都是事物的属性。有些是本质属性,有些是非本质属性。本质属性是概念的一切正例的共同本质属性,决定一事物之所以成为该事物,而区别于其他事物的属性。如能思维、会说话、能制造和使用生产工具进行劳动,是"人"的本质属性。而人的其他特有属性,如无毛、两足、直立行走等则是非本质属性的。

2. 概念的习得

1）具体概念的学习

具体概念是以客观事物的整体为反映对象的,是客观事物的整体在人们思维中的再现。如"暖、热、凉、冷"所涉及的概念是具体概念,不能通过下定义,只能从具体的实际例子中学习。这种从具体例子概括习得概念的方式称为概念形成。其学习过程是从例子中发现共同本质特征的过程。

2）定义性概念的学习

定义性概念是能够通过下定义揭示其正例的共同本质属性的概念。其基本学习形式是概念形成和概念同化。在奥苏贝尔的认知同化学习理论中,概念同化是一种下位学习,其先决条件是学习者认知结构中有同化新的下位概念的上位概念。如果学生头脑中已有"教育"这个上位概念,那么"体育"的概念可以用概念同化的形式学习。学生利用其原有的上位概念"教育"同化"体育"。在学习时,学生找出"教育"和"体育"的相同点,使"体育"被纳入原有的"教育"概念中;同时还要找出"教育"和"体育"的相异点,这样新旧知识可以分化,不致混淆。

3）影响概念习得的因素

(1) 学生的已有经验。丰富的经验背景是理解概念本质的前提,否则将容易导致死记硬背概念的字面定义而不能领会概念的内涵。这里的"经验"包括从课程学习中获得的经验,还包括学生从日常生活中获得的经验。事实上,学生掌握的许多科学概念都是从日常概念中发展而来的。因此,教师应注意指导学生从自己的日常生活中积累有利于概念学习的经验,同时又要注意利用学生的日常经验,为概念教学服务。

(2) 学生的智力。与概念习得关系最紧密的智力因素是概括能力和言语表达能力。概括是形成和掌握概念的直接前提。在学习概念的过程中,学生必须要对相应的一类具体事例的各种属性进行分化,再经过分析、综合、比较,抽象得出共同的、本质的属性或特征,然后再概括起来建立概念的意义;并在此基础上,再进行类化,即把概括得到的本质属性推广到同类事物中去进行概念的应用;还要把新获得的概念纳入到概念系统中去,即要建立起新概念与已掌握的相关概念之间的联系,更新或形成自己的认知结构,这是概括的高级阶段。

概念的使用使人头脑中关于事物的表象简约化,概念的使用将事物的本质特征突出出来,以避免人们在交流过程中语言指称的混乱。概念经常以语言文字揭示定义,或上下联系表达概念的内涵和外延,所以言语智力对概念学习起决定性作用。善于接受言语、善于用言语表达思考的学生,容易理解和习得新概念。同时,学生能够用自己的语言正确地叙述概念,解释概念所揭示的本质属性,这是学生深刻理解概念的一种标志。

(3) 教学实例的性质。教学中提供的实例是学生感知概念的基础,实例的典型性、数量、异质性以及变式、正例和反例的运用都会影响学生对概念的习得。实践表明,概念的本质属性越明显,学习越容易,非本质属性越多、越突出,学习就越困难。因此,在对概念进行举例时,要选择具有典型性的实例。实例的数量不能太少也不能太多。实例的数量太少,学生对概念的本质属性和无关属性的比较不充分就无法建立理解概念所需要的坚实基础;实例太多会导致无关属性出现次数过多,从而使其得到不恰当的强化而掩盖了本质属性。感知对象不仅要求数量充足,还要求有异质性。异质性对象能够把一类对象在本质属性上的相同,非本质属性上的相异,都充分呈现出来,有利于概念的习得。运用变式的教学策略是通过更具体对象，使与具体对象紧密相连的那些非本质属性突显，从而达到强化概念的本质属性目的。正例和反例的利用也是概念教学中常采用的教学策略。正例携带了属于概念的特征，反例的呈现不属于概念的特征。正例携带了最适于概念的关键信息，反例则携带了最适于识别的关键信息。如"鸟"的概念中，蝙蝠、昆虫都是很好的反例，让学生明确"飞"不是鸟的本质特征，同时也明确了"卵生""被覆羽毛"和"体温恒定"等才是"鸟"的本质特征。

3）概念教学的策略

结合以上影响概念习得的因素，心理学家们提出一些概念教学的策略，简述如下。

（1）为了使学生更加容易地掌握概念，应当同时使用正例和反例。同时还要注意的是，正例都非常一致，正例和反例又有明显的区别时，最有利于学生习得概念。学生从正例中获得的信息比从反例中获得的信息更多些，包括反映概念本质属性的信息，也包括反映非本质属性的信息。但在从反例中获得信息的训练后，反映非本质属性的信息会消失。因此，正例和反例的同时运用，更加有利于学生对概念的本质属性与非本质属性进行比较。

（2）引导学生用自己的语言来表述概念。研究表明，如果学生用自己的语言来表述相关属性，则能更好地习得概念。这样，概念是通过学生全面地研究和分析概念的不同事例后总结概括出来的，那么就最有可能把它迁移到新的事例上去。

（3）反馈越完整、细致，学习效果就越好。学生能经常意识到自己的学习进程，知道正确或错误的原因，将有助于概念学习。教师给学生的反馈信息要准确、细致、完整，任何模棱两可的信息或错误信息，都会干扰概念学习。

（4）要注意概念之间的联系，在给学生教授新概念时，要注意新概念与学生已有概念之间的联系，新概念和学科系统内概念间的联系，为他们提供一个可以把该概念纳入其中的认知框架，这将会提高概念学习的效率和概念学习的价值。

（三）规则学习

规则的学习包括一般规则的学习和高级规则的学习。规则作为一种智慧技能，其学习的实质是学生能在现实的情境中适当地应用规则解决问题。规则是由概念组成的，它反映了概念之间的关系。规则常与原理、规律相联系，如定义的规则、与语言有关的规则、科学原理性的规则等。当规则支配人们的行为时，规则就转化成做事的技能。规则学习的教育含义有两点。

1. 提高智慧技能

定义的规则是规则学习的重要组成部分。一个简单的特定规则的获得，有可能迁移到复杂的较高的规则学习中去，所以每学会一个新的规则，就增加了个人的办事能力。学会的规则经过使用，去解决更多的现实问题，就会越来越具有综合的可用性。这些经过综合后的规则又将参与更复杂、更为综合的问题解决。逐渐增加学习的作用最终导致智慧技能的提高。

2. 调节合理行为

一个规则就是能使个人用一类动作对一类刺激情境做出反应的一种推断的能力。学会一个规则，也是使有规律的动作序列成为可能的能力，受规律控制的行为是合理的行为。当规则学习表现为一种能力时，规则的言语陈述就可能从学习主体的记忆中消失了，但如有需要,学习主体不仅能做出言语陈述,而且能调节合理的行为,形成一种按规则行事的能力。

以规则习得为主要目标的教学设计,应注意设定以内在能力变化和外部行为变化相结合的教学目标;注意从辨别到概念再到规则原理的内在生成过程;还要注意通过变式练习,适时地给予反馈和纠正,使学生对规则应用的熟练化,形成智慧技能。

第四节　认知策略的形成及其教学

"认知策略"这个术语最初由布鲁纳(Bruner)于1956年在研究人工概念形成时提出的。20世纪70年代,加涅在其学习分类中将其单列一类。认知策略是学习者用以支配自己心智过程的内部技能,换句话说,认知策略是个体调控自己的认识活动以提高认知操作水平的能力。按照现代认知心理学的观点,认知策略表现为在信息加工过程中,为了更好地获得、储存、提取、运用信息等所采用的各种方法和技术。

一、认知策略学习的实质

认知策略主要由认知方法、认知监控和元认知构成,这三个要素之间存在着相互影响、相互制约的密切关系。

认知方法是指在信息的编码、储存、提取和运用等认知过程中所运用的方法和技术,如怎样做笔记,怎样进行想象,如何建立网络图等。认知方法是认知策略中最为基本的要素,它直接作用于认知过程的各个阶段,指向和引起一定的认知加工,是学习知识和技能的最直接的手段。按照认知加工构成的特点,认知方法还可以指向理解的认知方法和指向记忆的认知方法。前者强调对知识之间联系的理解,如提问法、笔记法等。后者的作用在于对学习材料的储存和提取,如划线法、概述法和各种记忆术。认知方法必须在元认知和认知监控的作用下才能有效地操作和发挥作用,同时它又在一定程度上反作用于元认知和认知的调控。

认知监控在认知策略结构中处于中介地位,它不直接作用于认知内容,但在元认知的作用下调控认知过程、认知方法,以及伴随活动而产生的心理倾向等。认知监控包括五个部分:在认知前和认知中激活、维持注意和情绪状态;分析认知情境,提出与认知有关的问题和制定认知计划;监控认知过程;维持或修正认知行为;评价认知效果,包括认知方法的效果。认知监控在某种程度上受到认知方法的影响和制约,并反作用于元认知。

元认知(metacognition)指个体对自己或他人的认知活动的过程、任务、目标和方法等有关的知识和信息的自我意识或自我体验。元认知是整个认知策略结构的核心,也是这一结构的最高层次的调节机制。认知方法和认知监控只是一种执行的活动,而要自觉地、有计划地执行某种活动的首要条件,是要对活动中的各种因素及其相互间的关系有所认知和体验,这就是元认知的作用。

认知策略的学习实质上也是一种程序性知识的学习。认知策略的学习要经过将处于陈述性知识形态的认知方法,在认知监控和元认知的作用下,通过在相同和不同情境下的应用中,转化为产生式表征,即完成程序性知识获得,最后了解此一套操作步骤的适用条件,达到反省认知阶段,并形成使用认知方法进行信息加工的认知习惯。只有达到最后一阶段的策略性认知才有广泛迁移的可能性。

二、典型的认知策略

（一）陈述性知识的认知策略

陈述性知识的学习主要涉及的是知识的记忆、储存和提取，因此其认知策略主要是有关信息的记忆和组织的。

1. 复述策略

复述就是对信息的一种重复，运用内部言语或外部言语重现学习材料或刺激。复述策略是在工作记忆中为了保持信息而对信息进行反复重复的过程。复述是短时记忆的信息进入长时记忆的必要条件，只有经过重复、复述的信息才能够进入长时记忆，才能够长久保持。复述可以用于机械记忆，也可以用于意义记忆。常用的复述策略，如画线、做笔记、写摘要、适当过度学习、集中学习和分散学习、运用多种感官协同记忆，合理进行复习等。复述策略帮助信息加工系统对信息进行注意和编码，但不能深入帮助学习者在新信息与已有的信息之间建立联系，必须把它与一些有助于学习者组织和整合长时记忆信息的学习策略结合使用，才更有效。

2. 精细加工策略

精细加工策略能帮助学习者将新学习的知识存储到长时记忆中去，是把新知识与头脑中原有的知识建立联系，以达到认识新知识的意义的学习策略。精细加工的要旨在于建立知识间的联系。这种联系必须是学习者自己产生的，与学习内容相关联的联系。联系越多，能回忆出知识原貌的途径就越多，也就是提取的线索就越多。精细加工越深入越细致，回忆就越容易。对于意义性不强的学习材料一般采用人为联系，但是对于意义性较强的学习材料，就应该运用更深水平的加工策略，以便知识能在长时记忆中获得保存。精细加工策略和复述策略结合使用可以明显提高记忆效果。

常用的精细加工策略有以下四种。一是利用记忆术，人为地赋予学习材料某种意义，以促进记忆精细加工的策略。具体的促进方法有位置记忆法、缩简和歌诀法、关键词法，也可利用谐音联想、形象联想、语义联想等方式进行记忆。二是做笔记，主要的作用是对知识进行编码和便于课后复习。最近的研究把记笔记看作为学习者自我监控的过程。三是提问，提问不仅能够引导学习者进行学习，也会使学生在反复思考问题的答案时，将所学的知识与知识结构中原有的知识进行联系，更加有利于将新学的知识巩固。四是生成性学习，训练学生对他们所学习的知识产生一个属于自己的类比，或用表象（如图形、图像、表格和图解等）表述出来。生成性学习促使学习者主动地将新信息进行心理操作，把所学的新知识与自身的经验、背景知识相联系，或通过联系实际，产生一个新的理解。

3. 组织策略

组织策略是将分散的、孤立的知识进行整理、归类，集合成一个整体，带上某种结构，使信息由繁到简、无序到有序，以减轻记忆负担的认知策略。通常可以用利用列提纲、表格、系统结构图、流程图、模式图、网络关系图对学习内容进行组织。组织的基本方法是将学习材料分成一些小的单元，并将这些小的单元置于适当的类别中，从而使每项信息和其他信息联系在一起。

（二）程序性知识的认知策略

程序性知识是关于如何做某件事的知识,要知道如何做某件事,我们不仅要知道过程的每一步,而且还要知道采取每一步的条件。这一类知识的学习主要涉及的是程序性知识的掌握和条件的认知。

1. 使学生掌握程序性知识的陈述形式

程序性知识的前身就是陈述性知识,它通常提供程序所需的条件、方法、步骤、策略等信息。学生习得的程序性知识主要就是它的陈述形式,即技术性知识表现为一套明确陈述的技术规则,表明如何做事的知识。它是可以言传的,是那种学习者能在书本中发现或找到的知识,是通过纸笔测验可以加以检测的知识。这也是掌握程序性知识的前提。

2. 使学生明晰程序性知识应用的条件

学生掌握了程序性知识的陈述形式,还不能以行为的方式表现出来。要想实现这个转化,首先必须明晰程序性知识应用的条件,或者规则所适用的范围。学生通过进行适当的变式练习,把静态的知识转化为动态的技能。在这一过程中,变式练习可以由与学习情境相似的问题情境逐渐演变为与原先学习情境完全不同的多种新情境,以便学习者熟知规则适用的各种不同条件。

三、影响认知策略形成的因素

认知策略是那些由学习者用来促进自己获得知识的策略,受学习者的反省认知发展水平、能力差异、学习动机、认知方法和认知监控技术等因素的影响。

（一）学习者的反省认知发展水平

研究表明,学习者认知策略的获得与其反省认知能力的发展水平有关。当学习者反省认知发展水平较低时,会出现不知道在什么时候和什么条件下适合运用认知策略,也不知道运用哪些认知策略的情况。学习者反省认知发展水平较高时,在自己熟悉的知识领域,可以在无教师指导的条件下,自觉运用适当的策略改进学习,而且能根据任务的需要来调整认知策略。此外,认知策略的复杂程度不同,可能出现或习得的年龄层次也不同,如学生掌握较为复杂的表象加工策略比掌握较为简单的复述策略在时间上一般要晚一些。

（二）学习者的能力差异

认知策略是对内调控的技能,其所涉及的概念和规则反映人类自身认知活动的规律。人类的认知活动潜藏于人的行为内部,不能直接观察。学习策略作为支配自己认知加工过程的特殊技能不是不可教的,但同其他认知能力相比,它可能更多地受个体能力差异的影响。研究表明,智商水平较高的学生,能自发获得有效的学习策略。

（三）学习者运用认知策略的心向和动机

有关认知策略的知识必须通过大量的练习才能作为一种概括化的能力迁移到与原先的

学习任务相类似的情境中去。这种练习如果没有学生强烈的心向促使自己在认知过程中运用认知策略是难以实现的。学习者的动机不同,他们选择策略和运用这些策略的自觉性也不同。具有外部动机的学生倾向于选用机械学习的策略,具有内部动机的学生倾向于选用有意义的和起组织作用的策略。动机强的学生倾向于经常使用他们习得的策略,动机弱的学生往往忽视学习策略的使用。

（四）学习者是否具有适宜的认知方法和认知监控技术

认知策略是内在的,但是可以从学习者的认知行为中反映出来。反过来,如果具有有效的认知方法和具体可操作的监控技术来调控学习者的认知行为,就有可能培养学生良好的认知习惯,进而培养提高其认知策略的使用水平。例如,学生在作业和测验中常会出现种种差错,这些差错往往是由于学生存有不良认知策略或认知习惯的结果。如果能够有一套帮助学生矫正差错、减少差错率的技术,这样既便于学生操作,也便于教师检查,更有利于学生养成良好的认知习惯。

四、促进认知策略形成的教学策略

认知策略就是关于如何使用程序性知识和陈述性知识去学习、记忆和解决问题的一般性方法,是学习者用以支配自己心智加工过程的内部组织起来的程序性知识。它体现着学习者处理内部世界的能力,体现着个体自我控制与调节的能力。因此,在教学中应重要开展以"学生为中心"的认知策略教学。

（一）在进行认知策略教学的同时教授元认知策略

所谓元认知策略,就是个体调节和控制认知行为的方法与规则,如制定明确的学习计划、学习过程的自我监控和学习方法的调节等。大量事实表明,认知策略中的元认知成分是策略训练成败的关键,也是影响策略的概括性、保持度和可迁移性的重要因素。

学习的调节和控制是学生在一个连续不断的主动学习过程中,使用调节和控制学习的行为,特别是对学习方法的选择和使用的技能。学习成绩优异的学生往往有明确的学习目的,有积极的学习计划,且能对自己的学习状态和理解事物的方法进行追踪、对学习材料进行自我提问、留意考试的速度和时间,调节学习策略,矫正不良的学习行为等。培养和提高学生对学习的调节和控制的水平可以在以下三个方面展开。

(1) 引导学习者分析学习情境,提出与学习有关的问题和制订学习计划。学习者在选择具体的学习方法之前,首先得对该任务有关的学习情境进行具体的分析,明确学什么、何时学、在何处学、为什么学和怎样学等问题,所有这些都为有效的学习方法的选择提供依据。在选择学习方法时,还要综合考虑与学习情境有关的因素。

(2) 引导学习者自觉地监控学习的过程、维持或修正学习的行为。执行学习计划也就是使用学习方法并监控学习进程的过程。在此过程中,自觉监控检查学习行为,并不断地把有关的学习行为与所实施的学习计划、学习方法联系起来,加以对照和检查,以评估学习计划与学习方法所能够达到学习效果的程度。

(3) 学习结束后,引导学习者评价所确定的学习计划与选用的学习方法达到学习效果的情况,作为这次学习的反馈和为下次学习做的准备。这种对学习活动总结性地评价,是对原定学习方法与各种学习因素相互适合的水平的最终评价,是巩固和改进认知策略的基础。

(二) 在原有知识经验基础上进行认知策略教学

认知策略的使用对整个信息加工过程起调控作用,其目的在于提高信息加工的效率。认知策略,不同于具体的学科知识,也不同于解决具体问题的程序性知识,但它与二者有着密切的联系。一般来讲,个体在某一领域的知识越丰富,就越能应用适当的认知策略。但我们也发现,有的人对学科的知识、对解决问题的方法、步骤背得滚瓜烂熟,但是在真正解决问题的时候却一筹莫展。从这个意义上说,一个人光有具体的学科知识,却不知道如何思考、如何定向组织有效的知识和组织思维,是毫无效果的。因此,教学过程要考虑内容的连续性、继承性,还要考虑可理解性和可操作性,尽量调动学生的原有基础知识和背景知识,理解和掌握这门课程的基本原理与方法。

(三) 在积极主动的基础上进行认知策略教学

对于学习者来讲,要完成一项具体的学习任务,不仅要知道如何学,还要愿意学。也就是说,学习任务的完成,应该是"愿意学"和"知道如何学"的综合作用。和其他的学习活动一样,认知策略的学习也是一个积极主动的过程。教师传授的学习方法只有被学生接受并改变他们的信息加工过程时,才能改进其学习。如果学生缺乏改进自己认知加工过程的强烈动机,其教学将难以奏效。

(四) 按程序性知识学习的规律教授认知策略

认知策略作为一种程序性知识,其教学也必须遵循程序性知识的学习规律。在教学过程中,首先注意从理论知识和实际案例的结合,让学生理解所要教授的认知策略,解决认识上的问题。其次,给学生练习和实践的机会,先出一些练习题使他们在相似情境中练习,完成策略性知识转化。最后,给出一些情景变化较大的题目,在变化的情境中练习,使认知策略获得迁移,能够灵活运用。

有效的认知策略教学必须在以学生自主学习为中心的课堂教学中才能实现。学生的有效的认知策略不是一蹴而就的,是经过长期训练才能形成的。在传统的以教师讲授为主的课堂教学模式中,学生只需被动地听从教师的讲解,很少主动地进行紧张的思考活动,有效的认知策略由于缺乏一定的训练难以形成。为使学生形成有效的认知策略,必须改革传统的课堂教学方法,实现从教师讲授为主到学生在教师的指导下自主学习为主的转变,让学生在自主学习的过程中形成有效的认知策略。

复习与思考题

1. 简述技能的概念,技能与知识有哪些关联和区别?
2. 动作技能的形成阶段及其影响因素有哪些?

3. 如何有效地促进学生动作技能的学习？
4. 简述智慧技能形成的实质。
5. 概念教学的策略有哪些？
6. 认知策略学习的实质及其形成的影响因素有哪些？
7. 在教学中如何促进认知策略的形成？

第九章 问题解决与研究性学习

第一节 问题解决概述

问题解决是一种高级形式的学习活动,是对不同类型知识的综合运用,对学生的学习有着重要的作用。加涅认为,教育课程重要的最终目标就是教学生解决问题——数学和物理问题、健康问题、社会问题,以及个人适应性问题。大学生学习的主要目的是运用所学的知识、技能和策略解决实际问题。

一、问题的界定与分类

(一)问题的界定

什么是"问题"?在日常生活中,人们会遇到各种各样的问题。例如学生要完成教师布置的作业,技术人员要解决生产中的难题等。大多数心理学家认为,任何问题都包含三个基本成分。一是给定的条件,这是一组已知的关于问题的条件的描述,即问题的起始状态。二是要达到的目标,即问题要求的答案或目标状态。三是存在的限制或障碍。起始状态与目标状态之间存在障碍,必须通过一定的认知活动或思维活动才能找到答案。由此,可以把问题定义为,给定信息和要达到的目标之间有某些障碍,需要加以克服的情境。

问题有两个关键特征。第一,问题是某种情境(在目标状态与当前状态之间的差异)下的一个状态,这种情境既包括有规则算法的学科问题,也包括复杂的社会问题。第二,发现或解决这个问题,必须具有一定程度的社会、文化或智力上的价值。如果没有人能够感知到这种未知状态,或者是没有解决这种未知的需要,也就不会有问题的存在。

某一情境或事件是否成为问题,与个体的主观认识和感受有关,即对缺乏某种知识经验的人来说可能是问题,而对知识经验丰富的人来说则未必是问题。

(二)问题的分类

现实中的问题复杂多样,心理学家一般采用二分法对问题进行分类。
1、常规问题与非常规问题
这是根据解题者对问题的熟悉程度所做的划分。常规问题是指与解题者已经解决的问题相同或相似的问题,例如解代数题。非常规问题是指不同于已经解决过的问题,需要给出一个新的解决方案,例如编写一个计算机应用程序。

2、一般领域的问题与专门领域的问题

一般领域的问题的解决所需要的特定领域的专业知识相对较少。专门领域的问题的解决则需要大量特定领域的专业知识。例如心理咨询中的问题等。

3、对抗性问题与非对抗性问题

这是根据在问题解决时是否有对手而所做的划分。非对抗性的问题是指解决问题的过程没有对手参与。对抗性问题则存在对手,例如,象棋、围棋、桥牌等都属于对抗性问题。在解决对抗性问题时,人们不仅要考虑自己的解题活动,而且要受到对手解题活动的影响。

4、结构良好问题与结构不良问题

这是根据问题结构的完整性所做的划分,也是当前问题解决研究中的一种比较流行的分类。学习者在学科学习中遇到的绝大多数问题是结构良好问题。这类问题的初始状态、目标状态及问题解决的过程方法都是明确的,例如学生解数学方程式等。结构不良问题,并不是指这个问题本身有什么错误或者是不恰当,而是指它没有明确的结构或解决途径。问题的已知条件与要达到的目标比较含糊,问题情境不明确,各种影响因素不确定,不容易找到解答的线索,此类问题在实际生活中经常遇到。例如,教师在教学中怎样培养学生的创新意识?如何依据学生心理发展规律实施有效教学?又如要求学生就某一领域自己选题写一篇论文,这就遇到了一个结构不良问题,因为没有明显的、清晰的途径来确定论文题目并最终完成论文。

结构不良问题的特点如下。

(1) 在最初的情境中缺乏解决问题所需要的所有信息,甚至对问题的实质也没有确切的界定,需要补充的额外信息对问题的界定和解决起关键性的作用。

(2) 没有单一的方法去澄清问题的构成成分,需要同时探讨多个问题的解决途径。

(3) 随着新信息的收集,对问题的界定会发生变化,有时需要转换角度或重新界定。

(4) 解题者不能完全确定在多个方案中选择了正确的方案,因为所收集的材料还不够充分,有些信息之间存在冲突。

(5) 这些问题几乎都需要跨学科的知识才能解决。

在学习中,解决结构不良问题的价值要远远大于解决结构良好问题。解决结构良好问题实际上是一个通过大量练习和反馈而熟练掌握知识和技能的活动过程,是成功解决结构不良问题的基础。

二、问题解决的实质与特征

(一) 问题解决的界定

现代信息加工心理学认为问题解决是指个人应用一系列的认知操作,从问题的起始状态到达目标状态的过程。也就是由问题情境引发,运用一定的知识和认知策略去解决疑难的过程。

（二）问题解决的特征

1. 问题情境性

问题总是由问题情境引起的。问题情境是人们感到困惑又不能利用经验直接解决的情况。正是这种情境性才能促使人们进行思考，并采取相应的策略去改变这种困境。问题解决的过程就是问题情境消失的过程。当一个问题解决之后再遇到同类情境时就不会再感到困惑。

2. 目标指向性

问题解决是有明确目标指向的。问题解决的过程就是寻找和达到目标的过程。问题解决的过程可以通过直觉与猜测，也可以通过分析与推理，还可以通过联想与想象，但无论通过哪一种途径都必须受到目标的指引。

3. 操作序列性

问题解决包含一系列心理操作，这种操作是成序列、有系统的。序列出现错误，问题就无法解决。采用不同的方法和途径解决同一问题时会呈现出不同的序列。选择一种解决问题的方法和途径，实际上就是选择了一种序列和系统。

4. 认知操作性

问题解决的活动需要有认知成分的参与，它的活动依赖于一系列的认知操作来进行。解决问题有情感的伴随，也常常需要付诸行动，但是不可缺少的是认知操作，认知操作是解决问题的最基本成分。

三、早期的问题解决研究

（一）杜威的问题解决模型

美国教育家杜威1910年出版了《我们怎样思维》一书，他根据大量的观察和逻辑分析，提出了问题解决的五步骤模型。①暗示：感受到问题的存在，即学习者在主观上意识到他所面临的问题，进行初步的怀疑、推测，产生一种认知的困惑或对困难的意识的状态。②理智化：确定和界说问题，即从问题情境中识别出问题，考虑它和其他问题之间的各种关系，明确问题解决的已知条件、要达到的目标及需要填补的问题空间，这是有效解决问题的关键。③假设：在分析问题空间的基础上，使问题情境与学习者认知结构联系起来，激活有关的背景知识及先前所获得的解决问题的方法，从而提出各种解决问题的可行方案，形成假设。④推理：对解决问题的各种假设进行经验的或实际的检验，推断这些方法可能出现的结果，并对问题再做明确的阐述，以检验各种假设，并从中选择最佳方案。⑤验证：找出经检验证明为解决某一问题的最佳途径的方法，并把这一成功的经验组合到认知结构中，以解决同类的或新的问题。

（二）华莱士的创造性解决问题模型

英国心理学家华莱士（G. Wallace）通过对名人传记的研究，于1926年出版《思维的艺术》,提出创造性问题解决的理论模型,又称"创造性思维四阶段论"。①准备阶段(preparation)。由问题情境的刺激引起多方面的想法,逐渐辨明问题的特点,发现解决问题的线索,明确从何处着手对问题进行解决。准备阶段是任何问题解决所必须经历的,并且是一个艰苦而长期的过程。②酝酿阶段(incubation)。在积累一定的知识经验的基础上,对问题和资料进行深入的探索和思考。如果问题不太复杂,可能很快就能找到问题解决的方法,如果问题很复杂,往往需要经过一定时间的酝酿。③明朗阶段(illumination)。在历经对问题周密的长时间思考后,无意间偶然事件的触动,使新思想、新观念得以突然产生,突然找到了问题解决的方法。④验证阶段(verification)。对明朗阶段提出的新思想、新观念进行验证、补充和修正,使之趋于完善。

第二节 问题解决的心理过程

一、一般问题解决的心理过程

当代心理学家对问题解决大都持阶段论的思想,认为问题解决的过程可以划分为几个阶段。一般问题解决的心理过程分为五个阶段:发现问题、表征问题、选择恰当的策略、应用策略、评价反思。

(一)发现问题

发现问题是解决问题的第一步,只有真正意识到问题的存在,才可能随后出现一系列的问题解决行为。发现问题的能力是个体思维发展水平的重要标志。一个人能否敏锐地发现问题,往往决定其活动水平和效率,甚至是事业的成败。发现问题取决于三个因素。①个体活动的积极性。个体活动的积极性越高,接触面越广,就越容易发现问题。②个体的求知欲。有强烈求知欲望的人,不满足于对事物的一般了解,喜欢刨根问底,常常能在旁人习以为常的现象中发现问题。③个体的知识经验。知识经验丰富、视野开阔,就越容易发现问题。

(二)表征问题

表征问题就是问题解决者将问题范围或作业领域转化成问题空间。问题空间就是问题解决者对客观问题的主观陈述,这种陈述过程实际上是按照自己理解的方式对问题在头脑中进行重新记载和储存。对问题的表征是否恰当,直接影响到问题解决的难易和速度。一般说来,问题表征包含三种状态,即初始状态、中间状态和目标状态。初始状态是指问题被认识时,问题解决者所处的情境;目标状态是指问题解决者所要寻求的最终结果;中间状态就是指在实现从初始状态向目标状态的转变过程中,由操作引起的种种状态。问题解决的任务在于要找出一种能把初始状态转变为目标状态的操作(或称算子)序列。

问题表征的功能在于,引导解题者个体对问题的有关信息做出进一步的解释,促使解题者根据自身知识结构的特点选择可以模仿的解决方式,帮助解题者提出具体的问题解决方案。

问题表征可采用不同的方式。将问题记录下来以减轻记忆负担;在涉及数学及空间关系的问题时,需绘制图表;当需要解决的问题相当复杂时,可以列出树状图,理清层次;当问题包含过程因素时,需要建立操作模型。梅耶(Mayer)1983年建议给学生进行下列的练习:识别和归类各种不同的问题;用具体的方式,例如图形、符号或者语言表征问题;明确问题的相关信息与无关信息。

(三) 选择恰当的策略

选择恰当的策略就是问题解决者把一种问题状态转变为另一种问题状态的认知活动,也叫算子。有些算子可随问题空间的形成而获得,有些则需进行选择。当问题空间较小时,正确的算子易于选择;而当问题空间较大时,则难于选择正确的算子,需应用一定的问题解决策略来进行。

问题解决策略主要有两类:算法策略和启发式策略。算法式策略,是解题的一套规则,精确地指明解题的步骤。如果一个问题有算法,那么只要按照其规则进行操作,就能得到问题的解。它往往是在缺乏具体目标的情况下进行的。这种策略虽可以保证问题一定得到解决,但费时费力,除非问题空间很小,否则实际上往往是行不通的。启发式策略,就是凭借个体已有的知识经验,采取较少的操作来解决问题的方法。下面介绍常用的启发式策略。

1. 手段——目的分析

这种策略广泛应用于各个领域中的复杂问题的解决。手段-目的分析是指找出问题空间中问题的初始状态与目标状态之间存在的差距,把问题划分为一系列的子目标,并通过逐个解决子目标最终达到问题解决。例如完成一篇20页的论文,对某些学生来说是个难题。采用手段-目的分析策略,把任务分解成几个子任务,如选题、查找资料、阅读资料、组织材料、制定大纲、完成初稿、修改定稿等,问题就容易解决。

2. 逆向搜索

逆向搜索就是从问题的目标状态开始搜索,直至找到通往起始状态的通路或方法。其特点是从目标状态出发,按照子目标组成的逻辑顺序向初始状态递归。例如人们要去城市的某个地方,可以在地图上先找到目的地,然后查找出一条从目的地退回到出发点的路线。又如学生需要在一个月后提交论文,可以按照逆向搜索策略,根据论文写作过程的每一步骤所需要的时间,确定每个步骤的时限,用倒推的方法,安排好论文的写作流程。

3. 爬山法

爬山法是采用一定的方法降低初始状态和目标状态之间的距离,以达到问题的解决,这类似于手段-目的分析策略。不同之处在于为了达到目的,有时不得不暂时扩大初始状态和目标状态之间的距离。这就好像登山者,需要从山脚一步一步往上攀爬,有时又需要绕过山涧溪谷,翻越一个个小山头最终登上顶峰。

4. 类比迁移

类比策略即将先前解决问题的经验运用到解决新的问题。当面对某种问题情境时,可以运用类比思维寻求与此有相似情境的问题解答。例如工程师设计潜水艇,类比蝙蝠的飞行特性发明了声呐技术。又例如学生分析当地河流的污染源,可以参考与此地相类似的其他地区河流污染的研究资料。

5. 生成-检验策略

当面对全新的问题情境时,问题解决者可以先列出一些可能的方法,然后逐个考虑这些方法是否能有效地解决问题。仍以学生的论文写作为例,有些学生没有头绪,不确定自己要做什么研究,感觉无从下手。采用生成-检验策略,就可以先坐下来写论文的前言,多列出几个方面。这种方式往往被认为是效率低,但使用这种方法能更好地收集信息,以此打开思路,找到更有效的方法。

6. 简化策略

采用简化策略,即先忽略一些次要信息,着重关注问题中的重要信息。当人们面临一些复杂问题时,往往会被问题的烦琐及一些不十分明了的问题要求所迷惑,以至于弄不清问题的本质所在。通过简化,提取问题的主干成分后再进行分析,从而实现问题的解决。简化策略存在一定的风险,有些被认为是无关紧要的信息,有可能是至关重要的。

在选择策略阶段,问题解决者需要监控自己的解题思路,先按照初步判断的问题类型设计解决问题的方案,如果遇到障碍,不能固执己见,而是要灵活应变;监控自己的策略选择过程,积极进行发散思维,从众多的可能策略中选择最佳的解题策略;监控自己的评价过程,以便更全面地评价自己确定的思路和选定的策略。

(四)应用策略、实施操作

问题解决者实际运用算子来改变问题的起始状态或当前的状态,使之逐步接近并到达目标状态。这个阶段也叫执行策略阶段。一般来说,简单的问题只需少量操作,选定的策略就能顺利实施,而复杂的问题则需一系列操作才能完成。

在这一阶段,问题解决者需要监控自己的操作过程,防止操作上的失误、偏差,尤其是认知风格上属于冲动型的解题者,更要知道自己的弱点,不断暗示自己仔细操作;监控自己的操作步骤,随时进行过程性评价,如果发现问题,及时采取相应的补救措施。

(五)评价反思

评价反思包括两个层次。一是对算子和策略是否合适、当前状态是否接近目标状态、问题是否已经得到解决等做出评价。如当前状态被评价为目标状态,则问题得到解决;如果发现操作结果不符合目标,则要及时提醒自己返回前一阶段,甚至需重新表征问题空间。二是反思在该问题解决过程中所得到的一些值得以后借鉴的经验和教训。

评价反思主要包括:找出问题解决过程中的主要困难及关键环节,反思自己是如何寻找思路实现突破的;反思问题解决过程中有哪些技巧可以在以后的类似场合应用;总结概括这一类型问题的一般结构、特点及所用方法的条件范围,以便推广,这是解题者积累成功经验,提升问题解决能力的重要途径。

二、结构不良问题的解决过程

早先的信息加工理论认为,结构不良问题的解决过程和结构良好问题的解决过程是相同的。但近来研究表明两者有明显的差别。结构不良问题的解决过程更主要是一种"设计"

过程,而不是在一定的逻辑结构中进行系统的"解法搜索"。西诺特(Sinnot,1989年)对成人解决结构不良问题的过程进行了口语报告分析。结果发现,这种问题的解决过程包括了大量的辩证思维活动,问题解决者需要自己来明确问题,创建问题表征,需要权衡问题的不同侧面,设计不同的解决方案,并对各种方案进行比较和衡量。在西诺特的研究基础上,乔纳森(Jonassen,1997年)把结构不良问题的解决过程总结为以下环节。

(一) 理清问题及其情境限制

在解决结构不良问题时,解题者常常先要确定问题是否真的存在,有时需要寻求的信息实际上就隐含在情境中,只是没有被察觉。其次,要查明问题的实质。结构不良问题不是预先设置好的问题,它常常在一定的情境或事件中出现,问题的条件和目标是不确定、不明确的。解题者必须分析问题的背景信息,把握问题的实质,建立有利于解决问题的问题表征。

在理清问题时,解题者需要反思自己原有的知识经验。例如,在这个问题中,我已经知道的事实有哪些? 我有什么假定? 我解决过相关的问题吗? 我学过哪些有关的知识? 我还应该查阅哪方面的资料等等。结构不良问题常常需要综合该领域的多个概念、原理,联系具体经验,对有关信息进行重新组织,对问题情境中的各种可能因素和制约条件进行具体分析。

(二) 澄清、明确各种可能的角度和利害关系

在解决结构不良问题时,只建立单一的问题表征是不够的。在初步理清了问题的性质之后,问题解决者还需要进一步考虑问题中的多种可能性,从多个角度、不同的立场来看这一问题,在此基础上,再把各个侧面、各个角度结合起来,看哪种理解方式最有意义,最有利于问题的解决。结构不良问题大都是社会生活中的实际问题,错综复杂,涉及多方面的关系与利益。在选择理解方式和角度时,问题解决者需要分析问题中的不同立场,权衡问题所涉及各个方面的利害关系。

(三) 提出可能的解决方法

在确定了各种不同的立场和理解方式后,问题解决者就可以分别从这些立场和理解方式出发,看有哪些相应的解决办法。在解决结构良好问题时,我们可以更多地围绕着问题的目标来搜寻解决问题的办法,而在结构不良问题领域,则更多需要从问题的原因和条件出发,来推论问题的解决办法。对问题情境的不同理解会导致不同的思路。

(四) 评价各种方法的有效性

结构不良问题通常没有唯一的答案。这种问题的解决实际上是要寻找一种在各种解法中最为可取的解决方案。问题解决者需要对各种不同的解法思路的有效性进行评价,而这需要他们形成自己的判断,反思自己的基本假定和信念。问题解决者要为自己确定的解法提出有力的证据来支持自己的判断,需要预测某种方案可能导致的结果,情况可能会发生怎样的变化,并说明做出预测的依据。

(五) 对问题表征和解法的反思监控

所有的问题解决都需要元认知监控,包括对解决过程的计划,对理解情况的监察,对解法的评价等。在结构不良问题的解决过程中,由于问题的开放性,监控过程尤为重要也更为复杂。这种监控活动在很大程度上倚赖于解题者原有的知识经验,包括各种具体的个人经验和概括的原理性知识。值得注意的是,监控并不是一个独立的、在问题解决之后发生的环节,而是贯穿于整个问题解决过程中。

(六) 实施、监察解决方案

在实际实施解决方案过程中,解题者需要监察问题解决的效果,是否达到所期望的目标,能否满足不同方面的要求,能否在给定的条件(如时间、经费、人力等)下解决问题,是否还有更有效、更便捷的解决方案。

(七) 调整解决方案

结构不良问题的解决往往不是一次性完成的。针对问题解决过程及结果的反馈信息,解题者常常需要调整解决方案,改变理解问题的方式和思路。在通过实际检验找出自己认为最有效的方法后,解题者还需要反思问题解决的过程,看这种解决方法对其他问题的解决有什么启示,从这个问题中自己获得了什么新知识、新策略,这对于问题解决能力的提高来说具有关键意义。

三、斯滕伯格提出的问题解决循环流程

斯滕伯格提出了问题解决的循环流程,这一流程包含七个步骤。斯滕伯格强调当人们运用这些步骤时,并不是严格按照顺序来使用,而是经常重复采用其中的几个步骤,问题的解决过程又往往导致了新问题的产生。

步骤1:识别问题的存在。举例来说,如果学生不能理解教师所讲的知识,他们应该能意识到这一点。教师也需要确认哪些学生遇到了困难,例如,有些学生在课堂上看起来很专心、表现很得体,其实并没有听懂教师的讲解,只是心不在焉地胡乱记笔记。有经验的教师往往能够在问题变得严重之前,就清醒地意识到问题的存在。

步骤2:定义该问题。知道自己面临着问题是一回事,知道面临的是什么问题又是另外一回事。定义问题对教师来说也很重要。新手教师可能通过学生在数学测验中得低分而发现存在着问题,专家型教师则可以通过学生在数学课上的表现而发现存在着哪些具体问题。

步骤3:表征和组织关于问题的信息。人们对问题的表征通常决定了他们能否解决这个问题。在各个领域里的问题解决中,表征和组织信息都很重要。例如,画示意图或表格,能帮助学生解决这一问题。

步骤4:设计或选择一个问题解决策略。如果学生在解决问题时能够采取一定的策略,去制定一些计划,就会成为更好的问题解决者。研究表明,优秀的问题解决者会花更多的时间进行计划,选择适合的策略。而水平较差的问题解决者经常是匆忙解题,发现思路不对,又重新开始。

步骤5:分配问题解决的资源。无论是教师还是学生,用于完成工作的时间都不是无限

的,必须有效地分配时间。擅长问题解决的人需要先确定完成一个问题值得用多长时间,然后努力在既定的时间内完成,这需要一定的灵活性。第二个资源是付出的努力。有能力的学生不仅能够迅速地理解事物,而且知道何时应该向教师寻求帮助。

步骤6:监控问题的解决。人们在解决问题时,必须关注问题解决的每一个步骤。例如,有学生选择了题目准备写一篇论文,后来却发现关于这一问题的已有研究甚至不足以写一篇综述,在这种情况下,他最好立即改换另外的题目。

步骤7:解决了一个问题后,需要对自己的方案进行评估。例如学生有必要检查自己的答卷,校对论文,检查对某一问题的解答是否合理。

第三节　问题解决能力的培养

一、问题解决的影响因素

问题解决受多种因素的影响,有些因素能促进问题的解决,有些因素则妨碍问题的解决。

(一) 有关的知识经验

任何问题的解决都离不开一定的知识作为基础,有关的知识经验能促进问题的表征和解答。知识经验的不足常常是不能有效地解决问题的重要原因,必要的知识经验、完善的知识结构有利于问题顺利解决。相对于新手来说,专家们不仅具有丰富的陈述性知识,即事实和言语信息,而且以自己的方式储存着大量的程序性知识,即知道如何去培养策略性知识,这无疑有助于明确问题解决的方向,选择有效的途径和方法。

(二) 个体的智力与动机

智力通常包括记忆、思维、想象、推理能力等,这些部分都影响着问题解决。智力发展水平是影响问题解决的重要因素,制约着问题解决的方向和效果。通常情况下,学生的智力发展水平较高,有助于问题解决,取得成功。反之,智力发展水平较低的学生,问题解决方面较为困难。

个体的动机状态与动机水平同样影响着问题解决的效果。就动机强度而言,在一定限度内,动机强度与问题解决的效率成正比,但动机太强或太弱,情绪过于高昂或过于低沉,都会降低问题的解决效率。一般而言,中等强度的动机有利于问题的解决。有研究者发现,对于大多数的活动都有一个对应的适合的唤醒水平。总的来说,对一个简单的任务,比如说搬运货物等,需要一个较高的唤醒水平;对于一个较为复杂的任务,比如编写一个软件,较低的唤醒水平更为有利。这被称为耶克斯-多德逊定律。因此,在不同的学习活动中,要力求使学生保持合适的唤醒水平和动机状态。

(三) 问题情境与表征方式

问题情境是指个体面临的刺激模式与其已有知识结构之间形成的差异。一般而言,如果问题的呈现方式能直接提供合适于问题解决的线索,就有利于找到解决问题的方向、途径和方法。反之,如果问题的呈现掩蔽或干扰了问题解决的线索,就会增大解决问题的难度。在学习和日常生活中,也经常出现本来是简单而熟悉的问题,由于问题呈现的方式有了改变,从而干扰或阻碍问题解决的情况。表征是指信息在头脑中的呈现方式,是影响问题解决的重要因素。问题表征方式不同,就会产生不同的解决方案,直接影响问题解决。如果不能恰当地进行问题表征,在一个错误的问题空间搜索,就会导致问题解决的失败。

(四) 思维定势与功能固着

定势是指人的心理活动的一种准备状态,这种准备状态影响着解决问题的倾向性。思维定势是指人用某种固定的思维模式去分析问题和解决问题,这种固定的模式是已知的,事先有所准备的。它能够影响后继活动的趋势、程度和方式。构成思维定势的因素主要是认知的固定倾向。研究表明,在问题情境不变的条件下,思维定势能使人应用已掌握的方法迅速解决问题。而在问题情境发生变化的情况下,思维就会妨碍人采用新的解决方法。

功能固着是指当一个人熟悉了一种物体的某种惯常的功能后,就很难看出该物体其他功能的心理特点。最初看到的功能越重要,就越难看出其他功能。由于人们在解决问题时,不能想到某个惯常使用的物品的一些非常规的用途,因而阻碍了问题的解决。这是一种特殊类型的定势。功能固着这一概念是由德国心理学家邓克尔(Duncker,1945 年)提出的,他在一个实验中,要求学生在一块竖立的木板上放置蜡烛,并把蜡烛正常点燃。邓克尔给每个学生 3 支蜡烛、火柴、纸盒、图钉等。一半学生分到的是放在纸盒里的材料,另一半学生分到的东西是散放在桌面上。在这个实验中,解决问题的方法是先将纸盒用图钉固定在木板上,当作烛台来用。邓克尔发现,把东西放在纸盒里提供给被试,会使问题解决变得更为困难,因为此时纸盒被直接看作是容器,阻碍了其他用途的发现。

功能固着是日常生活中经常会遇到的现象。人们常常因为不能想到某个惯常使用的物品的一些非常规的用途,而难以灵活地解决问题。克服功能固着,一方面需要人们有丰富的知识经验,熟悉物品的不同功能,另一方面需要有意识地培养思维的灵活变通。

(五) 原型启发与酝酿效应

启发是指从其他事物上发现解决问题的途径和方法。对解决问题起了启发作用的事物叫原型。原型启发在问题解决过程中具有很大作用。原型之所以能起到启发作用,是因为原型与要解决的问题之间存在着某些共同点或相似处。通过联想,人们可以从原型中发现某种原理,从而找到解决问题的新方法。某一事物能否充当原型起到启发作用,不仅取决于该事物的特点,还取决于问题解决者的心态。只有在问题解决者的思维活动处于积极但又不过于紧张的状态时,才最容易产生原型启发,所以原型启发常常发生在酝酿期。

当一个人长期致力于某一问题而又百思不得其解的时候,把问题暂时搁置下来去做另外的事情,过一段时间,再回过头来解决,常常可以很快地找到有效的方法使问题得到解决,这就是酝酿效应。酝酿效应实际上是产生了顿悟,使人们打破了先前不恰当的思路,从一个新的角度思考问题,从而使问题得以解决。

二、专家与新手解决问题能力的差异

大多数心理学家一致认为,有效的问题解决是以某一问题领域丰富的知识储备为基础的。在某一特定的领域,专家拥有丰富的知识、事例、概念和程序,并且这些储备的知识都经过了精细加工和组织化,在需要时很容易从长时记忆中提取。国外学者列举了专家工作的七个关键特征。[①] 主要在其所从事的领域表现出色;能够在其所从事的领域内知觉大量有意义的模型;反应敏捷,能更快地操作该领域的技能,能更快更好地解决问题;表现出非凡的短时记忆和长时记忆能力;在专业领域内洞察和表征问题时,处在比新手更高的水平上,新手的问题表征往往停留在表面水平;把更多的时间用于分析问题的质的方面;具有高度的自控能力。

概括相关的研究,专家与新手在解决问题能力上的差异表现为六个方面。

(一) 有意义的知觉模式的差异

测量知觉模式的典型方法是,给被试呈现某个方面的信息,然后要求他重现这些信息。例如,有人以国际象棋大师和新手为被试,给他们呈现一个典型的对局,看5秒钟,然后要求他们在空棋盘上复现看到的棋子位置。结果表明,国际象棋大师能重现20多个棋子的位置。新手只能重现4~5个棋子的位置。这说明,专家能知觉较大的有意义的刺激模式,新手不具备这样的能力。由于专家具有大量组织良好的、区分度高的图式性知识,使他们具有更强的模式识别和表征能力。

(二) 短时记忆和长时记忆的差异

专家与新手相比较,在短时记忆上的优势在于利用丰富的原有知识将新信息组成较大的组块。在长时记忆方面,专家通过对知识的深度加工,提高了长时记忆的效果。在特定的领域,专家拥有大量的知识、事实、概念和程序的储备,并且这些存储都是精细加工和组织化的,在需要时能够很容易从长时记忆中提取出来。

(三) 技能执行速度的差异

某一领域的专家,如物理学家、数学家、文学家等,他们对各自领域内的基本技能的掌握已经达到高度熟练的程度,在解决复杂问题时,由于这些基本技能的自动执行,减轻了专家的短时记忆负担,可以把精力集中于运用策略完成更高水平的思维任务。除了基本技能的熟练之外,专家解决问题快的另一个原因是,他们不必一步一步地进行推理。例如,电子工程专家在检测设备故障时,不必事先计划好每一个步骤,在检测过程中,他们可能偶然出现某种想法,而这种想法与已经收集到的信息一致,由此能够迅速解决问题。

(四) 用于表征问题的时间差异

在解决常规问题时,专家比新手快得多。但在解决复杂的新问题时,专家用于表征问题

---

① [美]罗伯逊(Roberston. S. I)著.问题解决心理学[M].张奇等译.北京:中国轻工业出版社,2004.

的时间比新手要长一些。原因在于,他们有更多的可供利用的背景知识,并需要思考与当前问题最有关的是什么知识。许多数学教师发现,数学学得好的学生在解题前常常给问题创造有意义的表征,而数学成绩差的学生通常不思考问题的意义就开始把数字代入公式。

（五）表征的深度差异

当遇到一个新问题时,专家能很快抓住问题的实质,看到问题条件中的隐含关系,根据问题的内在结构表征问题。在一个实验中,分别让拥有博士学位的物理学专家和刚学过一门物理课程的大学生对物理教材中的问题进行归类。大学生归类的依据是所用到的装置的种类、问题中出现的词语、外观的相似性等;专家则根据解决问题所需的隐含的物理学原理来划分问题。专家对问题的表征方式能帮助他们采取更有效的问题解决方法。

（六）自我监控的差异

在解决问题过程中,专家倾向于更频繁地检查自己对问题的解答,而且这种检查的效果比新手要好。

综上所述,专家和新手解决问题能力的差异可以归结为在结构化的知识、熟练的技能和灵活的解题策略上的差异。专家所具有的专长特征往往是领域性的,在某一领域的专家,并不意味着在其他领域的类似活动上也是专家。无论何种专长,都是受领域内任务特性的影响,与领域内活动训练密切相关。

三、一般问题解决能力的培养

（一）提高学生知识储备的数量与质量

1. 帮助学生牢固地记忆知识

知识记忆越牢固、越准确,提取也就越快、越准确,成功解决问题的可能性也就越大。教师应教给学生一些记忆和提取的方法,并鼓励他们应用。

2. 提供多种变式,促进知识的概括

只有深刻领会和理解的知识才能牢固地记忆和有效地应用。教师要重视抽象概括、归纳和总结。应用各种问题的变式来突出本质特征,加强对不同类型的问题的区分与辨别,提高学生对所学内容的理解水平。

3. 重视知识间的联系,建立网络化结构

问题解决经常是综合应用各种知识的过程,知识之间的有机联系是保证正确地解决问题的基础。研究发现,个体知识的概念化、条件化、结构化、自动化和策略化,能有效促进问题的解决。为此,教师要有意识地沟通课内外、不同学科、不同知识点之间的纵横交叉联系,使学生所获得的知识不只是一个孤立的点,而是能够融会贯通、有机配合的网络化、一体化的知识结构。

（二）教授与训练解决问题的方法与策略

1. 结合具体学科,教授思维方法

有效的思维方法或心智技能可以引导学生正确地解决问题,教师既可以结合具体的学科内容,教授相应的心智技能,如审题技能,构思技能等,也可以根据已有的科研成果,开设专门的思维训练课。教授心智技能或策略的主要目的就是使学生学会学习、学会解决问题,成为一个自主的、自我调控的有效的学习者。英国剑桥大学德·波诺(Edward. de Bono)提出的 CORT 思维教程,已经在许多国家实施,效果比较理想。这套教程通过大量日常生活的问题情境,训练学生探讨想法的正反两面、考虑事物的多种因素,分清主次、寻求更多的可能性等多种思维策略,从而使学生掌握解决实际问题所必需的技能。

2. 外化思路,进行显性教学

教师在教授思维方法时,应遵循由内而外的方式,即把教师头脑中的思维方法或思路提炼出来,明确地、有意识地外化出来,给学生示范,并要求他们模仿、概括和总结。这在一定程度上可以避免学生不必要的盲目摸索。学生通过这种学习,可以逐步掌握各种思维方法,用教师的经验充实或完善自己的内部认知结构,这是一个由外而内的内化过程。

(三) 提供多种练习的机会

1. 避免低水平的、简单的提问或重复的机械练习

应考虑练习的质量,根据不同的教学目的、教学内容、教学时段等来精选、设计例题与习题,充分考虑练什么、什么时候练、练到什么程度、以什么方式练、如何检验练的效果等。

2. 提供结构不良问题,培养实际解决问题的能力

学生在学校情境中遇到的问题大都是结构良好的问题。这些问题的已知条件是题目编写者提供好了的,一般没有多余的信息,需要解决的问题也非常明确地表述出来。而现实中可能遇到的大都是结构不良的问题。教师要向学生提供一些存在多余信息,或是缺乏必要的条件,或问题未加明确等结构不良的问题。学生要解决这类问题,必须自己判断哪些条件有关或无关,挖掘隐含条件,灵活运用过去所学的知识。通过对这类问题的解决,学生能够重新构建知识,将解决问题的能力迁移到实际领域中去。

(四) 培养思考问题的习惯

1. 鼓励学生主动发现问题

鼓励学生对事物多观察,不要被动地等老师指定作业后,才套用公式或定理去解决问题。教师要鼓励学生在课堂上主动提问,要让他们有时间酝酿和讨论,形成一种自由探究的氛围。如果学生觉得自己提出的想法会得到教师的认真考虑并有可取之处,他们就会更愿意投入到问题解决的活动中去。

2. 鼓励学生多角度提出假设

在明确问题的基础上,教师可以鼓励学生从不同的角度,尽可能多地提出各种假设,而不要对这些想法进行过多的评判,以免过早局限于某一解决问题的方案中。这时重要的是数量,而不是质量。

3. 鼓励自我评价与反思

要求学生自己反复推敲、分析各种假设、各种方法的优劣,对解决问题的整个过程进行监控与评价。也就是说,应注重培养学生的元认知能力,以有效地调控问题解决的过程。

四、具体问题解决过程中的教学

学生问题解决能力的培养,是一个长期的过程,需要教师多方面的指导。现代心理学的研究,提出了一些具体的教学策略来帮助学生成为更好的问题解决者。

(一) 样例教学

样例教学(worked example instruction)是利用样例,也就是解答好的例题,来促进学生问题解决图式形成的一种有效教学策略。样例是包含特定类型的具体解答方案的实例,一般由对问题的详细说明,解题步骤和最终答案三部分组成。

采用样例教学主要包括三个步骤:①引入新主题,教师给学生呈现新的主题所涉及的背景知识、原理或规则;②样例示范,教师运用典型的样例给学生示范怎样使用新的原理或规则;③课堂练习,教师要求学生解决同一类型的问题来练习使用相关的原理和规则。教师必须使学生清楚教学安排,仔细学习每一个样例,引导学生进行解题思路的总结并经常复习样例的解题思路。

(二) 基于问题的教学

基于问题的教学(problem-based instruction)是一种促进学生积极主动地解决实际情境或接近实际情境中的复杂问题的教学策略。这种策略要求教师尽可能采用源自真实生活的问题情境,主要适用于结构不良问题的解决。

这一教学策略的实施主要步骤如下。①教师作为促进者与学生组成小组。②开始一个新问题,教师给学生提出一个与现实世界相接近的复杂问题。引导学生确定问题及与之有关的事实、因素和限制。学生和教师要对问题解决的目标形成共同的理解。学生要确定需要进一步学习的概念等学习要点。③小组再次集合,沟通所学习的东西,生成对问题解决的假设。④活动汇报,各小组采用不同的形式汇报自己所得出的结论及得出结论的过程。⑤问题后的反思,教师引导学生反思问题解决的过程,帮助学生概括和理解新知识的运用情境。

(三) 出声思维

出声思维(thinking aloud)要求个体在解决问题时大声说出能意识到的所有的解题步骤和心理加工过程。在教学中教师进行出声思维,可以将自己的思维过程示范给学生,从而使他们明白如何着手解决一个具体问题。训练学生使用这种策略可以帮助他们监督和改进对问题的理解,更清晰地、系统地思考问题,避免解题时在错误的方向上浪费时间。

教师在课堂上将自己解决问题的过程、方法、决策过程及控制思维的方法大声说出来,将自己对所做工作的合理性判断大声说出来。教师的话语描述了其自我监控的思维过程,使得其监控过程清晰地呈现在学生面前。这样不仅讲解了教学内容,而且对学生进行了元认知示范。元认知示范可以使学生准确地认识和体会自我监控的过程,减少模糊的认识和猜测。学生解决问题通常需要一个较长的过程,在这个过程中会出现零散的想法,而正确答案就是对这些零散想法进行修正的结果。借助语言暴露内隐的思维过程,教师就可以让学生认识到自己是怎样想的,自己的想法是怎样起作用的,从而使学生有机会对认知活动的结果加以设想、预估,对思维过程进行监控,从中获得反馈信息,进而根据反馈信息对思维过程进行修正、调整或控制。教师可以给学生提供一个结构化的问题清单,这些问题包括:解决问题需要哪些条件?是否所有的条件都已具备?已知条件是什么?条件充分吗?还缺什么条件?已知条件与未知条件是什么关系?能否画一个草图表示题意?我先做什么?有什么根据表明选择这一步是正确的?能不能证明我的判断?结果正确吗?能检验吗?如果结果错了,则要明确哪里没有弄懂、错在哪儿、原因是什么?

布鲁姆等人的研究表明,解决问题能力的培养要在具体的问题解决过程中进行。心理学家提出了在具体问题解决过程中进行教学的具体建议:

在解决问题之前,帮助学生真正理解题意,分析问题。教师要注意:学生是否区分问题中的有用信息和无用信息;问他们是否意识到了他们所做出的假设;鼓励他们对问题进行图解,并借助图示来分析问题;要求学生向别人解释问题的意思;鼓励学生从不同角度看问题;教师提供几种看问题的角度、方式,让学生再提供一些其他的理解角度;引导学生思考平常物体的不平常的用途,打破理解中的定势和功能固着。

在解决问题的过程中,教师要注重的是对问题的分析思考,而不只是获得最后的答案;让学生在思考问题时"自言自语",随时说出头脑中所出现的全部想法;让学生为自己所采取的每一步推理提供解释,如自己的思路是什么?所依据的原理、规则是什么?为什么要这样做,等等,这可以促进学生对解题思路的深层加工;常常问学生:"如果……会发生什么"促进其推理活动;在必要时向学生提供一些解决问题的建议,但不要因此而"剥夺"了他们独立思考的机会;引导学生联想类似的问题是如何解决的,运用类比运法去思考问题;引导学生运用反推法分析解决问题;如果学生对自己错误的解答"振振有词"(有充足的理由),可以让他们看到反面的证据,引导学生看到自己的错误所在;如果学生在解决问题时陷入了僵局,暂时没有任何思路,可以考虑暂时搁置一下。

在问题解决之后,教师要注意:引导学生反思自己的解决过程,例如从这个问题中受到了什么启发,对知识有什么新理解;思考这一问题的其他解法;组织学生讨论、交流解题的思路和方法,特别是让想法不同的学生相互"交锋",通过思维的碰撞,寻找新的角度和思路。

第四节 研究性学习

一、研究性学习内涵与特征

(一) 研究性学习的内涵

从广义上理解,研究性学习是指学生主动探究的学习活动,是在教师指导下由学生自主地发现问题、探究问题、获得结论的过程。作为一种学习方式,研究性学习应渗透学生的各门学科的学习。从狭义上看,研究性学习作为一门独立课程,是指在教学过程中以问题为载体,创设一种类似科学研究的情境,让学生通过自己收集、分析和处理信息来实际感受和体验知识的生产过程,进而了解社会,学会学习,培养分析问题、解决问题的能力和创造能力。

（二）研究性学习的特点

1. 开放性

研究性学习的内容不是特定的知识体系,而是来源于学生的学习生活和社会生活,着眼于研究、解决学生所关心、关注的生活中的实际问题。研究性学习涉及的范围广泛,可以是物理、化学、生物等某一学科的,也可以是多学科的交叉综合;可以是偏重于实际操作,也可以是偏重于理论研究方面。由于学生的个人兴趣、经验、资源条件的不同,同一主题的研究性学习,也表现为不同的方式和进程。研究性学习的这种灵活性,为学习者、指导者发挥个性特长和才能提供了广阔的空间,从而形成了一个开放的学习过程。

2. 探究性

在研究性学习过程中,学习内容是在教师的指导下,学生自主选择确定的研究课题;学习的方式不是被动的记忆、理解教师传授的知识,而是要敏锐地发现问题,主动地提出问题,积极地寻求解决问题的方法,探求结论的自主学习过程。研究性学习重视学习过程,学习过程中的积极探究能够促进学生对知识的理解,并促进学生创造能力的形成。研究性学习所探究的问题呈现方式灵活多样,可以由展示一个案例或介绍某些情景引出,也可以直接提出,引导鼓励学生自主探究解决问题的方法并自己得出结论。

3. 实践性

研究性学习强调理论与社会、科学和生活实际的联系,特别关注环境问题、现代科技对当代生活的影响及与社会发展密切相关的问题。研究性学习引导学生关注现实生活,亲身参与社会实践活动,从而把学生的创新精神和实践能力的培养落在实处。

二、研究性学习的条件

（一）内部条件

研究性学习需要独特的内部条件。从学习动机方面看,研究性学习需要以学生的求知欲、好奇心、兴趣等内在动机为前提。研究性学习主要是一种自觉主动地发现问题、解决问题的过程,因此,这种学习的动力应该是由学习内容或学习活动本身引起的,指向的是探究未知的领域。如果学生缺乏求知欲,不主动寻求问题,研究性学习也就无从谈起。

从学习过程看,研究性学习需要高水平的认知技能,包括批判性思维、创造性思维和实用性智能。批判性思维是指通过系统地、逻辑性地考察问题、证据和解决方案进而评价结论的思维能力。发现问题和探明推理的偏差是批判性思维的关键成分。如果学生缺乏批判性思维能力,就不能提出更多有价值的问题、创设研究性学习的契机。创造性思维是打破思维定式,以一种新的不同于他人的方式思考问题,进而生成新的观念或产品。解决结构不良问题尤其需要创造性思维。实用性智能是指在实践情境中表现出来的智慧能力。拥有丰富的实用性智能,能使个体较好地应对环境中的问题,顺利地融入新环境。实用性智能对于强调实践性、亲历性的研究性学习也是一种必备的心理品质。

（二）外部条件

1. 学习的内容必须具备可研究性

第一，学习内容必须对学生构成问题。对学生不构成问题的内容不会激起他们的探究动机，也就不能引发学生的研究性学习。第二，学习内容必须具备研究的可能性。许多知识本身可能对学生构成问题，但他们无法通过研究来掌握。第三，构成问题的学习内容必须具备研究的现实性。即有现实的物质资源、人员和能力等方面的准备。

2. 研究性学习需要教师的指导而不是讲解

在开展研究性学习的过程中，无论是课题的选择、活动的开展，还是问题的解答，都需要教师的参与。这种参与是要求教师成为学生学习的促进者和指导者，而不是单纯地传授新知识。在研究性学习中，教师要扮演新的角色，帮助学生界定问题、收集信息、理解所要提出的问题，对问题进行分类，并找出可能的解释或解决办法。

3. 研究性学习更需要小组协作

研究性学习可以采用个别化的方式，但在多数情况下，受个体的能力和学习资源的限制，研究性学习需要小组协作进行。通过小组成员分工合作、各展所长、互通信息、资源共享，可以解决更多的研究课题，提高研究性学习的实效。

三、研究性学习的心理过程

研究性学习本质上是解决问题，可以把研究性学习的心理过程分为如下五个子过程。

（一）发现问题

发现问题是研究性学习的第一步，也是极为重要的一步。斯滕伯格指出，学生不能探究问题、解决问题，经常是因为没有意识到问题的存在。研究表明，发现问题的制约因素主要包括：是否有主动探究问题的习惯和好奇心，是否具有较为充分的相关背景知识，是否投入足够的时间深入思考问题的实质，是否具有一定的发散思维能力。

（二）界定和表征问题

学生发现问题后，接下来要对问题进行分析，包括确切地界定问题的性质，分析解决问题所需要的条件，明确问题解决的最终目标等。

（三）确定问题解决的策略

如果学生遇到的是界定明确的问题，一般需要选取以规则为基础的问题解决策略。如果是界定不明确的问题，由于没有合适的策略保证问题得到解决，一般需要选择启发式，如手段-目标分析、类比策略等。

（四）执行策略

策略的执行是否成功，在很大程度上取决于学生对问题的界定与表征是否合适，选取的策略是否适当。一般需要把问题分解为若干个小的问题，然后逐步寻求每个小问题的解决方法。

（五）评价问题解决的结果

策略执行后，学生要检查解题的结果与预定的目标是否一致。教师不必过分重视学生研究结果的对错或价值，而是重在研究性学习的过程，以及学生是否从问题探究中获得经验。

应该指出的是，研究性学习不是单一的过程，往往需要多个过程的循环。在每一个循环中，学生可能又提出了新的问题，启动了新问题的解决过程。从这个意义上讲，研究性学习也就是反复的"在学习中研究，在研究中学习"的过程。

四、研究性学习实施的一般程序

（一）指导学生确立研究课题

研究课题可以由教师提出，也可以由学生根据自己的兴趣爱好、特长和家庭背景等自由提出。一般采用的较多的形式是通过师生合作，对选题的社会价值和研究可行性进行判断论证，共同确立研究课题。课题的选择不宜多大，也不应该过分追求理论研究的前沿性，而应着力探究当地社会发展和学生学习生活中的实际问题，侧重于基础学科知识的激活和综合应用，力求满足学生个性化发展的需要。在选题阶段，学生容易出现几个方面的问题。最为常见的是学生选择的课题题目过于宏观，难以把握研究的具体内容，要研究的问题不明确。一些学生在选择课题时只是从自己的兴趣、个人的感觉出发，没有经过必要的实际调查和分析，缺乏课题立项的依据。这些都需要教师进行有针对性的指导。研究性学习的课题选题阶段既是培养学生的问题意识，引导学生发现问题，同时也是保障后续研究过程有效开展的前提条件。

（二）组建课题小组，制定研究方案

研究性学习的组织形式主要有三种类型：小组合作研究、个人独立研究、个人研究与全班集体讨论相结合。其中小组合作研究是经常采用的组织形式。每个课题小组一般以4~6人为宜，采取自愿结合、适当调节的组建原则和优势互补、分工合作的活动原则。课题小组确定后，要根据选定的课题制定研究方案，以保证研究互动的连续性和明确化。研究方案一般包括：研究的目的、意义、研究的主要问题、研究的步骤和程序、研究的具体方法等。

（三）实施研究，得出结论

学校和教师要给予学生一定的时间保证，提供必要的物质条件，并对学生的操作方法和利用社会资源方面进行指导。学生通过查阅资料、做实验、进行调查、走访专家、实地考察记录等方式收集有关信息。同时小组成员之间要经常讨论交流，进一步完善研究方案。课题小组将收集到的原始资料进行分析整理、归纳概括，从中探索规律，得出结论，提出自己的观点。

（四）成果交流，总结反思

课题小组将研究成果以小论文、图表、模型、调查报告、实验报告等不同的形式进行展示交流。同时对整个研究过程，包括研究方法的科学性、研究成果的质量、研究进程中的合作等，进行全方位的反思总结。研究性学习成果的展示交流，可以使学生感受到学习的成就感，成为进一步开展研究性学习的动力。

复习与思考题

1. 简述问题解决的心理过程。
2. 影响问题解决的因素有哪些？
3. 专家与新手在解决问题的能力上有哪些差异？
4. 在教学实践中，如何培养学生的问题解决能力？

第十章 品德的形成及培养

第一节 品德的实质

一、品德的定义

品德(morality)，也称为道德品质(moral traits)，是社会道德在个人身上的反映，是指个人依据一定社会的道德准则和规范行动时表现出来的较为稳定的心理特征和倾向。

品德和道德的关系十分密切。首先，品德是道德在个体身上的内化，是一定的社会道德规范在个体头脑中的反映和在个体实践活动中的具体体现。品德不是与生俱来的，它是个体在社会化的过程及社会道德舆论的熏陶和道德教育的影响下，通过自己的实践活动逐步形成发展起来的。因此，优良品德的形成、发展要以一定的良好的社会道德为前提。其次，社会道德的实践，主要依靠人们自觉的内心观念来实现，即依靠个体的品德观念来实现。因此，个人品德在形成之后反过来又影响着社会的道德面貌和社会道德风气。特别是明星人物、社会重要人物的品德作为社会道德的典范，会对社会风气产生深远影响。

品德和道德又有着明显的区别。第一，二者属于不同的意识范畴。品德是一种个体现象，是一定的道德规范在个体的思想和行为上的表现，其形成、发展和变化既受社会规律的制约，又受个体的心理活动规律的制约。品德支配和调节着个体的道德行为，属于个体意识形态范畴。而道德是一种社会现象，是调节人们行为的社会规范和准则。人们依据道德规范来辨别是非、善恶、美丑，它的产生、发展和变化服从于整个社会的发展规律，属于社会意识形态的范畴。第二，二者所反映的内容不同。品德反映的是社会道德规范的具体体现，是社会道德要求的部分反映。而道德反映的是社会生活的总体要求，是对一定经济基础的反映，它是调节社会关系的行为规范的完整体系。第三，品德与道德产生的力量源泉不同。品德产生的力量源泉是个体的需要，个人的归属、交往与尊重的社会性需要促使人们自觉地按照道德要求发展与完善自我。道德产生的力量源泉是社会需要。在社会生活中，人们为了维护共同的利益，以保障社会稳定、和谐的发展而制定的道德行为规范，因此，是社会生存和发展的需要赋予了道德力量。

二、品德的构成

心理学家为了揭示品德的实质，寻找品德教育的有效途径和方法，力图从心理构成的角度研究、弄清品德的心理结构。目前这方面的研究成果很多,其中我国较流行的观点是:品德是由道德认识、道德情感、道德意志和道德行为四种心理成分构成的。

1. 道德认识

道德认识,是指对道德行为准则的是非、善恶、美丑及其执行意义的理解,其产物是道德观念,道德观念一旦形成,又会影响进一步的道德认识。不仅如此,人的道德观念在与道德相关的行为过程中非常重要,常常影响着人的行为取向,制约着人的道德行为的表现。

2. 道德情感

道德情感是人的道德需要是否得到满足而引起的一种内在体验。一般而言,现实生活中的各种事件或是行为,凡是符合自己的道德认识或道德观念时,就会产生积极的道德感,否则就会产生不道德感。它伴随着道德认识产生,并影响着道德行为。换而言之,在道德认识和道德行为中往往都有道德情感相伴随。道德情感也是推动个人产生道德行为的内部动力,是道德动机的重要组成部分。

3. 道德意志

道德意志是人们自觉地确定道德目的,积极调节自己的行为,克服各种困难,以实现既定道德目的的心理过程。道德意志是道德认识的能动作用,受道德认识的支配,通过理智的调控去解决生活中内心的道德矛盾,支配道德行为的执行。道德意志通常表现为一个人的信心、决心和恒心。道德意志促进道德行为,同时只有在道德行为中才能真正体现道德意志。

4. 道德行为

道德行为是由道德动机驱使而做出的符合一定道德规范要求的行动。道德行为是实现道德动机的手段,是道德认识的具体表现和外在标志,也是衡量一个人品德的重要标志。道德行为的培养主要通过道德行为方式的训练和道德行为习惯的养成等途径来实现的。只有学生具有良好的道德行为才能使学校的品德教育具有社会价值。

在品德的形成过程中,以上四种心理成分互相联系、互相制约、互相促进的。道德认识是品德形成的开端,是道德情感、道德意志和道德行为产生的基础;道德情感和道德意志是品德形成的中间环节,不仅影响着道德认识的倾向,也对道德行为起到一种激励和定向的作用;道德行为是在道德认识的指导下,在道德情感和道德意志的推动下,通过训练形成的,同时又对巩固和发展道德认识、丰富道德情感起到促进作用。

由此可见,学生的道德行为是在社会环境的影响下,在学生道德意识的积极建构下,在道德意志的推动下,通过道德情感强化形成的。因此,在学生品德的教育中,需要通过道德的价值辨析和引导促进其道德观念的形成,还需要通过道德行为的社会性评价及自身内在评价促进其积极的道德情感产生,同时在意志的锻炼下,才能形成学生稳定的道德行为习惯。可见,品德的形成是一个极其复杂的动态变化系统,需要家庭、社会和学校共同努力、协调一致地进行教育,是一项十分艰苦、细致而又复杂的工作。

三、品德与态度的关系

(一)态度的定义

大多数心理学家认为态度是个体对某一特定事物、观念或他人所持有的稳固的心理意向。

理解态度的定义,需要注意以下几点。

第一,态度的认知成分是道德价值观的内在感受。态度是人类内在的主观特性,因此其认知成分不是外在的、客观的嗅觉、视觉、听觉、味觉、触觉,深度的社会与自然规律观念与思考等,而是道德价值观的内在感受。这些内在感受的产生,是基于态度主体的道德观、价值观基础上对自身或外在事物、观念等进行的评价。

第二,态度是一种心理意向。意向在心理学概念中含有意识指向性和意图谋虑的含义。态度是一种心理意向,体现出态度的对象性、内在性特性。态度不等于行为,但某种态度预示着可能产生某种行为,但态度有时会转化为外显的行为,有时不一定转化为行为。

第三,态度情感是态度这一整体中的一部分,它与态度中的内向感受、意向具有协调一致性。态度情感包括道德感和价值感两个方面,具体表现为爱情、幸福、仇恨、厌恶、美感等等。《心理学大辞典》将情感定义为"人对客观事物是否满足自己的需要而产生的态度体验"。情绪更倾向于个体基本需求欲望上的态度体验,而情感则更倾向于社会需求欲望上的态度体验。

第四,态度是后天学习的结果。态度的形成是个体社会化的一个重要方面,是后天个体在环境、教育的影响下逐步发展起来的。个体的态度是个体在道德和价值判断的基础上产生的,是后天学习的结果。态度来源于学习,但态度一旦形成,就会具有一定的稳定性,不易发生改变。

因此,态度具有评价性、对象性、内在性、稳定性四个特性。教师要了解学生的态度,就需要考查全面态度的三个成分,考察每种成分的强度、范围及包含的内容。还需注意的是,态度不一定能产生外显的行为,因此,在教学中不仅要促进学生的"情感、态度与价值观"的形成,还要促进学生将"情感、态度与价值观"转化成具体的行为习惯。这是一件非常重要且有难度的教学环节,也是决定着教育成效的关键性因素。

(二)影响态度形成的主要因素

态度不是与生俱来的,而是在后天的生活环境中,通过自身、社会化的过程逐渐形成的。在这个过程中,影响态度形成的主要因素有以下几点。

1. 知识

态度中的认知成分与一个人的知识密切相关。个体对某些对象态度的形成,受其对该对象所获得的知识的影响。例如,一个对核能的应用和控制拥有丰富知识的人,就会对核能的民事应用抱有积极、乐观的态度,这就说明态度的形成是受知识影响的。

2. 欲望

态度的形成往往与个人的欲望有着密切关系,态度中的情感和意向成分与欲望的满足有着密切关系。欲望的满足和态度形成往往是交替学习的过程,欲望的满足会导致个体对满足欲望的事物呈现积极的态度,因此,欲望的满足总是与良好的态度相联系。

3. 个人经验

一个人的经验往往与其态度的形成有着密切联系。实践证明,态度多是由于经验的积累与分化而慢慢形成的。例如,四川人对辣椒的态度和山东人对大葱的态度,都是由于长期的生活经验而形成的一种习惯性态度。

(三) 态度与品德的关系

态度与品德的实质是相同的,二者都是后天习得的影响个人行为选择的内部状态,二者的结构都包含了认知、情感和行为三个方面成分。但是,态度和品德这两个概念还存在着一些区别。

第一,二者的构成成分有细微的差异。品德往往是外在行为与内部心理活动的统一,换言之,品德包括行为成分;而态度则仅指心理上的东西,包括行为的意向,但不包括外部行为。

第二,价值(或行为规范)的内化程度不同。克拉斯沃尔(D. K. Krathwohl)和布卢姆(B·S·Bloom)认为,因价值内化水平不同,态度可以从轻微持有和不稳定到受到高度重视且稳定之间发生多种程度的变化。从态度的最低水平开始依次是:接受(receiving)、反应(responding)、评价(valuing)、组织(organization)、性格化(characterization)。上述价值内化的五级水平,也就是态度变化发展的水平,但只有到在价值内化这种最高级水平的态度,也就是价值标准经过组织成为个人性格系统中的稳定态度时,才称为品德。

第三,涉及的范畴不同。态度涉及的范围较大,包括对社会、集体的态度,对劳动、生活、学习的态度,对他人、自己的态度等,不仅涉及道德的范畴,还涉及了价值观的范畴。只有涉及道德范畴的那部分稳定的态度才能称为品德。

因此,态度和品德都是通过价值内化形成的,具有相同的形成实质,只是内化的程度不同。

第二节 品德形成的有关理论

关于品德形成的理论很多,自 20 世纪 60 年代以来,最有代表性的是皮亚杰 1932 年提出的儿童品德发展阶段理论、科尔伯格 1968 年提出的道德发展阶段论、班杜拉的观察学习理论和路易斯·拉斯(Louise Raths)的道德辨析理论。

一、皮亚杰的儿童品德发展阶段理论

瑞士心理学家皮亚杰认为儿童品德的发展要以认知发展为基础。他认为儿童的或者说是一个人的道德成熟主要表现在两个方面:尊重准则和有社会公正感。经过大量研究他发现了儿童道德认知发展的总规律,即儿童品德的发展经历了一个从他律到自律的认识、转化发展的过程,并在此基础上提出儿童品德发展的阶段理论。

(一) 儿童品德发展阶段理论的基本思想

(1) 儿童的品德发展是人的自然天赋与相应的社会因素相互作用的结果。儿童的品德发展既非天赋,也不是社会规则的直接内化,而是受主体与客体相互作用的性质强度的影响。

(2) 儿童是自己道德观点的构造者,其品德发展不仅取决于自己对道德知识的了解,更重要的是取决于其道德思维自主发展的程度。

(3) 儿童的品德发展是一个有明显阶段特点和顺序性的过程,与儿童逻辑思维的发展具有极大的相关性。儿童的品德发展的每一阶段都是一个统一的整体,而不是一些与孤立的行为片断相对应的道德观念的总和;在道德认知发展的过程中,前一阶段总是融合到后一阶段,并被后一阶段所取代;每个儿童都为建立自己的道德综合体而积极努力,而不只是去接受社会文化所规定的现成的模式;道德认知发展的先前阶段是后继阶段的必要的组成成分。各阶段的连续顺序是固定不变的,而且是普遍的。

(二) 儿童品德发展的阶段

皮亚杰认为,儿童的品德发展是一个由他律逐步向自律、由客观责任感逐步向主观责任感的转化过程。根据公正观念的发展水平,分为四个阶段。

(1) 第一阶段:前道德阶段(1~2岁)。

儿童处于感觉运动时期,行为多与生理本能的满足有关,无任何规则意识,因而谈不上任何道德观念发展。

(2) 第二阶段:他律道德阶段(2~8岁)。

儿童主要表现为以服从成人为主要特征的他律道德,故又称为服从的阶段。又可分两个阶段。①自我中心阶段(2~5岁)。这一阶段儿童缺乏按规则、规范行为的自觉性,还不能充分理解准则的程序和意义,在亲子关系、同伴关系、价值判断等方面均表现出自我中心倾向,片面强调个人存在及个人的意见和要求。这一时期的儿童还不能把自己同外在环境区别开来,而是把外在环境看作是自身的延伸,因此规则对他来说,还不具有约束力。②权威阶段(5~8岁)。此阶段的儿童认为服从权威和准则的人就是好的,违反的人就要受到惩罚,因此表现为绝对地尊敬和顺从外在权威和准则(规则),认为这是一种义务。此时他们把人们规定的准则看作是固定的、不可变更的。这一时期儿童的道德判断是以他律的、绝对的规则及对权威的绝对服从和崇拜为特征。

他律道德又称"强制道德",具有五个特征:①服从规则,认为规则是神圣的不可改变的;②从行为的物质后果来判断是非,而不是从动机来判断好坏;③单方面尊重权威,即认为遵守成人标准和服从成人规则是一种义务;④看待行为有全对或全错的绝对化倾向,不能设身处地地看问题和具体情况具体分析;⑤赞成严惩,认为受到惩罚的行为本身就是坏的。另外,把自然法则和道德法则相混淆,认为不端行为会受到自然力量的惩罚,所以以为人们生病受灾乃是行为不端的结果。

(3) 第三阶段:自律或合作道德阶段(8~12岁)。

该阶段的儿童已认识到准则是同伴间共同约定的,不是一成不变的,可逆的本质含义就是可变。此阶段的儿童一般都形成了这样的概念:如果所有的人都同意,规则是可以改变的;意识到准则是一种保证共同利益、契约性的、自愿接受的行为准则,并表现出合作互惠的精神。这标志着品德由他律开始进入自律阶段。公正感不再是以"服从"为特征,而是以"平等"的观念为主要特征,逐渐代替了前一阶段服从权威的支配地位。

自律道德也叫"互惠道德"或"道德相对论",其特征是:①认为法则或规则是经过协商制定的,可怀疑、可改变;②判断行为好坏,不仅看后果,还要看行为的动机;③与权威和同伴相处能彼此尊重,不仅能高度评价自己的观点与能力,也能较客观地评判他人;④能设身处地对他人的行为进行判断,不绝对化,能注意可能存在的几种情况和若干观点;⑤主张对犯错误者的惩罚要温和和适度,帮助他们找到犯错误的原因,以利改正。

(4) 第四阶段:公正道德阶段(11、12岁以后)。

该阶段儿童的公正观念是从可逆、可变的道德认识脱胎而来的。他们开始倾向于主持公正、平等,并真正到了自律阶段。皮亚杰认为,儿童有了公正、平等的要求,意味着他们已经有了利他观念,而从可逆阶段发展到公正阶段的主要原因就是利他观念的产生。儿童在第二、第三阶段的尊重规则的基础上,此时又有了社会公正感。他们基于公正感做出的判断已经不再是平等基础上的法定关系,而是人与人之间的道德关系。此阶段的儿童能将规则同整个社会和人类利益联系起来,形成具有人类关心和同情心的深层品质。因此,到这个阶段儿童的道德就达到了成熟水平。

皮亚杰的儿童品德发展阶段理论,肯定了认知发展是品德发展的必要条件,认为道德情感的激发有赖于道德认识,价值判断有赖于事实判断,为儿童品德的形成及其教育提供了一个基于认知发展的思维框架。皮亚杰虽然揭示了道德认识在儿童品德发展中的作用,也注意了情感和意志的发展在儿童品德发展中的作用,却忽视了"行"的因素。另外,他否定了成人的教育或榜样的作用,以及成人约束对儿童品德发展可能具有的积极作用。

二、柯尔伯格的品德发展阶段论

美国心理学家柯尔伯格受到皮亚杰的启发,研究了儿童面对伦理困境所做的反应,基于儿童和青少年对这类道德困境即道德两难故事的反应,柯尔伯格在道德判断的发展方面鉴别出了六个具有固定顺序的阶段,每一个阶段都比前一个阶段对伦理困境的回应更为适当。柯尔伯格认为品德发展的过程主要是对正义的看法,并且这一发展将终生持续。

(一) 儿童品德发展的阶段

1. 前习俗水平(0~9岁)

前习俗水平的道德推理,是根据行为的直接后果来进行推理,只是关心自己,表现出利己主义倾向。这一水平分为两个阶段。

(1) 第一阶段,服从与惩罚定向。

个体关注行为的直接后果与自身的利害关系。例如,如果一个人由于某个行为而受到了惩罚,这种惩罚会使这个行为被认为是道德上错误的。一个行为所受的惩罚有多严重,就说明这个行为有多"坏"。这时的儿童服从父母、教师等权威人物,认为凡是不会受到惩罚的行为就是好的,因此这个阶段也称为权威主义阶段。

(2) 第二阶段,利己主义定向。

这时儿童的道德判断以能否满足自己的需要为依据,将正确的行为定义为对自己最有利的行为。这一阶段的道德推理对其他人的需要兴趣有限,不会因社会契约而烦恼,因为行为目的是为满足自己的需要和兴趣,只关注自己是否得到更多的利益。因此,这个阶段也被称为道德相对主义(moral relativism)阶段。

2. 习俗水平(9~15岁)

习俗水平的道德判断是青春期和成人的典型状态。用习俗推理的人对行为进行道德判断时,会将这些行为与社会崇尚的观点与期望相对照。这一水平也分为两个阶段。

(1) 第一阶段,人际和谐与一致。

自我进入社会,扮演社会角色。此阶段的儿童认为凡是得到别人允许的行为就是好的,而遭到别人反对的就是不好的。这一阶段儿童的道德判断是以本人的行为是否被允许为衡量标准,个体关注其他人赞成或反对的态度,保持与周围社会角色的和谐一致。他们能理解别人,服从别人的规定,努力要做一个"好孩子",因此也称作"好孩子"定向阶段。

(2) 第二阶段,维护权威与社会秩序定向。

在这一阶段对儿童来说,重要的是遵守法律和社会习俗,因为它们对于维持社会有效运转非常重要。儿童的道德判断认为社会的要求胜过个人的要求。每个人都有义务和责任来捍卫法律或规则,如果有人确实触犯了法律,那就是不道德的。因此,这一阶段也称作法律与秩序定向阶段。

3. 后习俗水平(16岁之后)

后习俗水平,又称为原则水平,个体成为从社会的单独实体,认为应将个人的观点放在社会的观点之前。与前习俗水平注重自己的利益不同的是,这一水平的道德判断超出世俗的法律与权威的标准,是以普通的道德原则和良心为评价的基本原则。它也分为两个阶段。

(1) 第一阶段,社会契约定向。

这一阶段的青少年认为个体应持有自己的观点和主张,自己对社会负有某种道义职责,对于社会上的其他成员也同样负有道义上的责任。在判断是非善恶时,认为只有兼顾他人权力与福利的行为才是道德的。他们把法律、道德准则看作是维护社会秩序的一种契约,并持较为灵活的态度。因此,法律被看作是一种社会契约,而非铁板一块。那些不能提升总体社会福利的法律应该修改,应该达到"给最多的人带来最大的利益"。

(2) 第二阶段,普遍伦理原则。

此阶段的个体判断不仅要与既存的道德标准一致,而且要和普通的道德原则,与自己的良心保持一致,他们以此判断是非,不受外在因果、法律和规则的限制。这种认识突破了既存的规章制度,不是从具体的道德准则进行道德判断,而是从道德的本质去进行道德判断。道德推理是基于普遍价值进行抽象的推理,法律所许诺的是正义,所以不义的法律就不必服从。这样,虽然行为绝不是手段,但是总以自身为结果。

柯尔伯格的品德发展阶段从理论和实践上加深了人们对人的品德发展规律的认识,对德育具有很大的启发作用,对美国、德国、日本等国家的青少年德育工作具有非常重要的影响。

三、社会学习理论

社会学习理论是由美国斯坦福大学的班杜拉在20世纪70年代提出的。这一理论源于行为主义学派的强化学习理论,本质上说依然是行为的改变受强化与惩罚影响的观点。社会学习理论不同于行为主义学习理论的地方在于,它反对华生和斯金纳提出的外界刺激是行为的决定因素的观点,认为人的认知能力,对行动结果的预期直接影响人的行为表现。班杜拉把强化视为个体对环境认知的一种信息,即外在强化物的出现等于告诉个体这样的行为后果将带给他的是惩罚或奖赏,人们正是根据这种信息的预期决定自己的行为反应。因此，班杜拉将自己的理论称为社会认知学习理论。

班杜拉认为人类的学习大多发生于社会情境中，只有站在社会学习的角度才能真正理解人类社会行为的发展。该理论从人类的观察和模仿角度较全面地解释人社会行为的学习，解释品德学习的形成和改变。他将行为习得分为两种不同的过程：一种是通过直接经验获得行为反应模式的过程，班杜拉把这种行为习得过程称为"通过反应的结果所进行的学习"，即直接经验的学习；另一种是通过观察示范者的行为而习得的行为过程，班杜拉将它称之为"通过示范所进行的学习"，即间接经验的学习，或者观察学习。

（一）观察学习的含义

观察学习（observational learning），有时也被称为社会学习（social learning）或替代学习（vicarious learning），指通过观察环境中他人的行为及其后果而发生的学习。

在一个经典研究中，班杜拉（1965 年）让 4 岁儿童单独观看一部电影。在电影中一个成年男子对充气娃娃表现出踢、打等攻击行为，影片有三种结尾。将孩子分为三组，分别看到的是结尾不同的影片。奖励攻击组的儿童看到的影片结尾是进来一个成人对主人公进行表扬和奖励。惩罚攻击组的儿童看到的故事结尾是另一成人对主人公进行责骂。控制组的儿童看到的故事结尾是进来的成人对主人公既没奖励，也没惩罚。看完电影后，将儿童立即带到一间有与电影中同样的充气娃娃的游戏室里，实验者透过单向镜对儿童进行观察。结果发现，看到榜样受到惩罚的孩子表现出的攻击行为明显少于另外两组，而另外两组则没有差别。在实验的第二阶段，让孩子回到房间，告诉他们如果能将榜样的行为模仿出来，就可得到橘子水和一张精美的图片。结果，三组孩子对攻击性行为的模仿没有差异。这个实验说明替代性惩罚抑制的仅仅是对新反应的表现，而不是获得，即儿童已学习了攻击的行为，只不过看到榜样受罚，而没有表现出来而已。

班杜拉认为上述实验表明，在社会情境下通过观察他人的实际表现及其带来的相应后果就可迅速地进行学习，获得新行为，学习带有认知的性质。因此，人不是消极地接受外界刺激，而是积极地对这种刺激做出选择、组织和转换，借以调节自己的行为，换句话说，人类的行为变化是内部过程和外界影响相互作用的产物。亲身所经历的经验固然重要，但替代性经验同样具有较大的功能。所以，观察学习是人类的主要学习方式之一，尤其在人类社会性发展方面，观察学习更符合人类学习的许多实际情况，更能说明个体的许多复杂行为（如道德行为）的学习过程。

（二）观察学习的过程

班杜拉将观察学习分为"获得"与"操作"两个阶段。在"获得"阶段中含有注意和保持两个过程，在"操作"阶段中含有复现（生成）和动机两个过程。

1. 注意

注意是观察学习发生的前提条件。学习者对被观察对象的特征进行有选择地观察。被观察对象或活动的特征和学习者自身的特征共同影响选择注意的效果和对象。具体来讲，其影响因素包括被观察对象或活动的特色、价值、复杂性和感染力等和观察者的感觉能力、知觉定势、唤起水平、过去的强化、依赖性、权威性等因素。

2. 保持

保持过程是指将所观察到的行为信息储存在长久记忆中,直至被观察对象的行为对观察者的行为发生影响的这段过程。人们要想在以后重复被观察对象的行为,就必须将榜样的行为以符号表征的形式储存在记忆中。这种符号编码获得之后,学习者可以通过外显的或内心的演练,将示范经验保持在头脑中,以便使行为能够在以后适当的社会情境中表现出来。

3. 复现

复现过程是指,一个人把观察获得的榜样行为付诸行动。在大多数日常学习中,人们一般是通过模仿一个非常近似的新行为,然后经过自我矫正,使这一近似的行为更加准确和精确。复现过程的完整及顺利程度,取决于过去对观察对象行为的理解程度、记忆的深刻性和观察者的动作技能水平。对于复杂的行为,人们往往要经过多次练习与自我矫正,最后才能达到行为的精确化。

4. 动机

观察者通过观察获得的新行为,并不能保证在身上自动出现,而是否自动出现则是由主体的动机所控制。人们并不是把学到的每件事都表现出来,是否表现出来取决于观察者对行为结果的预期,预期结果好,他就会愿意表现出来;如果预期将会受到惩罚,就不会将学习的结果表现出来。对此,班杜拉提出了三种强化:第一,直接强化,即当学习者按被观察对象的示范行为进行操作时就给予强化,如表扬、奖励等;第二,替代强化(间接强化),即观察到被观察对象的行为受到奖励或赞扬而间接受到的强化;第三,自我强化,即个人自己控制强化事件的强化,也就是说,这种强化事件不是由外界施予的,而是个体自己给予的。因此,观察学习主要是一种认知活动,应注意强化的作用,强化能加强观察者重复所学行为的动机,强化也是影响观察学习的主要因素。

在特定的情境中,如果一个观察者不能再现榜样的行为,很可能是由于没有注意原型的表现;或是记忆表象中对示范动作的编码不合适,不能保存所学的东西,或是没有能力再现原型行为;或是没有足够的动机。总之,对于社会行为学习的考察,要注意上述四个方面是否具备了适当的特征。

班杜拉的社会学习理论强调人的行为是内部过程和外界影响交互作用的产物,既承认环境是决定行为的潜在因素,又承认个人的认知因素、自我调节在学习过程中的关键作用。

四、道德价值辨析理论

价值辨析理论(Values Clarification)是在 20 世纪 60 年代时形成的一个德育学派的主要观点,代表人物主要有美国教育学者路易斯·拉斯(Louise Raths)、悉米·西蒙(Sidmey B. Simon)和基尔申·鲍姆(Kirschen Baum)。其中,拉斯是这一学派公认的创建人,西蒙在这一领域建树颇丰,而鲍姆则在进一步完善发展这一学说方面做出了很大努力。在品德心理领域中,价值观辨析学派主要通过价值观辨析与赋值策略来促使人们对各种道德判断和伦理问题的知晓和明辨,以此促进学生的道德发展。

（一）价值辨析的概念界定

该学派认为，"如何获得概念"比"获得怎样的概念"更重要，价值观的形成不是通过灌输进行的，而是通过辨析的方法在评价过程中建立的，是通过选择、赞扬和实践过程中进行理智的价值选择的过程。价值辨析论注重发展人的自主能力，注意对分析评价价值观能力的培养，认为辨析价值观的过程是一个评价认同的过程。因此，价值辨析是指在人的价值观形成过程中，通过分析和评价的手段，帮助人们减少价值混乱促进同一价值观的形成，并在这一过程中有效地发展学生思考和理解人类价值观的过程。价值辨析法的主要任务不是认同和传授"正确的"价值观，而在于帮助学生辨析其自身的价值观，避免价值混乱，从而促进学生的价值选择。

（二）价值辨析理论的基本原理

1. 理论假设

价值辨析理论是以两个最基本的理论假设为前提的。①当代儿童处于充满互动的价值观的社会中，这些价值观深深地影响着他们的身心发展；②在当代社会中，根本就没有一套公认的道德原则或价值观。从这两个假设出发，价值辨析理论认为，教师不能把价值观直接教给学生，而只能通过学习评价分析和批评性思考等方法，来帮助学生形成适合其自身的价值观体系。

2. 价值辨析的四个基本要素

（1）关注生活。使人注意到那些自认有价值的生活中的事物，如情感、态度、目的等；并注意到致使价值混乱和生活复杂化的问题。

（2）接受现实。原原本本地接受学生的一切，包括观点、兴趣、情感等价值观，以使学生坦诚地表达自己，但并不等于赞成。

（3）激发进一步思考。在接受的同时，鼓励学生进一步综合反省各种问题，鼓励他们做出多种选择，更好地意识到个人珍视的东西，更好地选择和珍惜日常的行为。

（4）提高个人潜能。通过价值澄清，可以使个人思考个人的价值问题，能更好地整合他们的选择、珍视和行动，有助于价值澄清的发展和自我指导能力的提高。

3. 价值辨析的功能

价值辨析理论认为，价值辨析教学可以产生八个方面的德育效果。
（1）使不良行为的强度和频率下降；
（2）反叛和骚乱行为(如吸毒、课堂骚乱)减少；
（3）自我概念、自信心提高；
（4）具有较成熟的价值观；
（5）学生学习风气日渐浓厚；
（6）人际关系改善，盲目冲动减少；
（7）缓和个人压力；
（8）师生关系改善。

鲍姆概括分析了25项有关价值辨析法的研究后指出，如果教师坚持要学生经历价值评价过程，那无论是教师的热诚和精力，还是学生个人的成长和学业成绩，都会有较大的增长。

价值辨析学派在对学生进行价值观辨析过程中，发展出了许多应用性策略。这些策略的应用，一般要经过三个阶段七个子过程才能使学生建立积极的价值观念。第一个阶段是选择，包括三种水平：自由地选择、从可选择的范围内选择、对每一可选择途径的后果加以充分考虑之后选择。第二个阶段是赞赏，包括两种水平：喜爱这一选择并感到满足、愿意公开承认这一选择。第三阶段是行动，包括两个水平：按这一选择行事、作为一种生活方式加以重复。

总之，价值观辨析不是一种价值观的灌输和说教，而是通过学生自我陈述、讨论、互相启发、练习等方式，鼓励学生自己发现、思考、体验、辨别、选择或改变其已有的价值观念，从而形成积极道德价值观念的道德教育方法。

第三节 品德形成的过程与条件

一、品德形成的过程

人的品德形成一般要经历从他律到自律的发展过程，在道德认识基础上建立道德概念、道德观念，再经道德评价上升为道德理性认识，并在道德情感的驱使下，在道德意志的影响下，形成和表现出自己的道德行为方式和道德行为习惯。

对于品德的形成，社会心理学家凯尔曼（H. Kelman）的观点是最代表性的。他认为个体品德的形成是社会规范及其价值原则内化的结果，这种社会规范和价值原则由外向内转化需经历三个阶段。

（一）社会规范的遵从阶段

遵从是指个体按照规范的要求来行动，但对规范的必要性或根据缺乏认识，甚至有抵触情绪。按照我国心理学家冯忠良的研究，遵从行为具有盲目性、被动性、工具性和情境性等特点。在这一阶段，个体只是迫于权威和情境的压力才遵从规范，一旦外部监控和压力消失，相应的规范行为就可能动摇和改变。遵从包含两种情况：从众（conformity）和服从（obedience）。从众是指人们在社会舆论或群体气氛的压力下，放弃自己的意见而采取与大多数人一致的行为。服从是指个体按照社会要求、群体规范或者权威意志而做出的行为，这种服从可能是出于自愿，也可能是被迫的。

在此阶段，个体对社会规范缺乏充分的认识，也缺乏情感上的体验，其行为的主要动力源于外部压力、惩罚、安全感和归属感等因素。因此，处于这个阶段的品德，水平较低且不稳定。但遵从阶段又是品德形成的一个不可或缺环节，为了提高品德的发展水平和稳定性，在这一阶段应特别注意提高个体在遵从社会规范之后的内在奖励和情感体验。

（二）社会规范的认同阶段

凯尔曼认为，认同是个人因为想要同另一个人或群体建立或维持一种令人满意的关系而接受影响时发生的反应,做出这种反应是由于个体希望自己成为与施加影响者一样的人。认同是在思想、态度和行为上主动接受他人的影响,使自己的态度和行为与他人相接近,其实质是对被认同者的模仿。从认同的发生过程来看,与遵从相比,认同行为具有一定的自觉性、主动性和稳定性,它不受外部压力所左右,是在思想、情感、态度和行为上主动接受他人影响,使自己的态度和行为与他人接近。认同水平的道德观念已经具有一定的稳定性,认同是规范内化的深入阶段。

(三)社会规范的内化

内化是指在思想观点上与他人的思想观点一致,将自己所认同的思想和自己原有的观点、信念融为一体,构成一个完整的价值体系。内化是一种真正从内心深处相信并接受他人的观点,彻底改变自己的观点的状态。由于内化过程中充分认识和体验了某种态度和品德的正确性,解决了曾经有过的矛盾冲突,此时的行为具有高度的自觉性和主动性,并具有坚定性,最后使稳定的品德得以形成。

二、品德形成的一般条件

(一)家庭教育

家庭在儿童品德形成中的作用是不能代替的。家庭教育的影响在一个人的成长过程中起着先入为主的定势作用。家庭是个人最初的活动范围,子女起初总是以其双亲的言行为榜样,以其双亲的需求、情感情操为认同对象,逐渐形成自己的行为方式习惯和道德信念。家庭环境,特别是家庭结构是否完整、家庭氛围、家庭成员的道德水平、职业与文化程度、家庭的教养方式等直接影响着儿童的品德形成和行为习惯的建立。

(二)社会风气

社会是德育的出发点,也是归宿。社会要求个体顺应社会规范,要求社会规范能够得到系统地维持。社会环境对个体品德形成的影响主要通过教育、社会文化、社会舆论、社会风尚等因素进行。学生作为社会的一个成员,必然会受到社会环境的影响,因此,社会环境对学生品德的形成与发展也是至关重要的。社会环境中最为重要的因素是教育,教育以有组织、有计划的形式来开展道德教育,它还强调个体的独特性与群体的共同性,强调个体对社会的适应,同时也注重个体对社会的改造与促进。实际上,教育会在促进学生的品德发展符合社会要求的同时,又对社会系统的进化起推动作用,这是教育对社会的影响作用。

(三)同伴群体

同伴群体在学生品德发展中具有得天独厚的影响力。现在的学生,大部分是独生子女,在家中缺少与他们交流的兄弟姐妹,他们的交往需求更多地在同伴群体中得到满足。在道德认知上,与同伴群体的相互作用能促进学生对角色责任的承担,为其道德认知的发展提供直接的条件。同伴群体成员关系的亲密性,也容易促进移情体验的产生和发展,从而促进学生道德情感的产生和发展。同伴群体也为学生将道德认知付诸实践和行动提供了理想的排练场,是学生自律性品德形成的重要途径。因此,同伴群体对学生品德的发展方面也有不可替代的影响。

（四）个人信念

就品德而言，最重要的内部条件是学生的道德信念。道德信念是指坚信行为规范的正确性并伴有情绪色彩与动力性的观念，是一种主动要求得到维护与实现的道德需要。道德信念是在道德认识的基础上发展起来，在掌握道德规则、形成道德价值观之后达到的最高水平。道德信念虽然直接与道德认识相关，但它还间接地包含道德意志、道德情感、道德动机等心理成分。道德信念不仅对人的行为进行有意识的调节，还能为道德行为提供动力。因此，道德信念对人的品德形成起着非常重要的作用。

需要特别指出的是，外部环境中榜样的作用也不容忽视。各个层面的教育力量应积极树立好的典型和榜样，为学生的品德形成提供模仿学习的好榜样。

三、当代学生品德教育的现实策略

（一）德育生活化是当前学校德育的发展趋势

德育生活化模式主要指德育要以生活为载体，教育与学习应该从受教育者的实际生活出发，关注人的现实生活需要，以自我教育为根本的出发点，让学生在生活体验中理解道德要求社会的本质是"做人"。在内容上以"修养"为核心，充分发挥德育核心价值观的导向功能；在方法论上要以生活教育为主，充分发挥德育生活的潜移默化功能。就是说，德育生活化的要旨在于，在大学生活过程中引导学生自我感知、体认和思考，在学校文化生活中潜移默化地受到启迪和教育。德育生活化要求德育从时间和空间的封闭状态走向开放，重视生活事件的德育价值。从受教育者的实际生活出发，关注人现实生活的需要，让学生通过生活的体验来理解社会的道德要求。德育的内容上要关注人的心理健康和生存问题、关注道德需要、关注个人主体性与社会责任感。

（二）在评价和实践中提高学生的道德认识能力

学生道德认识的培养与发展是一个复杂的过程，主要依赖于道德概念的掌握、道德信念的确立和道德评价能力的发展三个环节。价值辨析理论告诉我们，学生道德概念的掌握、道德信念的培养需要通过价值的辨析和评价来获得。在舆论、别人的评价、教育影响下，学生的道德判断是通过分析自己行为的是非、唤醒和强化自律意识，从"他律"到"自律"，从"对人"到"对己"，从"片面"到"全面"的发展过程。而这一过程，不能脱离道德实践而完成。只有通过本人的道德实践证实并体验到道德要求的正确性，才能促使学生将道德知识转化为道德信念，并自觉地按照道德准则来调节行为，正确、恰当地评价他人和自己的道德认知能力。

（三）注重知情结合激发学生高尚的道德情感

道德情感是在一定的道德认识基础上产生并随着道德认识的发展而发展的。一个人的道德认识水平制约着他的道德情感，高尚的道德情感总是在个体掌握一定的道德理论的基础上形成的。但还需注意的是，道德情感不仅是对在道德认识基础上伴随道德行为而产生的情感体验，也具有引发与支持道德行为的作用。因此，在德育工作中，教师要注意以理服人，丰富学生的道德知识，提高他们的道德认识水平，还要注意通过道德辨析，激起学生的道德情感体验，用爱憎分明的情感帮助学生正确地理解道德的社会意义，做到晓之以理、动之以情、知与情相结合，促进学生道德情感的不断升华。

（四）组织实践活动加强对学生道德意志的锻炼

道德意志在由道德认识转化为道德行为的过程中起着调节和维持的作用。学生有了道德认识，有了道德行为的愿望，就是没有道德意志，也会影响其道德行为的表现。道德意志是在克服困难的实践过程中发展起来的，因此，教师应促使学生在生活中磨炼自己的道德意志。在当前的教育现实下，积极组织学生深入农村、社区开展扶贫帮困、支教支农等社会实践和志愿者服务，不仅能使他们了解国情和教育现状，也有助于帮助学生强化生活感悟、磨炼道德意志、强化道德信念。

（五）利用强化原理培养学生的道德行为习惯

学生的品德只有落实到其道德行为上才具有社会价值。道德行为习惯的养成往往是依靠直接强化和间接强化来实现的。因此，学生道德行为习惯的培养，一方面可以通过树立真实、可感的典型性人物，提供对榜样的分析与表扬的间接强化事例，帮助他们强化道德行为；另一方面，可以通过制度建设和文化氛围的塑造，利用同伴群体的影响，帮助他们形成道德行为习惯。

总之，学生品德的培养，要注重道德认识、道德情感、道德意志和道德行为的均衡发展，并注意德育的生活化，才能切实可行地促进学生的品德形成，促进其道德行为习惯的养成。

复习与思考题：

1. 什么是品德？品德与道德有何区别？
2. 简述态度与品德的关系。
3. 简述皮亚杰的儿童品德发展理论。
4. 简述柯尔伯格的道德发展阶段理论的基本内容。
5. 观察学习的过程是什么？
6. 简述品德学习的一般过程。
7. 学生品德教育的现实策略有哪些？

第四篇
教学心理

第十一章 有效教学与教学设计

第一节 有效教学的特征

一、有效教学的含义

大多数学者认为,有效教学(effective teaching)的理念源于20世纪上半叶西方的教学科学化运动。有效教学的核心问题就是教学的效益,即什么样的教学是有效的,是高效、低效还是无效?到了20世纪80年代,有效教学研究形成蓬勃之势,出现了一批代表人物,如美国的博里奇(G. D. Borich)、古德(Good. T. L)和布罗菲(Brophy. J. E)等人,研究也更为系统,形成了一系列有效教学模式,标志着有效教学理论的逐渐成形,并对教师培训课程的改革、教师能力测验等领域产生了深远的影响。

揭示有效教学的内涵应该紧扣"有效"和"教学"这两个概念。首先,从"教学"的内涵来看,有效教学是教师教的活动,即教学过程的有效性。教学过程有效性即指教学过程合规律性,包括教学准备活动的合理而科学,如准备适合的教学目标、形成切实可行的教学计划等;教学实施的合理而科学,如有效讲授、组织讨论、提问、激发学生的动机、因材施教等;组织教学的合理而科学,如管理好课堂活动、管理好教学时间等。教学过程有效性还指教师教学行为的正确性、合理性,又指教师教学策略的多样性、灵活性等。它是实现有效教学的条件或手段。

其次,从"有效"的内涵来看,有效教学表现为教学有效果、有效益和有效率。教学效果是指教学活动的结果,它考察的重点是学生的学习进步与发展。在教学活动中,教师要通过教学活动取得某种结果,达到某种目的,满足某种需要,这样才能认为教学活动有效,这是有效教学的第一要求。所谓有效果,主要是指通过教师在教学之后,学生所获得的具体进步和发展。因此,学生有无进步和发展是衡量教学有没有效果的唯一指标。教学有没有效果,并不是指教师有没有教完内容或教得认真不认真,而是指学生有没有学到什么或学生学得好不好。简而言之,有效教学可以界定为取得了教学效果的教学。

教学效益是指教学活动的收益、教学活动价值的实现和教学活动目标的达成。具体来说,教学效益反映的是教学活动的结果与教学目标、教学目标与特定的社会和个人的教育需求是否吻合,这是对教学效益的规定。有教学效果不仅要求教学有效果,使学生出现了变化,而且要求教学有效益,即要求教学效果或结果与教学目标相吻合,满足了社会和个人的教育要求。在这个意义上,有效教学可以界定为教学的结果与预期教学目标、与社会和个人的教育需求一致或吻合的教学。

综上所述,有效教学就是教师通过教学过程的合规律性,成功引起、维持和促进学生的学习,相对有效地达到预期教学效果的教学。

二、有效教学基本特征

"有效教学"这一概念首先意味着并不是所有的教学都是有意义和有价值的,甚至可能是无效的、负效的。何种教学可称为"有效教学"? 也就是说,满足何种条件或具备哪些特征就可算作"有效教学"? 有效教学应具备以下几方面的特征。

(一) 明确的目标

让学生明确了解通过努力而达到目标,并且明白目标的达成对个人成长的意义。研究表明,学生对教学目标的明了程度不仅与学生的成就存在密切的关系,而且与学生的满意度也存在密切的关系。正确的教学目标可以从教学目标的指向性和全面性两个方面来理解。

①教学目标的指向性。教学是教师组织学生有目的、有计划学习的活动,教学的本质是学而不是教,"为学生学习而教"决定了教学的目标不是教师教什么,有没有完成教学内容,而是学生通过教师的教学学到了什么,即是否掌握了教学内容。教育的真正目的是改变学生的行为,有效教学的目标指向学生的进步与发展。有无进步和发展是对有效教学质的规定,进步和发展的程度是对有效教学量的把握。

②教学目标的全面性。正确的教学目标不仅要将教学目标定位在学生进步和发展上,而且要使学生的这种进步和发展具有全面性,是全面的进步和发展。

(二) 充分的准备

充分的准备是指教师为确保一门课程或一堂课有计划进行而对教学活动的精心谋划,有效教学要以充分的准备为前提条件。充分的教学准备主要凝结在教师的教学计划中,主要表现为:教学目标的确定与阐述、教学材料的处理与准备、课程资源的开发与利用、主要教学行为的选择、教学组织形式的编排及教学方案的形成等。

(三) 科学的组织

科学的组织指教学实施时保证教学内容、活动、策略、秩序等的合理性、科学性,尤其指教师对教学活动的有效安排。教学准备与教学组织是紧密相连的,教学是根据准备的教学计划进行的,是执行教学计划的过程。教学是动态的活动,是尝试性的过程。无论怎样周全的教学计划也难以预料复杂、动态、变化的教学过程,意外的情况总会出现。这就需要教师根据教学内容、教学对象和教学情境的变化,修改教学计划,重新组织教学,灵活地开展教学。

(四) 清楚明了

清楚明了是指教学清楚和易于理解。清晰的讲解就是教师清楚地讲授、解释教学内容,从而使学生达到正确的理解、牢固的掌握和顺利的应用或迁移。教学主要目的是使学生清楚地理解和牢固地掌握概念、原理、理论和方法等,增进其知识、培养其能力和熏陶其情感,因此，教学必须做到清楚明了。教师清楚解释的能力是有效教学的重要品质。教师通过清楚明了的教学，就能使学生更清楚、更准确地理解，就能使学生获得学习进步和发展，就能提高教学的有效性。

清晰的讲解包括：第一，教学目的明确，教师给学生提出明确的学习任务和要求，学生知道自己应该掌握的内容和学习的重点；第二，教师系统、有条理地讲授教学内容，有利于学生形成知识之间的逻辑联系，获得结构化的知识；第三，教师对概念、命题、理论、原理的阐述简明、准确而不含糊，使学生易于透彻理解和正确掌握；第四，讲授时表现出思维的逻辑性、表述的条理性，对学生的逻辑思维能力产生了积极影响。

（五）促进学生学习

促进学生学习是指教学关注和满足学生的需要，围绕学生组织和实施教学。建构主义教学观认为，学生要积极构建学习的新知识，而不是被动地接受或照搬从教师或课本获得的知识。因此，教学要调动学生的积极性，发挥他们的主动性，促使他们参与和投入学习。

（六）高效利用时间

高效利用教学时间表现为：第一，教学活动指向教学内容，将更多时间用于与教学内容相关的师生相互作用和与学习直接相关的活动上，减少用于课堂管理、维持学习秩序、交流学习规则及与学习无关的活动的时间；第二，通过教学的生动有趣、对学生产生吸引力及激发学生的学习动机来促使学生对学习更投入，增加他们的有效学习时间；第三，通过事先制订教学时间管理计划、教学实施计划、教学后评估时间利用情况来有效利用时间，及时消除导致时间浪费的因素。

总之，有效的教学行为要联系学生的经验与生活世界，通过教学过程中师生的积极互动，促进学生的知识与技能的生成。

三、有效教学应该关注的教学要素

美国教育心理学家斯莱文（Slayin，1987年）提出了有效教学的QAIT模式，认为影响有效教学的四个主要因素分别是：教学质量（quality of instruction）、教学的适当性（appropriate levels of instruction）、诱因（incentive）和时间（time）。

（一）教学质量

有效教学最为重要的一点是教学在多大程度上对学生有意义。为此，教师必须有条理地呈现材料，要能把新的知识与学生已有的知识联系起来。教师需要运用事例、图解等形式，使学生感到课堂生动有趣。有效教学的另一个要点是教师采用适当的教学进度，适应大多数学生的接受能力水平。教师应当经常地向学生提出问题，看他们掌握了多少。

（二）教学的适当性

教师要确保学生做好学习新材料的准备，包括必备的知识和技能。因班里的学生在知识技能的准备、学习进度、学习动机等方面存在差异，所以就要求教师提供的教学要适当，对有需要的学生，进行个别教学和辅导。

（三）诱因

诱因是指教师对学生完成学习任务所做的激励的程度。教师要善于激发唤醒学生的好奇心，使他们懂得在课堂获得的知识在以后生活中有何种的用途，并采用多种方式给予学生必要的承认和奖励。

（四）时间

如果教学质量、教学的适当性和诱因都很高，在教学上所用的时间越多，学生学到的知识就越多。学生用于学习的时间量依赖于两个因素：一是教师教学实际所用的时间量，二是学生集中注意力的时间量。这两者都受课堂管理和纪律的影响。

在 QAIT 模式中，每一个因素如同链条中的一环，四个环首尾相连，共同发挥作用，而整个链条的力量决定于力量最弱的一环。也就是说，有效教学的四个因素必须都是适当的。如果学生缺乏必需的知识和技能的准备、缺乏学习动机，即使有较高的教学质量，也很难取得好的教学效果。

四、国内有关有效教学研究的存在问题

课堂教学是中小学教育活动的基本构成部分，课堂教学的成效也是衡量学校教育水平和教育质量的核心指标。国内对课堂有效教学的研究最早始于 20 世纪 50 年代，但大多数研究都是将注意力放在如何综合地提高课堂教学质量上。尽管影响课堂教学质量和效果的因素很多，如教师的教育观念、教学能力、工作积极性、心理健康状况等，但很明显，这些因素都是通过教师的课堂教学行为体现出来的，学生也是通过教师的课堂教学行为来理解教师的要求、掌握知识和发展能力的。近年来，随着人们对课堂教学内涵的认识不断深入，对课堂有效教学的研究也在不断深化。从研究领域上看，国内有效教学研究主要涉及概念的界定、有效教学特征的探索、有效教学策略的研究及对有效教学研究的研究四个领域，并取得了丰富的研究成果。

但综合分析国内有效教学行为的研究，我们不难发现，有关有效教学的研究也存在着一些不尽如人意的地方，主要表现在以下三个方面。[1]

（1）有效教学研究对教育现实问题关注不够。有效教学所追求的"有效"，既是教学的目标追求，也是当前新课程改革的核心思想，更是教育事业实现内涵发展的必然要求。因此，有关有效教学的研究，必然要与教育现实紧密结合，也必须要针对和指向当前普遍存在的教育现实问题。当前基础教育学校的教学实践中存在的最为现实的、普遍存在的问题就是"教师教得辛苦、学生学得也不轻松"。但当前的有效教学研究对于这一现实问题的关注不够，更多的还是集中于理论的推演上。

（2）有效教学研究往往忽视学生学习的内部动力因素。教学心理学的研究表明，教学的有效性来源于师生双方在教学中交往和互动在认识上的共识性和情绪上的共鸣性。因此，教学效果的决定性因素不是学生"能不能"学习的问题，而是"愿不愿"学习的问题。"愿不愿"学习的问题始终是教学活动能否达到预期目标的关键和难点，对学生的学习行为有着

---

[1] 王德强，吉艳霞. 农村中小学教师课堂有效教学行为研究[J]. 石家庄学院学报，2014(4).

更为突出和直接的影响。因此,教师的有效教学行为不能不包含对学生学习动力状态的关注和引导。

(3) 从方法学上看,当前国内探索有效教学行为的研究主要采用现象描述和经验总结的方法。这些研究往往以建构主义、人本主义教育观审视和分析课堂教学行为,注重的是教学效果,而较少关心教学效率。也有部分学者采用类似人类学的方法进行研究,用生动的课堂实录,向人们展现新旧课堂中教师行为的现实,让人们在区别中产生对新旧课堂中教师行为背后深层次的原因(如课程理念、教学理念等)的思考,以唤起教师在新课程实施教学中行为的自觉,实现新课程中教师从思想到行为的转变。这也是对课堂教学行为研究的有益尝试。但这些哲学取向的研究方式,往往是依据教育哲学或经验总结得出的结论,虽反映了教育与教学规律和社会的需要,也能对教育实践提供一般的原则性指导,但也有忽视具体课堂教学行为,缺乏可操作性,难以具体有效地指导教学实践等明显的局限性,相对科学取向的教学研究而言,很难结出有效教学的果来。

五、教师有效教学行为特征

王德强等人先后调查了680名教师的教学行为,发现教师的有效教学行为有以下四个关键的特征。

(1) 注重知识建构过程的教学监控,包含经常布置预习、强调课堂目标、课后总结回顾、注意学生的反应、及时调整课堂教学行为等方面的学习监控行为。

(2) 富感染力和可接受性的课堂讲授,如自信、讲课充满热情、语言有吸引力、讲解深入浅出、可接受性的表扬和批评等。

(3) 以学生成功为导向的教学引导行为,描述教师引导性教学行为的特征,如先行组织者材料的使用、小组学习或探究学习方式的使用、赏识学生的课业、提供充足的课程资源促进学生的成功等。

(4) 富有激励性和触动心灵的教学交往,描述的是教师与学生交往互动过程中的行为特征,有效传递期望、能启发学生深入思考的提问、关注学生心理感受的沟通、具有融入学生内心的人格魅力等。

通过调查发现,上述有效教学行为特征与学生轻松、快乐和有成就感的课堂感受相关联,与融洽、令人兴奋、令人愉快、多样性、活泼、流畅、紧凑、有序、有成就感、令人期待、有感染力的课堂气氛相关联,并且能有效地预测优秀教师和一般教师的教学效果。研究者还发现,从教学有效行为特征的培养方式上看,说课讨论和教学反思是提高有效教学行为的主要形式,常规的教师培训费用高、代价大,用时也多的脱岗进修的作用相对较小。

第二节 教学设计的含义与程序

一、教学设计的含义

教学设计是指在实施教学之前,由教师对教学目标、教学方法、教学评价等进行规划和组织并形成设计方案的过程。美国心理学马杰(R. F. Mager)认为,教学设计由三个基本问题组成:①"我要到哪里去",即教学目标的制定;②"我如何到达那里",包括学习者的起始状态分析、教学内容的确定、教学方法和教学媒体的选择等;③"我怎样判断已经到达了那里",即教学评价与监控。

教学设计可以在不同层面上进行。例如根据课程教学目标编写适合学生特点的教材、开发检测教学目标是否达到的测量工具;根据教学目标和学生特点编写教案、安排课堂教学活动、准备练习题;考虑到有学生跟不上班级进度,预先准备补救教学的材料等,都可以归入教学设计范畴。现代教学设计理论强调教学是一个完整的系统,所以教学设计应针对整个系统进行。

二、教学设计的特征

(一) 系统性

教学活动是一个由教师、学生、教学目标、教学内容、教学媒体和方法等诸多因素构成的动态系统,是一个多任务、多层次、多要素的复杂系统,系统中的各因素相互联系、相互依赖、相互制约。在进行教学设计时,需要把教学看作是一个系统,采用系统分析的方法去考察教学系统中的各个要素及相互联系的方式,要把对各要素的研究放在整个教学系统中进行,不能脱离系统的整体,也不要去孤立地研究它的某个要素。

(二) 创造性

教学设计的过程,也是教师在创造性地思考,深入钻研教材的基础上,根据不同的教学目标,不同的学生特点创造性地设计教学实施方案,这是为成功进行教学绘制蓝图的过程,这也是教师发挥创造性才能的过程。

(三) 最优化

教学设计的过程即是寻求最优化教学实施方案的过程。所以教学设计必须从整体效益出发,恰当地考虑各要素在整个教学结构中的地位和作用,优化个要素间的组合方式,使教学效率和质量得到有效的提高。

三、教学设计的依据

(一) 教学设计的理论依据

(1) 现代学习理论和教学理论。科学的学习理论和教学理论是对学习规律、教学规律的科学总结和客观反映。以科学学习理论和教学理论为指导是教学设计由经验层次上升到理性层次的一个基本前提。依据现代学习理论和教学理论来设计教学活动,实际上就是要求教学设计的方案符合学习规律和教学规律。

(2) 系统科学的原理和方法。教学设计的方法论基础是系统科学理论。教师要自觉遵循系统科学的原理,以系统的观点和方法指导自己的设计工作,不断提高教学设计水平。

（二）教学设计的现实依据

（1）教学的实际需要。教学设计的全部意义在于满足教学活动的实际需要，并为实现这种需要提供最优化的行动方案。

（2）学生的需要和特点。教学的有效性在于引导学生积极主动地学，学生的学是教的出发点和归宿。

（3）教师的教学经验。教师的教学设计要以科学理论为指导，但也不能完全排斥教学经验的作用。教师进行教学设计的过程是教师对教学活动进行独立规划和安排的过程，也是教师个体进行创造性劳动的过程。

教学设计应遵循以下基本原则。①教学设计的出发点是学习者，教学目标的设计既要考虑教学过程的要求，又要考虑学习者已有的准备状态，使教学从最恰当、最有利的位置起步。②教学模式、教学方法和教学媒介的选择与设计，既要针对不同的学习类型和教学目的，又要考虑学习者的个别差异。③教学成效考评的设计须依据教学过程前后的变化及对学生作业的科学测量。测评教学效果的目的是为了获取反馈信息来修正、完善原有的教学设计。④如果教学效果不理想，应该从教学设计的各个环节和组成部分去分析。

四、教学设计的基本程序

教学设计作为对教学活动系统进行规划、决策的过程，其适用的范围比较广泛。无论在什么范围上进行教学设计，所遵循的程序是基本一致的，大致包括以下几个方面的程序。

（一）分析教学对象

教学的服务对象是学生，学生的学习是教学活动的中心，学校中一切教学活动都是围绕着学生的学习活动进行的，因此，分析教学对象是教学设计的基础。分析教学对象主要包括以下几个方面。第一，了解学生心理发展的一般状态。例如了解学生所处年龄阶段的特征，从整体上把握他们的一般特点。第二，了解学生具体的准备状态。主要内容包括：了解学生是否具备了必需的知识、技能基础；了解学生对新任务的情感态度，主要涉及学习动机、愿望等；了解学生对学习任务的自我监控能力，主要涉及学习方法、策略等。第三，了解学生的个体差异。教学设计中要研究学生的个体差异，根据学生的学习基础、性格等进行差异性教学。

（二）确定教学目标

确定教学目标即确定教学实际要达成的目标。教学是一种有目的地促进学生身心发展的活动，进行教学设计必须确定教学目标。确定教学目标的依据是课程标准和学生的发展现状。确定教学目标时应注意的问题是，传统教学设计过分强调认知性目标和知识的重点、难点等，而忽略了学生的能力、情感、态度、价值观等其他领域目标的实现。因此，确定教学目标要涉及知识与技能、过程与方法、情感态度与价值观等三个领域，保证教学目标的科学和完整。

（三）进行任务分析

任务分析是指在教学活动前，预先对教学目标中规定的、需要学生习得的能力或倾向的构成成分及其层次关系所进行分析，目的在于为学习顺序的安排和教学条件的创设提供心理学依据。任务分析也就是将教学目标转化为各级任务，再将各级任务逐级划分成各种技能和子技能的过程。教师一开始要问自己："学生在达到我头脑中的最终目标之前，先得做什么？"通过对这个问题的思考，帮助教师确定学生需要掌握的几种技能。假设教师确定了五种技能，就再接着问自己："学生要掌握这五种技能，必须有怎样的基础？"通过这样的反推，教师就可以描绘出学生成功完成教学目标所必须具有的知识技能，从而确定教学的逻辑顺序。

（四）制定教学策略

教学策略是在教学目标确定以后，根据已定的教学任务和学生特征，有针对性地选择与组合相关的教学内容、教学方法、教学媒体、教学组织形式等，形成特定的具有效率意义的教学方案。

（五）设计教学评价

教学评价的目的是为了了解教学目标是否达到，从而作为修正设计和改善教学的依据。设计者进行教学评价设计时，要以教学目标为指导，以教学内容为依据，根据学生的实际情况，设计出相应的教学评价内容和方法。

五、教学设计模型

一个完整的教学设计应该包括哪些事项？这些事项在程序上如何安排？教育心理学家迪克和凯里二人，经过 20 多年的研究，在 1985 年提出了教学设计系统模式（systems approach model for design instruction），并被公认是当代最完整、最具系统性的教学设计模式。该模式包括九个步骤。

（1）确定教学目标。这里的教学目标是由教学任务完成之后，学生会做什么来界定的。教学目标设置的依据是社会需要和学生个体发展需要，所以在确定教学目标之前要进行需要评估。从教学实践来看，教师应根据课程的需要、学生的能力与个别差异及教师自身教学经验等几个方面综合考虑，设定教学目标。

（2）进行教学分析。这里的教学分析是指对达成教学目标的过程中学生所需的技能的分析，主要包括以下三个方面。一是任务归类分析，即对预期的学习结果做出类型判断，其目的在于一开始就提醒教师应当注意创设与学习结果类型相匹配的适宜的学习条件。二是信息加工分析，其目的是要揭示已经掌握某一复杂技能的人在执行这一技能中会采取哪些心理操作，从而确定哪些心理成分是必教技能。三是学习任务分析，其目的是对必教技能做进一步的层次分解，从而确定教学顺序。

（3）检查起点行为。在开始新的教学任务之前，询问学生已经具备的知识技能。面对新的学习情境，学生的起点行为存在着个别差异，教师在确定适合大多数学生的起点之后，还需要对一些学生进行补救教学。

(4) 陈述作业目标。作业目标也称行为目标,是教师对学生在教学后学得的知识技能的具体表现的预估,是用可以观察的行为,陈述具体的教学目标。

(5) 开发评估工具。目标设置和明确陈述后,预先开发测量工具来评估目标实现的情况。此时所考虑的重点是测验与目标之间的对应关系。

(6) 选择与开发教学策略。教学策略的范围广泛,包括预备活动、呈现信息、提供练习与反馈、测验及课后活动等的策略。在这一阶段,教师应着重策划怎样为学生提供适当的外部条件以支持其内部的学习加工过程,即通过教学方法与教学媒体的合理选择、教学环境与氛围的创设等多方面的策略实施,帮助学生达到预定的各项目标。

(7) 选定教学内容。选择适当的教学材料,确定教学内容。在实际教学活动中,教师要发挥自己的创造性,充分使用各种教学资源。

(8) 设计与进行形成性评价。形成性评价是在教学过程中进行的,为改进教学提供依据。

(9) 进行总结性评价。根据形成性评价结果对教学进行修正和补救后,对教学效果进行总结性评价,也称作终结性评价。一般来说,这一步并不是教学设计的一个组成环节,因为对一个教学设计的优劣评价往往并不是由教学设计者自身进行的。

第三节 教学目标与教学内容的设计技巧

一、教学目标设计

教学目标设计是对教学活动预期所要达到的结果的规划,它是教学设计中的首要问题。教学目标对教学活动发挥着导向、激励和检测等方面的作用。教师能否制定出明确具体、规范、可操作的教学目标,对教学的成败有着重要的影响。

教学目标设计的一般步骤包括:钻研课程标准,分析课程内容;分析学生已有的学习状态;确定教学需要并对其进行分类;列出概括性教学目标;陈述具体的行为目标。

(一) 教学目标的分类

在众多的教学目标分类理论中,布卢姆(Bloom)的目标分类最具代表性。20 世纪 50 年代,布卢姆曾领导一个委员会对教学目标进行了系统的分类研究。他们把教学活动所要实现的整体目标划分为三大领域:认知领域、情感领域和动作技能领域。

1. 认知领域的目标分类

认知目标包括由简单到复杂的六级水平:①知识,记住所学习的材料;②领会,领悟所学习材料的意义;③运用,将所学习的概念、规则、理论等运用于新的情境;④分析,将整体材料分解并理解其组织结构;⑤综合,将所学知识整合为知识体系,产生新的模式或结构;⑥评价,根据材料的内在标准或外在标准,对材料做出价值判断。

2. 情感领域的目标分类

根据价值内化的程度，情感领域的目标分为五个等级。①接受，对环境中正在发生事情的低水平觉知；②反应，学生主动参与新的行为反应；③价值化，学生将特殊的对象、现象或行为与一定的价值标准相联系；④组织，纳入新的价值观，形成自己的价值体系；⑤价值体系个性化，表现出与新价值观相一致的行为。

3. 动作技能领域的目标分类

动作技能领域的教学目标分类有多种。辛普森（E. H. Simpson）等将动作技能教学目标分为七级。①知觉，学生运用感官获得信息以指导动作；②定向，学生对稳定活动的准备；③有指导的反应，学生在教师的引导下做出反应；④机械动作，学习者的反应已成为习惯，能以某种熟练水平完成动作；⑤复杂的外显反应，较为复杂的或包括多种不同反应的动作技能已初步形成；⑥适应，学生能修正自己的动作模式以适应具体情境的需要；⑦创新，学习者创造新的动作模式以适合具体情境，强调以高度发展的技能为基础的创造力。

（二）教学目标的表述

教学目标科学明确的表述对于有效教学的实现非常重要。教学目标的明确表达要做到两点：第一、教学目标要具有可操作性，要用可观察的行为来陈述；第二、教学目标的陈述要反映学生行为的变化，要陈述学生的学习结果。教学目标的表述有不同的方式，侧重的内容也有所不同。

1. 行为目标的 ABCD 表述法

马杰于 1962 年根据行为主义心理学提出行为目标的理论与技术。行为目标也称作业目标，指用可观察和可测量的行为陈述目标。马杰提出，好的行为目标有三个要素：一是说明通过教学后，学生能做什么；二是规定学生行为产生的条件；三是规定符合要求的作业标准。后来发展为行为目标的 ABCD 表述法。

"A"即"audience"，意指"学习者"。要有明确具体的学习者，这是目标表述句中的主语。"B"即"behavior"，意指"行为"。要说明通过学习后，学习者应能做什么，是目标表述句中的谓语和宾语。这是目标表述最基本的部分。需要使用动词描述学生所形成的可观察、可测量的行为。例如，写出、认出、比较、背诵等。"C"即"condition"，意为"条件"。说明行为在什么条件下产生，指学习者表现行为所处的环境、设备、信息、时间、人等因素的限定。如"不得参考笔记或其他资料""在 10 分钟内完成"等。"D"即"degree"，意为"程度"，即明确行为的标准。标准是指作为学习结果的行为可接受的最低衡量依据。标准可以从行为的速度、正确性、质量等方面确定。如"认出 8 个单词中的 5 个""至少达到 80 分"等。

2. 内部过程与外显行为相结合的表述方法

在实际教学中，有许多作为目标的心理过程采用表示外显动作的术语来描绘，格伦兰（N. E. Gronlund，1978 年）提出可以先用描述内部心理过程的术语来陈述概括的教学目标，然后用可观察的行为作为例子使这个目标具体化。如情感领域内的目标就很难表达，要具体描述情感目标，只有通过一些事实来说明。例如在讲到"人类与环境"课题时，要求学生树立可持续发展的观点。这样的目标可以表述为：学生能树立可持续发展的观点；能说出可持续发展的大概意思；能运用所学的知识批判现实中破坏环境的行为；对有不符合可持续发展思想的事例,能做出批判和评述。

3. 表现性目标的表述技术

在教学实践中,学生的认识和情感并不是参加一两次教育活动就有明显的外部变化,教师也很难预期在一定的教学活动后学生的内在心理过程将会发生什么变化。例如高级认知策略和心智技能的提高,品德修养的提高等,都很难使用上述两种目标表述方式。艾斯纳(E. W. Eisner)提出了表现性目标(expressive objectives)。这种目标要求明确规定学生必须参加的活动,而不精确规定每个学生从这些活动中习得什么。要注意的是,表现性目标只能作为教学目标具体化的一种补充。

二、教学内容设计

教学内容设计是实现教学目标的保证。教师在进行教学内容设计时要注意以下几个方面:依据学生的知识准备和认知发展水平,灵活调控教学内容的深度与广度;增强教学内容的新颖性和多样性,适当补充贴近学生日常学习和生活实践的有新意的材料;突出教学重点,提供丰富多样的教学活动;增强练习与反馈,确保学生对教学重点的理解与掌握;教学内容的组织排列、呈现方式要适当,衔接紧凑。

(一)陈述性知识及其教学设计

陈述性知识主要是有关"是什么"的知识。这类知识包括:①有关事物名称或符号的知识;②简单命题知识或事实知识;③有意义命题的组合知识,即经过组织的言语信息。

由于陈述性知识的特征是关于"是什么"的知识,它对学生的学习要求重在理解记忆。因此,教师在进行陈述性知识的教学设计时,应将重点放在如何帮助学生有效地理解、掌握这类知识上,注重学生对其符号或词语意义的获取。在具体设计时,教师应注意解决好以下几个方面的问题。①提供新知识与原有相关知识连接的"支点",讲请二者之间的相互关系,以帮助学生在理解的基础上有效吸收、同化新知识;②确定学生学习的起点,即对学生的学习准备状况作认真细致的分析;③适当引入教学媒体,增强教学内容设计的直观性、形象性和多样性。

(二)程序性知识及其教学设计

程序性知识是有关"怎么办"的知识,主要涉及概念或规则的应用,即对事物进行分类和进行一系列运算、操作。语文中的句子规则,数学、物理、化学中的大部分知识,体育中的动作技能等都属于程序性知识。

由于程序性知识的特点是关于"怎么办"的知识,它对学生的学习要求重在操作和应用,形成技能技巧。因此,程序性知识的教学设计的主要目的就是帮助学生形成运用概念、规则和原理解决问题的能力。在具体设计时,教师应注意以下几点。①明确设计教学内容教与学的程序、步骤;②要有充分的练习设计,无论是概念学习、规则学习,还是原理学习,都要设计适量练习,使学生得到充分的练习、实践;③注意正反例练习内容的设计,呈现正例有助于概括和迁移,呈现反例有助于辨别,使概念精确;④正确处理练习时间的分散与集中,以及部分与整体的关系,对于较复杂的程序性知识应先练习局部技能,然后进行整体练习;⑤合理规划、分配讲授与练习的时间,使学生对教学内容的理解与技能训练都能得到有效保障。

(三) 策略性知识及其教学设计

策略性知识也是回答"怎么办"问题的知识,它与程序性知识的主要区别在于其所处理的对象是个人自身的认知活动和个体调控自己认知活动的知识。一般来说,策略性知识可分为两种水平。①一般认识活动的策略性知识,如调控注意的策略、记忆策略等;②创造思维策略知识,如发现问题的策略、获取灵感的策略等。策略性知识是渗透在各科学习中的。

根据策略性知识的特点进行教学设计,需要解决好课程、教师、学生三个方面的问题。我国传统的课程没有把认知策略的训练作为一个重要的目标,教材中缺乏相应的内容;许多教师缺乏有关学习策略、认知策略方面的知识,缺乏策略教学的训练;学生大多缺乏认知策略的基本知识和基本技能。因此,要搞好策略性知识的教学设计,教师要注意以下几点。①教师必须首先学习和掌握有关学习策略、认知策略方面的知识和技能,加强策略教学的训练;②注意挖掘课程中的策略性知识内容,依据学生学习的特点进行有针对性的教学设计。例如,通过提问控制学生的注意,使之逐步由外界控制变成自我控制;教会学生在听课和看书时如何做笔记;还可以教会学生如何将知识加以组织与意义加工,促进和便于回忆等。

第四节 两种取向的教学设计模式

根据乔伊斯和韦尔(B. Joyce & M. Weil,1972年)的界定,教学模式是指,试图系统地探讨教育目的、教学策略、课程设计和教材,以及社会和心理理论之间的相互影响的,以设法考察一系列可以使教师行为模式化的各种可供选择的类型。也就是说,教学模式是反映特定的教学理论,为达到一定教学目标而采取的一系列的教学形式、策略化的、模式化的教学活动结构。每一种教学模式都反映了一种或几种特定的教学理论,没有哪一种教学模式具有普遍的适用性。在实际教学中,教师需要根据教学目标、教学任务、学生情况等,灵活选择教学模式。

一、教师中心取向的教学设计模式

教师中心取向的教学模式(teacher-centered approach),强调教师在教学中的中心作用。以教师为中心的教学的特征是:教师确定特定的教学目标,并设计教学活动来帮助学生达到目标;整个教学都必须围绕这些目标;教师的任务是让学生掌握一些清楚而明确的知识;在指导学生学习上,教师承担着主要责任。

(一) 直接教学(direct instruction)

直接教学由教师设置教学目标,选择教学材料,控制教学进度,设计师生之间的交互作用。在直接教学中,教师向学生清楚地说明教学目标,在足够而连续的教学时间里给学生呈现教学内容,监控学生的表现,及时向学生提供学习方面的反馈。

罗森赛恩及其同事,在研究有效教学的基础上,提出了典型的直接教学过程。

(1) 回顾和检查先前的授课情况。开始上课时检查学生的作业,复习前面教的内容,如果发现学生存在错误的理解,就要采取一定的补救措施。

(2) 提供新材料。告诉学生新课的意图,让学生明确目标。然后进行小步子教学,并示范某个程序,提供正例和反例,确保学生理解新内容。在这个阶段,教师通过提出只有一个正确答案或者要求学生解释答案的问题来核查学生的理解。

(3) 提供指导性的练习。学生在教师的指导下使用新信息进行练习。教师向学生提问,出练习题目,从而给学生大量的机会来正确重复和解释刚教过的概念和程序等;

(4) 针对学生的回答予以反馈和纠正。教师要倾听学生的想法,了解学生不清晰的地方,如果有必要,重新讲授一遍。继续指导,直到学生的回答正确率达到80%。

(5) 提供独立练习。让学生独立地在作业中应用新学习的知识。作业要具有一定的挑战性,但不能太难,注意保证让学生理解他们所做作业的目的。学生独立练习的正确率应达到95%以上。

(6) 每周或每月复习,巩固学生的学习。包括做作业、经常性的测验、补习在测验中未通过的材料等。

直接教学模式适用于教授那些要求学生必须掌握的有良好结构的信息或技能,例如科学事实、数学运算、语法规则等。教学活动不一定遵循上述的顺序,例如,反馈、纠正、复习等活动,只要有必要就应进行,有反馈的指导和独立练习是直接教学的核心。教学活动的顺序可以根据学生的能力状况及他们对学习内容所要掌握的程度而做出调整。

(二) 接受学习(reception learning)

接受学习是奥苏贝尔在认知同化学习理论基础上提出的教学模式。奥苏贝尔认为,接受学习并不一定就是机械的、被动的,接受学习也可以是有意义的、主动的。教师想要帮助学生进行主动的、有意义的接受学习,就需要尽可能有效地组织和传递大量信息。奥苏贝尔主张,教师应负责将学习内容加以组织,并通过讲课、布置任务、让学生阅读及综合所学知识等形式来传递这些内容。

奥苏贝尔特别强调了"先行组织者(advance organizers)"的教学策略。设计先行组织者的目的是为新的学习任务提供观念上的固着点,增加新旧知识的可辨别性,在学习者已经掌握的知识和需要学习的新知识之间架设一道知识的桥梁。

先行组织者是先于学习任务本身呈现的一种引导性材料,它要比学习任务本身有较高的抽象概括与综合水平,并且能清晰地与学习者认知结构中原有的观念和新的学习任务相关联。先行组织者有两种类型:一是陈述性的先行组织者,它往往是一个抽象的观念,为新的学习提供最适当的类属者,与新的学习产生上位关系;另一类是比较性的先行组织者,目的在于比较新材料与学习者认知结构中相类似的材料,从而增加新旧知识之间的可辨别性。

接受学习的教学过程主要有三个环节。

(1) 呈现先行组织者。告知学生新教学内容的目标、方向及基本信息;解释并举例说明先行组织者中的观念;引导学生回忆已学习的内容、个人生活经验,告知学生其先前经验与新教学内容的联系。

(2) 提供学习任务和学习材料。通过讲解、讨论、阅读或实验等方式介绍学习材料;明确说明学习内容的组织结构、逻辑顺序;引导学生认识这一组织结构与先行组织者的关系。

(3) 优化认知结构。要求学生积极理解新内容,整合新材料与原有认知结构。例如要求学生陈述新内容与先行组织者的联系,举例说明新内容中的概念原理,用自己的语言解释说明新内容的实质,从不同的角度来检验新内容等。

为了帮助学生把当前的学习内容与原有的知识经验联系起来,教师可以采用以下策略要求学生参与课堂教学。①举例:从原有经验中找到适当的例子,来解释说明当前的内容。②类比与比喻:以自己熟悉的事物来比喻、类比新学习的知识,比如用"水流"来类比"电流"。③证明:以原有知识经验为基础来论证当前的概念、原理。④复述:不是重复课本中的原话,而是用自己的话来表达所学知识的意思。⑤解释:用有关的知识经验来解释新学的知识,说明自己的理解。⑥推论:从新知识出发,可以进一步得知什么?⑦应用:应用所学的知识来解决相关的问题,特别是与实际生活密切相关的实际问题。

(三) 加涅的"九大教学事件"

教学是有一定程序结构的,在教学程序中,学生按照事先设计的教学情境进行学习,这种按一定顺序进行的教学活动就是教学事件。加涅指出,学习的条件有内外之分。内部条件是学生具有必要的智慧技能和学习动机与预期。根据对学习水平的分类,高一级的智慧技能的学习必须以低一级智慧技能为基础,例如,规则的学习必须以概念学习为基础,概念学习必须以辨别学习为基础等,这就是所谓的学习累积性原则。学习的外部条件是教学事件,与学习的内部过程相对应,在教学中,要依次完成以下九大教学事件。

(1) 引起学生注意。引起学生注意是教学过程中的首要事件,教师可以通过三种方式来引起学生的注意。①激发求知欲,即由教师提出问题,学生们为了知道问题的答案,就会集中注意教师的讲解及其他教学活动。②变化教学情境,即通过教学媒体,提高教学的直观形象性,促进学生的感知和思维活动。③配合学生经验,即从学生最关心的问题入手,结合日常生活经验,然后转到所教的主题之上。

(2) 提示教学目标。在引起学生注意之后,向学生说明教学目标,使学生在心理上做好准备,明确学习的结果和方法,以免学生在学习中迷失方向。在向学生陈述教学目标时,要注意用学生能够理解的语言,确保他们理解目标和结果,形成心理定向。这等于是用学生头脑中的原有知识基础产生对新知识的期望。如果将未曾学习的新概念包含在教学目标之中,将会使学生感到困惑或不理解,从而达不到教师教学目的所要达到的定向效果。

(3) 唤起先前经验。任何新知识的学习中,必须以原有知识和技能为基础。教师要激活学生头脑中与新知识有关的知识技能,以此为基础推导和发展出新知识。如果发现学生缺乏必需的基础知识技能,就要给予及时辅导,以免学习困难。

(4) 呈现教学内容。在整个教学过程中,以教学材料为中介的师生互动过程是特别重要的。教师在呈现教学内容时要根据教学材料的性质、学生学习特点与预期学习结果等有关问题,采用不同的教学方法和策略。

(5) 提供学习指导。在呈现教学内容之后,教师要指导学生完成课堂作业。进行指导时要注意。①当学生对人名、地名等事实性的问题不理解时,可以给以直接指导,将正确答案直接告诉学生,因为事实性的问题是不能靠知识经验和思维加以推理的。②对于与学生经验有关的逻辑性问题,可以提供间接指导,即给学生一定的暗示或提示,鼓励学生自己进一步推理而求得答案。③在进行间接指导时,要根据学生个体差异而采用不同的方法,对于能力强、个性独立的学生,应给予较少指导,鼓励他们自行解决问题;对于能力差、个性依赖的学生,应给予较多的指导,直到他们得到正确答案为止。在学习指导中,教师要教学生如何将新旧知识联系在一起,并教给他们一些记忆和理解的方法,促进学生对新知识的保持。

(6)展现学习行为。学习是内在的心理活动,如果要想确定教学之后学生是否完成了学习,那就要让他们展现其外显行为。教师可以根据学生行为上的三种线索来判定学生是否产生了学习:①眼神和表情,当求知活动由困惑转为理解时,学生的眼神和表情会流露出一种满意的状态;②随时点名提问,让学生复述或解释所学知识,回答有关问题;③根据学生的课堂作业来检查他们的理解状况。

(7)适时给予反馈。当学生表现出一次正确的行为时,未必就表示他已确实学到了这种行为,因为靠短时记忆学到的东西如果不加复习,就难以存储在长时记忆中。因此,要给学生提供反馈,使其整合新旧知识,加强对正确反应的记忆。学生反应的反馈线索可以来自自己,如在技能的学习中,正确的行为导致正确的结果,根据行为的结果,自己能够找到体态活动与正确行为之间的关系。反馈线索也可来自教师,尤其是知识的学习,学生可以通过作业和谈话而获得反馈。

(8)评定学习结果。教师通过学生的作业情况,或课堂小测验,或其他课堂问答来评定学习结果,还能够了解学生对本节课内容的掌握情况,根据学生中普遍存在的问题,给予一定辅导。

(9)加强记忆与学习迁移。当确知学生获得了所教知识、技能之后,就要教学生如何记住知识,给予其复习的机会,以便巩固所学知识。教师还要提供一些问题和情境,使学生在情境中应用所学知识和技能,促进学习迁移。

二、学生中心取向的教学设计模式

以学生为中心的教学,是学生处于教学活动的中心,以平等的身份与教师互动。教学过程主要依据学生身心发展需要进行,强调学生主动学习。将学生置于学习过程的中心,引发教师角色的转换,教师不仅要呈现与解释知识,而且要引导学生建构自己的知识。教师扮演咨询者、辅导者、学习动机激发者的角色,在教学目标设计、教学组织、教学方法选择等环节上注重寻求学生的反馈信息,并依此做出相应的调整。

随着认知学习理论和建构主义学习理论的影响逐渐扩大,学生在学习过程中的主体作用越来越受到重视。美国心理学协会(APA)1993年提出"以学生为中心教学的心理学原则"。

(1)学习的过程与本质:当学生有意识地从知识与经验中建构意义时,对复杂的学习最为有效。

(2)学习过程的目标:成功的学习者在一定的支持和教学指导下,经过一段时间后能够创造出有意义的、连贯的知识表征。

(3)知识的建构:成功的学习者能够以有意义的方式将新知识与已有知识进行联系。

(4)策略性思维:成功的学习者能够创造并使用一系列的思维与推理策略来达到复杂的学习目标。

(5)对思维的思维:一些用于选择和监控心理操作的高级技能会促进创造性与批判性思维的产生。

(6) 学习的情境:学习受环境因素的影响,其中包括文化、技术和教学过程。

(7) 动机与情感对学习的影响:学习的内容与程度会受到学习者动机的影响。学习的动机则会受到个体情绪状态、信念、兴趣、目标和思维习惯的影响。

(8) 学习的内在动机:学习者的创造性、高级思维和本能的好奇都会影响学习动机,当学习者认为学习任务具有新颖性和难度,和自己的兴趣有关,并且有个人的选择和控制权时,他们的内在动机就会被激发。

(9) 动机对努力程度的影响:复杂知识和技能的获得,需要学习者付出更多的努力并进行更多有指导的练习;在学习者没有学习动机时,如不严厉就想让他们努力,这几乎不可能。

(10) 发展对学习的影响:在个体发展的各个阶段,学习的机会和限制是不同的,只有教师考虑了学习者在生理、智力、情感及社会领域等的不同发展水平,学习才可能最有效。

(11) 社会对学习的影响:学习会受到社会互动、人际关系及他人交流的影响。

(12) 学习中的个体差异:由于先前经验和遗传的原因,学习者在学习的策略、方法、能力方面都会有差异。

(13) 学习与差异:当学习者的语言、文化和社会背景等方面的差异都被考虑到时,学习是最有效的。

(14) 标准与评估:设定难度适中并具有挑战性的标准,同时对学习者和学习过程进行评估(其中包括诊断、评估过程和结果),这些是整体学习的一部分。

(一) 发现学习

发现学习(discovery learning)是指为学生提供有关的学习材料,让学生通过探索、操作和思考,自行发现知识,理解概念和原理。发现学习是布鲁纳(J. S. Bruner,1960 年)所倡导的教学模式。布鲁纳认为,发现学习能帮助学生对自己的学习负责,强调高度的思维,注重内在的动机,并且帮助他们记住重要的信息,在发现学习中,教师鼓励学生通过自己发现概念与原理来学习。

布鲁纳对发现学习的教学提出了四项原则。①教师要将学习情境和教学性质向学生解释清楚。②要配合学生的经验,适当组织材料。教师要在研究教材和学生的实际的基础上,根据教材内容设计一个个的发现过程,教师要仔细设计问题,确保参考材料的充足,以便学生进行学习。③要根据学生的心理发展水平,适当安排教材的难度和逻辑顺序。④确保学习任务的难度适中,以维持学生的内部动机。教师提供的材料符合学生实际水平,学生才会经过独立思考、发现材料中隐含的东西,做出概括的结论,并把这些新东西很快纳入自己的认知结构中。

一般来说,发现学习的教学要经过四个阶段。①创设问题情境,使学生在这种情境中发现存在的矛盾,提出问题。②促使学生利用所提供的材料,针对所遇到问题,提出解答的假设。③从理论上或实践上检验自己的假设。④据实验获得的结果,在仔细评价的基础上得出结论。

(二) 探究性学习

探究性学习(inquiry learning)是指学生仿照科学研究过程来学习科学内容,体验、理解和应用科学研究方法,获得科学研究能力的一种学习方式。探究性学习是在 20 世纪 50 年代,美国著名科学家施瓦布在"教育现代化运动"中提出的。施瓦布认为教师应该用探究的方式展现科学知识,学生应该用探究的方式学习科学内容。其理论基础包括皮亚杰的认知发展理论和布鲁纳的发现学习的思想。随着现代信息社会对教育的促进作用及当前建构主义和人本主义学习理论的广泛影响,探究性学习模式越来越受到重视。探究性学习的基本环节如下。

(1) 提出问题。在课堂里,提出对学生有意义的、有针对性的问题使学生投入到对科学型问题的探索中,这些问题不能是深不可测的,必须是能够通过学生的观察和从可靠渠道获得的科学知识来解决的一类问题。学生必须掌握解答问题的基本知识和步骤,这些知识与步骤必须是便于检索和利用的,必须适合学生的发展水平。

(2) 收集数据。在探究性学习中,重视实证在解释与评价科学型问题中的作用。学生要根据实证资料做出对科学现象的解释。学生通过观察、测量、实验室中的实验,以及从教师、教学材料、网络或其他途径获得实证资料,来使他们的探究进行下去。

(3) 形成解释。学生可以将观察结果与其他渠道获得的知识结合起来,对所探究的问题提出自己的解释;运用已有的基本知识经验及调查的结果来分析生活中的现象与问题。

(4) 评价结果。学生通过比较其他可能的解释,特别是那些体现科学性的解释,来评价自己的解释,使解释与科学知识相联系。

(5) 表达结果。学生要阐述、论证和交流自己提出的解释。

探究性学习重视科学概念、科学方法、科学态度三者的结合,重视对科学研究过程的理解。它所传达的意义在于,科学知识不是固定不变的,而是随着探究方式的更新而不断被修正,因此科学知识不能当作绝对真理教给学生,而应作为有证据的结论,教学内容应当包括学科特有的探究方法。

(三) 支架式教学

支架式教学是建构主义者提出的一种教学模式,是指教师引导着教学,使学生掌握、建构和内化所学的知识技能,从而使他们进行更高水平的认知活动。支架原指建筑行业使用的脚手架,用来帮助工人完成"伸手不能及"的工作,其作用在于帮助、协助,而不是代替工人工作。教学中引入"支架"寓指教师的"教"只是为学生搭建学习的支架,帮助、协助学生学习,而不是代替学生学习,学生在教师的帮助和指导下主动建构并内化知识和经验,以促进自身能力的发展。欧共体"远距离教育与训练项目"(DGXIII)的有关文件中,把支架式教学界定为"支架式教学应当为学习者建构对知识的理解提供一种概念框架,这种框架中的概念是为发展学习者对问题的进一步理解所需要的。为此,事先要把复杂的学习任务加以分解,以便于把学习者的理解逐步引向深入"。

支架式教学中教师为学生提供的支架包括以下几种类型。①过程示范。教师通过演示解题过程,为学生提供一个专家工作的具体实例。例如,在学生尝试新的画法前,教师演示如何利用透视法作画。②出声思维。教师在解题过程中,大声说出自己的思维过程,这有助于学生直接读取教师的思维方法。③提出问题。教师通过提出问题,引起学生的注意力。④改变任务要求。教师可以适当降低任务要求,然后随着学生的学习进程,再逐步提高要求。⑤书面或口头的提示与暗示。

支架式教学由以下几个环节组成。

（1）支架的设计。围绕当前学习主题，建立概念框架。即教师根据学生的知识水平和特点设置合理的知识框架。

（2）支架的构建。教师将学生引入一定的问题情境（概念框架中的某个节点），并提供可能获得的工具。

（3）学生在支架下的独立探索。首先由教师为学生确立目标，引导学生尝试。在此过程中，教师可以给予启发引导，做演示，提供问题解决的原型等，但要逐渐让位于学生自己探索。教师放手让学生自己决定探索的方向和问题，并让学生自己选择方法。

（4）支架下的矫正与完善。学生进行小组协商、讨论，最后对学习效果进行评价。对学习效果的评价包括学生个人的自我评价和学习小组对个人的学习评价。评价的内容涉及：自主学习能力、对小组协作学习所做出的贡献、是否完成对所学知识的意义建构。

支架式教学与发现学习相似，都强调在教师指导的情况下发现，但支架式教学同时强调教师指导的成分的逐渐减少，逐渐使学生达到独立发现，将监控和探索的任务由教师为主向学生为主转移。

复习与思考题

1. 有效教学应具有哪些特征？
2. 教学设计包括哪些基本程序？
3. 加涅的"九大教学事件"包括哪些内容？
4. 怎样组织学生开展探究性学习？

第十二章 教学成效的评价

第一节 教学评价及其作用

教学评价是教学过程中的重要环节,其直接目的在于考核学生知识掌握和能力提高的情况,根本目的是考核三维教学目标实现的水平和程度。换句话说,是考核学生知识、技能、情感态度与价值观的发展和提高的情况。因此,教师要善于运用评价手段来评估教学目标完成的情况,为修订教学内容,改进教学方法,提高教学的有效性提供参考和依据。

一、教学评价的含义

教学评价(instructional evaluation)是以教学目标为依据,按照科学的标准,运用有效的技术手段,对教学过程及结果进行测量、分析和解释的过程。教学评价一般包括对教学过程中教师、学生、教学内容、教学方法手段、教学环境、教学管理诸因素的评价,但主要是对学生学习效果的评价和教师教学工作过程的评价。

教学评价考核的是教学成效,是借助于一定的测验及其操作手段,对教师的教学效果和学生的学习成绩进行探察,并以一定的数量来表示的考核办法。因此,应注意以下几点。

(1) 教学评价的目的在于考核教学成效,也就是考察教学目标的完成情况。因此,教学评价应以教学目标为依据,评价目标也应与教学目标相一致,而不能偏离教学目标,其根本是学生知识的掌握、能力的获得与品德的形成等内在素质的培养过程。

(2) 教学评价是一种间接性的测量。由于教学评价的对象是学生内在的能力与品德等的形成状况,不可能像物理测量那样直接进行,只能借助于一定的测验进行间接的测量。因此,测验的有效性和适当性就显得格外重要。

(3) 教学评价必须对测验数据所表明的教学成效做出确切的诊断。诊断教学成效要依据教学目标,运用测验数据,判断教学成效和学生知识、技能、规范的掌握程度及能力与品德的形成状况。

(4) 教学评价必须对教学的成败原因进行分析,并对今后教学工作的改进做出明确的建议。教学评价不仅要了解学生知识的掌握、能力获得与品德形成的实际状况,还要找出既往学习中出现的断裂点和断裂带,分析其成功与失败的原因,提出学习调整和教学改进的方向和切实可行的措施。

二、教学评价的目的

教学评价是检验教学成效、确定学生学习结果和教师教学效果的有效手段,是有效教学所不可或缺的环节,其根本作用在于了解学生的学习状况和教师教学的状况,从而为促进学生学习、改进教师教学提供参考依据。教学评价的主要目的有三个。

(一) 为改进教学提供有效参考

教学测评通过科学客观的测量方式为教师和学生提供有关学习和教学情况的信息,不仅可以使教师与学生了解教与学的效果,作为调整教与学的依据,还可以使教师发现某些学生学习中的困难,以便调整教学方式或是开展针对性的因材施教。教学测评也能使教师和学生通过测评了解自己的优势与不足,可以更加激励他们发挥自己的优势和通过努力来弥补自己的不足,从而提高教学效能和学习效果。

(二) 为了解学生的学习状况提供有效信息

教学评价可以向教师和家长提供了解学生在学校表现的有效信息,以便能够及时和学生就其学习进行沟通,改进对学生的激励方式和管理方法,调整学校的课程设置、教育活动策略,也便于进一步激发学生的学习兴趣,提高学生的学习积极性,促进学生的全面发展。同时,学校还可以通过教学评价,对学生进行职业指导,为学生设计出适合发展其能力的职业生涯计划。

(三) 为教育评价提供有效依据

教学评价作为教育评价中的一个重要组成部分。教学评价的结果为评价学校、地区等的教育水平和教育质量提供依据,也为教育体制改革、教育政策的调整提供反馈信息。此外,通过教学评价还可以促使教育改革选取合适的方向,使教育发展保持最佳状态,促进国民教育的良性发展,以及国民素质的全面提升。

三、教学评价的发展趋势

教学评价应与教学活动共生共存,贯穿于教学的每一个环节,评价的基本目的是为了激励和促进学生的发展和教学质量提高,而不仅仅为了检查教与学的表现。近年来,随着教学改革的不断深入,教学理论研究的不断深化,教学评价的发展出现了以下几种趋势。

(一) 评价目的上:从甄别选拔取向向发展取向转变

传统的教学评价,其主要目的和功能是为甄别与选拔服务,通过评价给教师和学生划分等级,以决定学业成绩和教学业绩的考核结果,作为结业资格或分配奖金、晋升提职的参考依据。近年来,人们意识到教学评价既要发挥评价的选拔功能,更要注重发挥教育与激励的作用,使评价的过程成为促进发展和提高的动力,让每一个被评者获得最大的发展和成功。教师也要树立为学生的成长与发展服务的观念,要通过评价不断改进教育教学,使学生得到越来越好的教育和发展。

（二）评价内容上：从单一素质评价向综合素质评价转变

教学评价的内容应该与课程目标一致，即要求评价内容多元化，要将知识的掌握与技能的获得、教学过程与教学方法、情感态度与价值观形成的评价有机结合起来。教学评价要促进教师和学生的发展，要关注被评者的态度、创新精神、解决问题的能力及正确的人生观和价值观等方面。

（三）评价方式上：从单一量化评价向综合运用多种评价方式转变

传统的评价中，注重量化，强调相对评价，把量化标准作为唯一的评价指标，没有根据评价的目的、性质、对象的不同而选择不同的评价方法。为了促进被评者的全面发展和提高，需要评价方式能够从多方面提供有关被评者的各种知识、能力素质的发展状况的信息。因此，教学评价应根据不同的评价内容和评价对象选择不同的评价方式，并将定量评价与定性评价有机结合起来，以提高评价的有效性。当前实践证明了的有效评价方式有建立成长记录袋、项目调查、活动观察、情景测验等。

（四）评价主体上：被评者由评价客体向评价主体转变

在传统的评价中，被评者始终处于一种消极的被动地位，这将被评者置于评价的对立面，伤害了被评者参与评价的积极性。教学评价应重视被评者在评价中的主体地位，强调被评者主动参与评价的重要性。因此，要让被评者有机地融入教学评价的过程去，营造开放、宽松的评价氛围，加强评价者与被评价者之间的互动，促使他们对自己的工作和学习过程进行回顾与反思，自觉地调控工作和学习过程，以达到改进教学，促进教学质量提高的根本目的。

教学评价需要进行教学测量，需要选用科学有效的测量工具对教与学的情况进行严谨的测量，并根据教学目标结合测量的结果对教与学的效果做出分析和评价。

第二节　发展取向的教学评价

一、发展取向的教学评价的含义

发展取向的教学评价思想，是 20 世纪 80 年代以来发展起来的一种关于教学评价的理念，是针对以分等奖惩为目的的终结性评价的弊端而提出的，主张面向未来，面向评价对象的发展，同时又是形成性教学评价的深化和发展。发展取向的教学评价是一种重要的过程，重视评价对象的主体性的，是以促进评价对象发展为根本目的的教学评价。

发展取向的教学评价的基本内涵包括四个方面。

（一）评价面向发展

传统教学评价以奖惩为主要目的，视奖惩为引起被评者重视教学和学习的法宝。毫无疑问,适度的奖惩具有一定的激励功能,但奖惩性的课堂评价是以学校和教师的权威控制为特征,其产生的动力是自上而下的,常常只能引起少数人的共鸣和响应,评价的激励效应有限。发展取向的教学评价其根本目的在于促进被评者的发展,克服评价过于强调甄别与选拔功能的倾向,它立足现在,面向未来,主张根据教师和学生的现有基础,确定教学发展的可能目标需求。因此,评价的结果不作为奖励的依据,而主要是为了促进被评者工作、学习改进和提高的参考依据。尽管发展取向的教学评价不排除使用一些必要的奖惩可能,但它的本质特征是发展的而非奖惩。

（二）尊重个体差异

发展性课堂教学评价承认被评者的个体差异,重视被评者的个性发展,相信被评者的判断能力,尊重被评者的情感、态度、心理状态、创新意识等,承认被评者在课堂教学中的独立价值,尊重被评者各方面的发展需求,努力创设促进学生自我实现的教育环境,使每个学生都能得到充分的发展,主动寻求适合于学生学习与发展的教育途径和方式,因此提倡评价方式和评价标准的多样性。其根本目的在于全面地、最大限度地促进每个学生的发展,力求发现并选择一切可能的教育方式,创造良好的教育环境,形成一种适合于每个学生的教育。

（三）评价综合化

从内容上看,注重发展的教学评价不仅重视学生对知识的掌握,也重视综合素质的发展,尤其是创新、探究、合作与实践能力的发展,以适应社会发展对人才的多样化需求。从评价主体上看,改变了传统教学评价以学校和教师为中心,以及以绝对裁判者的身份来评判教师和学生的评价模式,把评价的主动权交给教师和学生,充分调动了教师和学生参与评价的积极性,开展了学校、教学督导、同伴、教师和学生共同参与的评价模式。总之,发展取向的教学评价应当使教师在课堂中扮演促进者、指导者和合作者的角色,而不是评定者、裁判员的角色。

（四）评价关注教与学的过程

发展取向的教学评价一方面要关注学生知识建构、能力转化的过程和学生的学业生活世界,赋予课堂教学以生活意义和生命价值,并不断提高学生学习的主动性和积极性,使学生懂得或理解学习的实质及其规律性,学会学习、学会主动发展。另一方面,教学评价还要关注教师专业成长的发展过程,促进教师对课堂教学有效性的认知,深入把握学科教学的内在规律,将实践、交往、主体性作为理论基石,重新建构教师的教学质量观;并通过反思,克服当前教学评价反映出来的不合理的传统教育观念和行为方式,增强实践活动的合规律性与合目的性,提升教育能力,并逐渐形成自己的教学风格与教学特色。

二、关注学生发展的课堂教学与教学评价

（一）注重学生发展的课堂教学

发展性教学评价实施的前提是注重学生发展的课堂教学。裴娣娜认为学生的学习是在实践、交往活动的基础上的价值引导与自主建构,具有选择性、实践性、自主性、社会性和创

新性等特点。① 发展取向的大学课堂教学就应关注学生的学习活动,并力求做到以下几点:①创设学习情境,培养问题意识;②教学内容设计要适合学生差异发展;③合理组织学生的实践活动,让学生主动探索;④引导学生学会理性概括,发展良好思维品质。

与此相对应,发展取向的教学评价应重视对学习环境的建立,学生在学习活动中参与的主动性、挑战性、师生间的活动与交往、学生的学业成绩考核的公正性进行评价。教学评价要从单纯检查教师的教学行为转为关注学生在学习过程中的表现与成就。

(二) 关注学生发展的教学评价

"以学评教"也已经成为当今教学评价的主导理念。教学评价的内容突出体现了如下特征。

(1) 评价内容的系统性。发展取向的教学评价要关注学生的发展和学习过程。从学习过程上来看,教学评价的项目应涉及课前准备、课堂学习、课余时间的复习与拓展;从学习目的上看,既包括知识的掌握,也应该包括能力的获得和提高。

(2) 评价内容的向生性。教学评价不但检查学生的学习态度和行为,而且高度关注学生通过教学过程所取得的进步及对于学习活动的亲身感受。

(3) 评价内容的针对性。评价项目直接针对专业特点,不同的学科课程应有不同的教学观察点,体现了教学评价的多样性。

(4) 评价内容的可测性。评价项目清楚地指向那些可以观察到的教学事实,将其作为评价的素材,而不是用一些模糊、抽象的概念,使评价能真实描述教师在教学中的具体表现,以及学生在学习中的实际收获。

(三) 关注学生发展的教学评价的常见方法

1. 课堂观察

课堂观察是对学生进行评价的最基本、也是最常用的方法。为了获得学生学习的第一手资料,教师应积极主动地开展师生互动,对课堂教学进行持续的观察。观察学生对学习内容的理解程度,课堂参与水平,课堂气氛,学生积极探究和讨论的情况,学生思维受到启发的程度等内容。在观察之前,教师还应制定与教学难点和重点相关的初步观察计划,并通过提问了解学生对教学内容的理解和掌握的情况,以保障能得到更全面、准确的学习信息,以便及时调整教学策略和改进教学方案。

2. 召开师生座谈会

教师还可以通过与学生面谈的途径来收集教学信息。与其他评价手段相比,这一方法能够更加系统、深入地了解教师的教学表现及对学生的实际影响,获得教学过程的细节和案例。除了与学生当面谈话以外,教师还可以询问他们对教学的需求和期望的情况,并针对得到的评价结论进行交流和分析,为下一步教学的开展和改进提供参考。

3. 调查学生学习情况

对于调查学生学习情况的方法,美国大学的一些做法非常有借鉴价值。美国教师在教

---

① 裴娣娜. 论我国课堂教学质量评价观的重要转换[J]. 教育研究,2008(8).

学中经常使用的评价方法有以下几种。①"一分钟书面反馈"(one-minute-paper),要求教师在一个学期中分几次收集教学反馈信息,让学生在小卡片上写出自己对教学的感受及建议。②"一句话总结"(one-serertence summaries),教师在讲授完某部分内容之后,请学生写出非常简短的评价,指出教学中出现的主要问题。③"重要问卷"(critical questionnaire)。在一段时间的教学结束后,教师发给学生一份简短的问卷,让他们根据近来自己的学习情况回答若干个问题,目的是发现学生的反应和教师的不足,以便尽快做出调整。这些方法的共同特点是,学生的反馈非常及时,对教学的促进作用也很大。

4. 利用电子媒介进行评价

教学评价的发展取向要求对学生的学习情况要多方法、多方面、经常性地进行,这会造成评价本身的工作量较大,也容易使评价沦为形式。因此,近年来一些学校纷纷取消纸质的评价表格,开始推广电子化学习评价,一方面是网络考试,一方面是电子学习记录的检查和考核。这种方法不但提高了信息收集的灵活性和快捷性,而且为评价结果的统计与分析带来了极大方便,还能为教师检查教学效果和提高教学质量提供重要参考。

三、关注教师发展的教学评价

(一)我国教师教学评价研究及实践中存在的问题

1. 缺乏对具体评价模式的研究

具体评价模式规范着教学评价的发展路径,影响着教学评价的结果,也是评价实施的具体参照,其重要性不言而喻。我国近年来有关教学评价的研究,大多讨论评价形式、评价内容等基本问题,而具有操作意义、较为成熟的教学评价模式甚为少见,与我国教师教学特点相符合的具有中国特色的教学评价模式尚未形成。

2. 对评价理论的研究开展较少,致使评价体系缺乏丰富的理论支持

教学评价模式必定要以一定理论为基础,但当前教师教学评价体系还存在较为严重的凭经验做事的问题。现在认知理论、建构主义学习理论、人本主义学习理论和情境认知学习理论已成为教育界主要的教与学的理论基础,但不少学校在设计评价体系时仍不自觉地沿用着知识本位的行为主义学习理论。同时,教师教学评价并不仅仅是一个实践问题,其中涵盖了丰富的理论知识,要想使评价科学准确,理论研究必须提供必要的支撑。

3. 对教师自我评价的研究及实践均不够

教育界普遍认为,教师教学评价主体应是多元的,但在实践中依然以学生评价为主,体现最不充分的就是教师自身的评价在教学评价中作用。"他评"是教师评价中促进教师发展的外部机制,"自评"才是促进自我发展的主要动力机制。提倡教师自我评价,突出教师在评价中的主体地位,有助于改善评价者和被评价者的关系,有助于教师自我反省、自我监控、自我诊断和自我完善,有助于教师成长为反思型、研究型教师。因此,无论是从教学评价的角度来考虑,还是从教师职业成长的角度来考虑,教师的自我评价都是十分重要的一环。

4. 过分注重量化评价方法的建立,忽视对相关问题的定性分析

量化评价尽管具有评价标准明确、结果相对客观等优势,但也有其局限性,绝不可过分夸大它的作用,教师劳动具有复杂性和特殊性,其中既有可量化的,又有不可量化的内容。量化评价之所以得到重视主要在于它较易把握,而要得到高质量的定性分析结论则相当不易。这不仅对评价者的能力提出了较高的要求,对评价的方法也提出了新的要求,实际是对相关理论研究提出了更高的要求,如果不对定性评价展开深入的分析和探讨,要想得到有价值的评价结论,几乎是不可能的。

5. 内部评价研究及实践较多,而外部评价的研究及实践仍是空白

完整的教师教学评价体系不仅应包含学校内部评价,而且还应包含校外评价部分,校内评价是主要方面,校外评价是校内评价的有益补充。目前国内的研究及实践多集中于校内评价方面,而对校外评价则很少涉及。一般而言,校内评价中学生还不清楚所学知识的应用价值,对学科知识和能力的获得没有客观的判断标准,往往以自身的感受来进行评价;同事之间的评价由于人际关系等因素,并不一定客观公正地反映教学的实际情况。而校外评价可以避免这样的弊端,有效地修正校内评价结论,使其趋于公正合理。但开展校外评价的主要障碍在于校外评价难以组织和管理,究竟该如何进行,也有必要展开深入的研究。

(二) 发展取向的教师教学评价的发展趋势

20世纪80年代开始,出现了关注教师专业化的教师评价。在评价中与教师进行充分的沟通,并促进教师的积极参与,将教师个体发展和业绩目标协调起来,能够明确教师发展的方向。

1. 促进教师对评价的积极参与

实践表明,在发展取向的教学评价中,教师通常主动地从其他人那里(同伴、下级或上级等)去寻求而不是消极地坐等反馈信息,以改进自己的教学,减少工作中的不确定性。如果发展取向的教学评价进行顺利且恰当,能够收集到有意义的评价信息,不仅能及时纠正教学中普遍存在的偏差和问题,也会促进教师对评价参与的积极性,使其主动探讨评价中出现的问题,规划未来的发展,从而促进教师的自我反思和专业成长,也就达到了教学评价的最终目的。

2. 关注教师自身的专业发展需求

教学评价的根本目的是促进教学质量的提高,而教学质量的提高是通过教师的劳动来实现的。因此,教学评价要关注教师自身的专业发展需求,能够帮助教师诊断和发现教学工作中存在的问题,为教师自身的发展和改进教学工作提供具体的反馈信息,从而达到调动教师积极性、促进自身发展、改进教育教学方法、提高教育教学质量的目的。在传统的教学评价中,由于评价者对教学评价的实质和意义认识不清,并且缺乏客观科学的评价标准和体系,从而出现了"教师的教学评价主要是为区分教师的水平高低或工作好坏,把教学评价作为管理教师的手段,把评价结果作为发奖金、津贴的依据"的单纯做法,出现了被评课转化成是"表演"课而不是真实的教学实录的现象,不仅损害了教师工作的积极性和主动性,限制了其创造性的发挥,也背离了教学评价的根本目的。发展取向的教学评价不仅将教师看作是教学活动的组织者、促进者,而且还是课程的开发者、研究者和改进者,通过实事求是的教学评价,真实地反映教师的教学思想、教学能力、教学态度,能促使教师对自己的教学行为进行分析与反思,不断提高教学水平,加速自身的专业化成长。

3. 促进教学改革的不断深化

教学评价不仅能促进教师素质的不断提高,而且能促进教学改革的深化。周期性地对教学实施的情况、教学实施中存在的问题进行评价,可以促使教师提高教学能力,并有利于形成促进教学不断改革的机制。近年来的教学改革实践证明,学校如果不建立一套完整的教学评价制度,不采取科学的教学评价方法,教学改革工作就很难全面开展。过去教学中经常出现违背教学规律和影响教学质量的状况,原因很复杂,但其中一个重要原因,就是没有一个科学而明确的评价内容、标准和方法,不能对教学质量做出公正的、科学的评价,没有为教师的教学改进和改革提供一个科学而适当的导向。

综上所述,教学评价是手段而不是目的,是以教学目标为依据,遵循教与学的规律定期对教学情况进行检查和评价,并予以价值上的判断。同时,教学评价是通过行动研究与教学反思实现的、也引导教师对自身的教学行为、教学策略及教学绩效等进行观察分析与总结验证,不断改进教学过程中存在的问题与不足,以便更好地对学生实施全面教育,促进学生全面发展,提高教学质量,同时也促进教师教学工作的自我完善。

复习与思考题

1. 什么是教育评价,认识其概念应注意哪些问题?
2. 教育评价的目的有哪些?
3. 近年来教育评价的发展趋势有哪些?
4. 发展取向的教育评价的基本内涵有哪些?
5. 关注学生发展的教学评价的特征是什么?
6. 发展取向的教师教学评价的发展趋势有哪些?

参考文献

[1] 冯忠良,等.教育心理学[M].北京:人民教育出版社,2010.
[2] 高觉敷,叶浩生.西方教育心理学发展史[M].福州:福建教育出版社,1996.
[3] 叶浩生.现代西方心理学流派[M].南京:江苏教育出版社,1994.
[4] 黄希庭,张志杰.心理学研究方法[M].北京:高等教育出版社,2005.
[5] 董奇.心理与教育研究方法[M].北京:北京师范大学出版社,2004.
[6] 舒华,张学民,韩在柱.实验心理学的理论、方法与技术[M].北京:人民教育出版社,2006.
[7] (美)肯尼斯·S.博登斯,布鲁斯·B.阿博特.研究设计与方法(第6版)[M].袁军,等译.上海:上海人民出版社,2008.
[8] 鲁忠义,白晋荣.教育心理学:理论与实践[M].石家庄:河北人民出版社,2005.
[9] 张文新.高等教育心理学[M].济南:山东大学出版社,2008.
[10] 姚本先.高等教育心理学[M].合肥:合肥工业大学出版社,2009.
[11] 刘华山.心理健康概念与标准的再认识[J].心理科学,2001(4).
[12] 周燕.析心理健康标准研究中存在的问题[J].教育研究与实验,1996(4).
[13] 江光荣.关于心理健康标准研究的理论分析[J].教育研究与实验,1996(3).
[14] 申继亮,等.中学教师关于学生心理健康标准的认识[J].教育理论与实践,2001(7).
[15] 申继亮,等.中学教师关于学生心理健康标准的内隐认识[J].教育研究与实验,2001(3).
[16] 胡江霞."从心所欲不逾矩"——心理健康的定义及标准分析[J].教育研究与实验,1997(2).
[17] 田宏碧,陈家麟.中国大陆心理健康标准研究十年的述评[J].心理科学,2003(4).
[18] 李新明.当代大学生普遍存在的几个心理问题及其对策探讨[J].湘潭大学社会科学学报,2002(1).
[19] 朱亮.大学生心理健康教育历史、现状及发展研究[D].合肥工业大学,2006(2).
[20] 姚本先,陆璐.我国大学生心理健康教育研究的现状与展望[J].心理科学,2007(2).
[21] 陈琦,刘儒德.当代教育心理学[M].北京:北京师范大学出版社,2007.
[22] (美)罗伯特·J·斯滕伯格,等.斯滕伯格教育心理学[M].姚梅林,张厚粲,等,译.北京:机械工业出版社,2012.
[23] (美)安妮塔·伍尔福克.伍尔福克教育心理学[M].伍新春,等,译.北京:中国人民大学出版社,2012.
[24] 连榕.教师专业发展[M].北京:高等教育出版社,2007.

[25] 申继亮. 教学反思与行动研究——教师发展之路[M]. 北京:北京师范大学出版社,2006.

[26] 钟启泉. 教师实践性知识研究[M]. 上海:华东师大出版社,2008.

[27] 冯忠良,等. 教育心理学[M]. 2版. 北京:人民教育出版社,2010.

[28] 肖川. 论学习方式的变革[J]. 教育理论与实践,2002(5).

[29] 王坦. 合作学习论[M]. 北京:教育科学出版社,1994.

[30] 美国国家科学教育标准[M]. 北京:科学技术文献出版社,1999.

[31] 姜晓坤. 中国研究型大学人才培养目标定位研究[D]. 大连:大连理工大学,2010.

[32] 陈煜. 教学研究型大学人才培养目标定位与模式选择[J]. 黑龙江教育学院学报,2006(9).

[33] 古天龙,魏银霞,磨玉峰. 教学型高校培养目标定位研究[J]. 中国高教研究,2009(1).

[34] 付桂芳. 自我调节学习结构模型的建构[D]. 吉林大学,2004(1).

[35] BJ. Zimmerman. A Social Cognitive View of Self-Regulated Academic Learning[J]. Journal of Educational Psychology,1989.

[36] 陈琦,刘儒德. 教育心理学[M]. 北京:高等教育出版社,2005.

[37] 皮连生. 教育心理学[M]. 上海:上海教育出版社,2011.

[38] (美)戴尔. H. 申克. 学习理论:教育的视角[M]. 韦小满,等,译. 南京:江苏教育出版社,2003.

[39] 张晓明,陈建文. 高等教育心理学[M]. 北京:高等教育出版社,2008.

[40] 卢家楣. 学习心理与教学——理论和实践[M]. 上海:上海教育出版社,2009.

[41] 熊宜勤. 知识的学习与教学——教育心理学研究新进展[M]. 桂林:广西师范大学出版社,2005.

[42] 皮连生. 智育心理学[M]. 北京:人民教育出版社,1996.

[43] Gagne R. M. & Briggs L. J. Principles of instructional design (2nd ed.)[M]. New York:Holt,Rinehart and Winston,1979.

[44] 皮连生. 教育心理学(第三版)[M]. 上海:上海教育出版社,2004.

[45] 尹锋. 程序性知识的认知策略及在教学中的应用[J]. 教育与创新.2004(9).

[46] 杨玉东. 陈述性知识与程序性知识的教学策略[J]. 天津师范大学学报(基础教育版),2010(3).

[47] 郝宁,吴庆麟. 刻意训练——解释专长获得的一种理论[J]. 当代教育论坛,2006(4).

[48] 皮连生. 智育心理学[M]. 2版. 北京:人民教育出版社,2008.

[49] 吴红耘,皮连生. 心理学中的能力、知识和技能概念的演变及其教学含义[J]. 课程·教材·教法,2011(1).

[50] 冯忠良,伍新春. 教育心理学[M]. 北京:人民教育出版社,2000.

[51] (美)罗伯逊 Roberston. S. I. 问题解决心理学[M]. 张奇等译. 北京:中国轻工业出版社,2004.

[52] 李同吉,吴庆麟. 论解决结构不良问题的能力及其培养[J]. 华东师范大学学报(教育科学版),2006(1).

[53] 潘蕾琼,黄甫全. 超越科尔伯格的男性认知逻辑局限——当代道德发展理论研究的新

进展[J].外国教育研究,2012(5).
[54] 文艺文.论大学德育生活化模式[J].道德与文明,2006(1).
[55] 皮连生.教学设计——心理学的原理与技术[M].北京:高等教育出版社,2000.
[56] 张景焕.教育心理学[M].山东:山东人民出版社,2010.
[57] 皮连生.学与教的心理学[M].5版.上海:华东师范大学出版社,2009.
[58] 张大均.教育心理学[M].2版.北京:人民教育出版社,2011.
[59] 吴庆麟.教育心理学——献给教师的书[M].上海:华东师范大学出版社,2003.
[60] 王德强,吉艳霞.农村中小学教师课堂有效教学行为研究[J].河北:石家庄学院学报,2014.
[61] 鲁忠义,白晋荣.教育心理学:理论与实践[M].石家庄:河北教育出版社,2008.
[62] 钟志贤.大学教学模式改革的十大走向[J].中国高教研究,2007(1).
[63] 张春莉.从建构主义观点论课堂教学评价[J].教育研究,2002(7).
[64] 赵明仁,王嘉毅.促进学生发展的课堂教学评价[J].教育理论与实践,2001(10).
[65] 周智慧.发展性教学评价的内涵及其理论基础[J].内蒙古师范大学学报(教育科学版),2004(8).